江苏文库

研究编

江苏历代
文化名人传

江苏文脉整理与研究工程

江苏历代文化名人传·冯桂芬

熊月之 著

江苏人民出版社

图书在版编目(CIP)数据

　　江苏历代文化名人传.冯桂芬/熊月之著.--南京:
江苏人民出版社,2025.5.--(江苏文库).-- ISBN 978
- 7 - 214 - 29601 - 6

　　Ⅰ. K825.4;K827＝52

　　中国国家版本馆 CIP 数据核字第 202463GJ34 号

书　　　名　江苏历代文化名人传·冯桂芬
著　　　者　熊月之
出 版 统 筹　张　凉
责 任 编 辑　杨　健
责 任 监 制　王　娟
装 帧 设 计　姜　嵩
出 版 发 行　江苏人民出版社
地　　　址　南京市湖南路 1 号 A 楼,邮编:210009
照　　　排　江苏凤凰制版有限公司
印　　　刷　苏州市越洋印刷有限公司
开　　　本　718 毫米×1000 毫米　1/16
印　　　张　17.75　插页 4
字　　　数　256 千字
版　　　次　2025 年 5 月第 1 版
印　　　次　2025 年 5 月第 1 次印刷
标 准 书 号　ISBN 978 - 7 - 214 - 29601 - 6
定　　　价　64.00 元

(江苏人民出版社图书凡印装错误可向承印厂调换)

江苏文脉整理与研究工程

总主编

信长星　　许昆林

第二届学术指导委员会

主　　任　莫砺锋

委　　员　（按姓氏笔画排序）

邬书林　　宋镇豪　　张岂之　　茅家琦
郁贤皓　　袁行霈　　莫砺锋　　赖永海

编纂出版委员会

出版说明

　　江苏文化源远流长、历久弥新,文化经典与历史文献层出不穷,典藏丰富;文化巨匠代有人出、彪炳史册,在中华民族乃至整个人类文明的发展史上有着相当重要的地位。为科学把握江苏文化的内涵与特征,在新时代彰显江苏文化对中华文化的贡献,江苏省委、省政府决定组织实施"江苏文脉整理与研究工程",以梳理江苏文脉资源,总结江苏文化发展的历史规律,再现江苏历史上的文化高地,为当代江苏构筑新的文化高地把准脉动、探明趋势、勾画蓝图。

　　组织编纂大型江苏历史文献总集《江苏文库》,是"江苏文脉整理与研究工程"的重要工作。《文库》以"编纂整理古今文献,梳理再现名人名作,探究追溯文化脉络,打造江苏文化名片"为宗旨,分六编集中呈现:

　　(一)书目编。完整著录历史上江苏籍学人的著述及其历史记录,全面反映江苏图书馆的图书典藏情况。

　　(二)文献编。收录历代江苏籍学人的代表性著作,集中呈现自历史开端至一九一一年的江苏文化文本,呈现江苏文化的整体景观。

　　(三)精华编。选取历代江苏籍学人著述中对中外文化产生重要影响、在文化学术史上具有经典性代表性的作品进行整理,并从中选取十余种,组织海外汉学家翻译成各国文字,作为江苏对外文化交流的标志性文化成果。

　　(四)方志编。从江苏现存各级各类旧志中选择价值较高、保存较好的志书,以充分发挥地方志资治、存史、教化等作用,保存江苏的地方文献与历史文化记忆。

（五）史料编。收录有关江苏地方史料类文献，反映江苏各地历史地理、政治经济、文化教育、宗教艺术、社会生活、风土民情等。

（六）研究编。组织、编纂当代学者研究、撰写的江苏文化研究著作。

文献、史料、方志三编属于基础文献，以影印方式出版，旨在提供原始文献，以满足学术研究需要；书目、精华、研究三编，以排印方式出版，既能满足学术研究的基本需求，又能满足全民阅读的基本需求。

"江苏文脉整理与研究工程"工作委员会

江苏文库·研究编编纂人员

一脉千古成江河

——江苏文库·研究编序言

樊和平

  "江苏文脉整理与研究工程"是江苏文化史上继往开来的一个浩大工程。与当下方兴未艾的全国性"文库热"相比,江苏文脉工程有三个基本特点:一是全面系统的整理;二是"整理"与"研究"同步;三是以"文脉"为主题。在"书目编—文献编—精华编—史料编—方志编—研究编"的体系结构中,"研究编"是十分独特的板块,因为它是试图超越"修典"而推进文化传承创新的一种学术努力。

  "盛世修典"之说不知起源于何时,不过语词结构已经表明"盛世"与"修典"之间的某种互释甚至共谋,以及由此而衍生的复杂文化心态。历史已经表明,"修典"在建构巨大历史功勋的同时,也包含内在的巨大文化风险,最基本的是"入典"的选择风险。《四库全书》的文化贡献不言自明,但最终其收书的数量竟与禁书、毁书、改书的数量大致相当,还有高出近一倍的书目被宣判为无价值。"入典"可能将一个时代的局限甚至选择者个人的局限放大为历史的文化局限,也可能由此扼杀文化多样性而产生文化专断。另一个更为潜在和深刻的风险,是对待传统的文化态度。文献整理,尤其是地域典籍的整理,在理念和战略上面临的最大考验,是以何种心态对待文化传统。当今之世,无论对个体还是社会,传统已经不仅是文化根源,而且是文化和经济发展的资源甚至资本。然而一旦传统成为资源和资本,邂逅市场逻辑的推波助澜,就面临沦为消费和运作对象的风险,从而以一种消费主义和工具主义的文化态度对待文化传统和文献整理。当传统成为消费和运作的对象,其文化价值不仅可能被误读误用,而且也可能在对传统的消费中使文化坐吃山空,造就出文化上的纨绔子弟,更可能在市场运作中使文化不断被糟蹋。"江苏文脉整理与研究工程"的"整理工程"以全面系统的整理的战略应对可能存在的第一种风险,即入典选择的风险;以"研究工程"应对第二种可能的风险,即消费主义与工具主义的风险。我们不仅是既往传统的继承者,更应当是未来传统的创造者;现代人的使命,不仅是继承优秀传统,更应当创造新的优秀传统,这便是传统的创造性转化与创新性发展的真义。诚然,创造传统任重道远,需要经过坚忍不拔的卓越努力和大浪淘沙般的历史积淀,但对"江苏文脉整理与研究工程"而言,无论如何必须在"整理"的同时开启"研究"的千里之行,在研究中继承和发展传统。这便是"研究编"的价值和使命所在,也是"江苏文脉整理与研究工程"在"文库热"中于顶层设计层面的拔群之处。

一　倾听来自历史深处的文化脉动

20世纪是文化大发现的世纪,20世纪以来西方世界最重要的战略,就是文化战略。20世纪20年代,德国社会学家马克斯·韦伯的《新教伦理与资本主义精神》,揭示了西方资本主义文明的文化密码,这就是"新教伦理"及其所造就的"资本主义精神",由此建构"新教伦理＋资本主义"的所谓"理想类型",为西方资本主义进行了文化论证尤其是伦理论证,奠定了20世纪以后西方中心论的文化基础。20世纪70年代,哈佛大学教授丹尼尔·贝尔的《资本主义文化矛盾》,揭示了当代资本主义最深刻的矛盾不是经济矛盾,也不是政治矛盾,而是"文化矛盾",其集中表现是宗教释放的伦理冲动与市场释放的经济冲动分离与背离,进而对现代西方文明发出文化预警。20世纪70年代之后,亨廷顿的《文明的冲突与世界秩序的重建》将当今世界的一切冲突归结为文明冲突、文化冲突,将文化上升为西方世界尤其是美国国家战略的高度。以上三部曲构成西方世界尤其是美国文化帝国主义的国家文化战略,正如一些西方学者所发现的那样,时至今日,文化帝国主义被另一个概念代替——"全球化",显而易见,全球化不仅是一种浪潮,更是一种思潮,是西方世界的国家文化战略。文化虽然受经济发展制约甚至被经济发展水平所决定,但回顾从传统到现代的中国文明史,文化问题不仅逻辑地而且历史地成为文明发展的最高最难的问题,正因为如此,文化自信才成为比理论自信、道路自信、制度自信更具基础意义的最重要的自信。

在全球化背景下,文脉整理与研究具有重大的国家文化战略意义,不仅必要,而且急迫。文化遵循与经济社会不同的规律,全球化在造就广泛的全球市场并使全球成为一个"地球村"的同时,内在的最大文明风险和文化风险便是同质性。全球化催生的是一个文化上的独生子女,其可能的镜像是:一种文化风险将是整个世界的风险,一次文化失败将是整个人类的文化失败。文化的本质是什么? 梁漱溟先生说,文化就是人的生活的根本样法,文化就是"人化"。丹尼尔·贝尔指出,文化是为人的生命过程提供解释系统,以对付生存困境的一种努力。据此,文化的同质化,最终导致的将是人的同质化,将是民族文化或西方学者所说地方性知识的消解和消失;同时,由于文化是人类应对生存困境的大智慧,或治疗生活世界痼疾的抗体,它所建构的是与自然世界相对应的精神世界和意义世界,文化的同质性将导致人类在面临重大生存困境时智慧资源的贫乏和生命力的苍白,从而将整个人类文明推向空前的高风险。应对全球化的挑战和西方文化帝国主义的国家战略,"江苏文脉整理与研究工程"是整个中华民族浩大文化工程的一部分和具体落实,其战略意义绝不止于保存文化记忆的自持和自赏,在这个全球化的高风险正日益逼近的时代,完整地保存地方文化物种,认同文化血脉,畅通文化命脉,不仅可以让我们在遭遇全球化的滔滔洪水之时可以于故乡文化的山脉之巅"一览众山小"地建设自己的精神家园和文化根据地,而且可以在患上全球化的文化感冒甚至某种文化瘟疫之后,不致乞求"西方药"来治"中国病",而是根据自己的文化基因和文化命理,寻找强化自身的文化抗体和文化免疫力之道,其深远意义,犹如在今天经过独生子女时代穿越时光隧道,回首当年我们的"兄弟姐妹那么多"

和父辈们儿孙满堂的那种天伦风光,不只是因为寂寞,而且是为了中华民族大家庭的文化安全和对未来文化风险的抗击能力。

"江苏文脉整理与研究工程"是以江苏这一特殊地域文化为对象的一次集体文化自觉和文化自信,与其他同类文化工程相比,其最具标识意义的是"文脉"理念。"文脉"是什么?它与"文献"和文化传统的关系到底如何?这是"文脉工程"必须解决的基本问题。

庞朴先生曾对"文化传统"与"传统文化"两个概念进行了审慎而严格的区分,认为"传统文化"可能是历史上曾经存在过的一切文化现象,而"文化传统"则是一以贯之的文化道统。在逻辑和历史两个维度,文化成为传统都必须同时具备三个条件:历史上发生的,一以贯之的,在现实生活中依然发挥作用的。传统当然发生于历史,但历史上发生的一切,从《道德经》《论语》到女人裹小脚,并不都成为传统,即便当今被考古或历史研究所不断发现的现象,也只能说是"文化遗存",文化成为传统必须在历史长河中一以贯之而成为道统或法统,孔子提供的儒家学说,老子提供的道家智慧,之所以成为传统,就是因为它们始终与中国人的生活世界和精神世界相伴随,并成为人的生命和生活的文化指引。然而,文化并不只存在于文献典籍之中,否则它只是精英们的特权,作为"人的生活的根本样法"和"对付生存困境"的解释系统,它必定存在于芸芸众生的生命和生活之中,由此才可能,也才真正成为传统。《论语》与《道德经》之所以成为传统,不只是因为它们作为经典至今还为人们所学习和研究,而且因为在中国人精神的深层结构中,即便在未读过它们的田夫村妇身上,也存在同样的文化基因。中国人在得意时是儒家,"明知不可为而偏为之";在失意时是道家,"后退一步天地宽";在绝望时是佛家,"四大皆空"。从而建立了与自给自足的自然经济结构相匹合的自给自足的文化精神结构,在任何境遇下都不会丧失安身立命的精神基地,这就是传统。文化传统必须也必定是"活"的,是在现实中依然发挥作用的,是构成现代人的文化基因的生命因子。这种与人的生活和生命同在的文化传统就是"脉",就是"文脉"。

文脉以文献、典籍为载体,但又不止于文献和典籍,而是与负载它的生命及其现实生活息息相关。"文脉"是什么?"文脉"对历史而言是

"血脉",对未来而言是"命脉",对当下而言是"山脉"。"江苏文脉"就是江苏人的文化血脉、文化命脉、文化山脉,是历史、现在、未来江苏人特殊的文化生命、文化标识、文化家园,以及生生不息的文化记忆和文化动力。虽然它们可能以诸种文化典籍和文化传统的方式呈现和延续,但"文脉工程"致力探寻和发现的则是跃动于这些典籍和传统,也跃动于江苏人生命之中的那种文化脉动。"江苏文脉整理与研究工程"的最大特点就在于它是"文脉工程"而不是一般的"文化工程",更不是"文库工程"。"文化工程""文库工程"可能只是一般的文化挖掘与整理,而"文脉工程"则是与地域的文化生命深切相通,贯穿地域的历史、现在与未来的生命工程。

　　"江苏文脉整理与研究工程"是"整理"与"研究"的璧合,在"研究工程"中能否、如何倾听到来自历史深处的文化脉动,关键是处理好"文献"与"文脉"的关系。"整理工程"是对文脉的客观呈现,而"研究工程"则是对文脉的自觉揭示,若想取得成功,必须学会在"文献"中倾听和发现"文脉"。"文献"如何呈现"文脉"? 文献是人类文明尤其是人类文化记忆的特殊形态,也是人类信息交换和信息传播的特殊方式。回首人类文明史,到目前为止,大致经历了三种信息方式。最基本也是最原初的是口口交流的信息方式,在这种信息方式中,信息发布者和信息传播者同时在场,它是人的生命直接和整体在场并对话的信息传播方式,是从语言到身体、情感的全息参与,是生命与生命之间的直接沟通,但具有很大的时空局限。印刷术的产生大大扩展了人类信息交换的广度和深度,不仅可以以文字的方式与不在场的对象交换信息,而且可以以文献的方式与不同时代、不同时空的人们交换信息,这便是第二种信息方式,即以印刷为媒介的信息方式或印刷信息方式。第三种信息方式便是现代社会以电子网络技术为媒介的信息方式,即电子信息方式。文献与典籍是印刷信息方式的特殊形态,它将人类文化史和文明史上具有特殊价值的信息以印刷媒介的方式保存下来,供后人学习和研究,从而积淀为传统。文字本质上是人的生命的表达符号,所谓"诗言志"便是指向生命本身。然而由于它以文字为中介,一旦成为文献,便离开原有的时空背景,并与创作它的生命个体相分离,于是便需要解读,在解读中便可能发生误读,但无论如何,解读的对象并不只是文字本身,而是文字背后的生命现象。

文献尤其是典籍是不同时代人们对于文化精华的集体记忆,它们不仅经受过不同时代人们的共同选择,而且经受过大浪淘沙的历史洗礼,因而其中不仅有创造它的那个个体或文化英雄如老子、孔子的生命表达,而且有传播和接受它的那个民族的文化脉动,是负载它的那个民族的文化生命,这种文化生命一言以蔽之便是文化传统。正因为如此,作为集体记忆的精华,文献和典籍是个体和集体的文化脉动的客观形态,关键在于,必须学会倾听和揭示来自远方的生命旋律。由于它们巨大的时空跨度,往往不能直接把脉,而需要具有一种"悬丝诊脉"的卓越倾听能力。同时,为了把握真实的文化脉动,不仅需要对文献和典籍即"文本"进行研究,而且需要对创造它们的主体包括创作的个体和传播接受的集体的生命即"人物"进行研究。正如席勒所说,每个人都是时代的产儿,那些卓越的哲学家和有抱负的文学家却可能成为一切时代的同代人。文字一旦成为文献或典籍,便意味着创作它的个体成为一切时代的同代人,但无论如何,文献和它们的创造者首先是某个时代的产儿,因而要在浩如烟海的文献和典籍中倾听到来自传统深处的文化脉动,还需要将它们还原到民族的文化生命之中,形成文化发展的"精神的历史"。由此,文本研究、人物研究、学派流派研究、历史研究,便成为"文脉研究工程"的学术构造和逻辑结构。

二 中国文化传统中的江苏文脉

江苏文脉是中国文化传统的一部分,二者之间的关系并不只是部分与整体的关系,借助宋明理学的话语,是"理一"与"分殊"的关系。文脉与文化传统是民族生命的文化表达和自觉体现,如果只将它们理解为部分与整体的关系,那么江苏文脉只是中国文化传统或整个中华文化脉统中的一个构造,只是中华文化生命体中的一个器官。朱熹曾以佛家的"月映万川"诠释"理一分殊"。朗月高照,江河湖泊中水月熠熠,此番景象的哲学本真便是"一月普现一切水,一切水月一月摄"。天空中的"一月"与江河中的"一切水月"之间的关系是"分享"关系,不是分享了"一月"的某一部分,而是全部。江苏文脉与中国文化传统之间的关系便是"理一分殊",中国文化传统是"理一",江苏文脉是"分殊",正因为如此,关于江苏文脉的研究必须在与整个中国文化传统的关系中整体性地把握和展开。其中,文化与地域的关系、江苏文化在中华文化发展中的贡献和地位,是两个基本课题。

到目前为止的一切人类文明的大格局基本上都是由以山河为标志的地理环境造就的,从轴心文明时代的四大文明古国,到"五大洲四大洋"的地理区隔,再到中国山东—山西、广东—广西、河南—河北,江苏的苏南—苏北的文化与经济差异,山河在其中具有基础性意义。在这个意义上,可以将在此以前的一切文明称为"山河文明"。如今,科技经济发展迎来一个"高"时代:高铁、高速公路、电子高速公路……正在并将继续推倒由山河造就的一切文明界碑,即将造就甚至正在造就一个"后山河时代"。"后山河时代"的最后一道屏障,"山河时代"遗赠给"后山河时代"的最宝贵的文明资源,便是地域文化。在这个意义上,江苏文脉的整理与研究,不仅可以为经过全球化席卷之后的同质化世界留下弥足珍贵的"文化大熊猫",而且可以在未来的芸芸众生饱尝"独上高楼,望尽天涯路"的孤独之后,缔造一个"蓦然回首"的文化故乡,从中可以鸟瞰文化与世界关系的真谛。江苏独特的地域环境与江苏文化、江苏文脉之间的关系,已经不是所谓"一方水土一方人"所能表达,可以说,地脉、水脉、山脉与江苏文脉之间的关系,已经是一脉相承。

我们通过考察和反思发现,水系,地势,山势,大海,是对江苏文脉尤其是文化性格产生重大影响的地理因素。露水不显山,大江大河入大海,低平而辽阔,黄河改道,这一切的一切与其说是自然画卷和自然事件,不如说是江苏文脉的大地摇篮和文化宿命的历史必然,它们孕生和哺育了江苏文明,延绵了江苏文脉。历史学家发现,江苏是中国惟一同时拥有大海、大江、大湖、大平原的省份,有全国第一大河长江,第二大河黄河(故道),第三大河淮河,世界第一大人工河大运河,全国第三大淡水湖太湖,全国第四大淡水湖洪泽湖。江苏也是全国地势最低平的一个省区,绝大部分地区在海拔 50 米以下,少量低山丘陵大多分布于省际边缘,最高峰即连云港云台山的玉女峰也只有 625 米。丰沛而开放的水系和低平而辽阔的地势馈赠给江苏的不只是得天独厚的宜居,更沉潜、更深刻的是独特的文化性格和文脉传统,它们是对江苏地域文化产生重大影响的两个基本自然元素。

不少学者指证江苏文化具有水文化特性,而在众多水系中又具长江文化的特性。"水"的文化特性是什么?"老聃贵柔",老子尚水,以水演绎世界真谛和人生大智慧。"天下莫柔弱于水,而攻坚强者莫之能胜。"柔弱胜刚强,是水的品质和力量。西方文明史上第一个哲学家和科学家泰勒斯向全世界宣告的第一个大智慧便是:水是万物的始基。辽阔的平原在中国也许还有很多,却没有像江苏这样"处下"。老子也曾以大海揭示"处下"的智慧:"江海所以能为百谷王者,以其善下之,故能为百谷王。"历史上江苏的文化作品、江苏人的文化性格,相当程度上演绎了这种"水性"与"处下"的气质与智慧。历史上相当时期黄河曾经从江苏入海,然而黄河改道、黄河夺淮,几番自然力量或人力所为,最终黄河在江苏留下的只是一个"故道"的背影。黄河在江苏的改道当然是一个自然事件或历史事件,但我们也可能甚至毋宁将它当作一个文化事件,数次改道,偶然之中有必然,从中可以发现和佐证江苏文脉的"长江"守望和江南气质。不仅江苏的地脉"露水不显山",而且江苏的文化作品、江苏人的文化性格,一句话,江苏文脉,也是"露水不显山",虽不是"壁立千仞",却是"有容乃大"。一般说来,充沛的水系,广阔的平原,往往造就自给自足的自我封闭,然而,江苏东临大海,无论长江、淮河,还是历史上的黄河,都从这里入大海,归大海,不只昭示江苏的开放,而且演绎江苏文化、江苏文脉、江苏人海纳百川的博大和静水深流的仁厚。

黄河与长江好似中华文脉的动脉与静脉,也好似人的身体中的任督二脉,以长江文化为基色的江苏文化在中华文脉的缔造和绵延中作出了杰出贡献。有学者指出,在中国文明史上,长江文化每每在黄河文化衰弱之后承担起"救亡图存"的重任。人们常说南京古都不少为小朝廷,其实这正是"救亡图存"的反证,"天下兴亡,匹夫有责"的口号首先由江苏人顾炎武喊出,偶然之中有必然。学界关于江苏文化有三次高峰或三次大贡献,与两次大贡献之说。第一次高峰是开启于秦汉之际的汉文化,第二次高峰是六朝文化,第三次高峰是明清文化。人们已对六朝文化与明清文化两大高峰对中国文化的贡献基本达成共识,但江苏的汉文化高峰及其贡献也应当得到承认,而且三次文化高峰都发生于中国社会的大转折时期,对中国文化的承续作出了重大贡献。在秦汉之际的大变革和大一统国家的建构中,不仅在江苏大地上曾经演绎了波澜壮阔的对后来中国文明产生深远影响的历史史诗,而且演绎这些历史史诗的主角刘邦、项羽、韩信等都是江苏人,他们虽然自身不是文化人,但无疑对中国文化产生了深远影响。董仲舒提出"罢黜百家,独尊儒术"的主张,奠定了大一统的思想和文化基础,他本人虽不是江苏人,却在江苏留下印迹十多年。江苏的汉文化高峰对中国文化的最大贡献,一言概之即"大一统",包括政治上的大一统和思想文化上的大一统。六朝被公认为中国文化发展的高峰,不少学者将它与古罗马文明相提并论,而六朝文化的中心在江苏、在南京。以南京为核心的六朝文化发生于三国之后的大动乱,它接纳大量流入南方的北方士族,使南北方文化合流,为保存和发展中国文化作出了杰出贡献。明朝是中国历史上第一次在南京,也是第一次在江苏建立统一的帝国都城,江苏的经济文化在全国处于举足轻重的地位,扬州学派、泰州学派、常州学派,形成明清时期中国文化的江苏气象,形成江苏文化对中国文化的第三次重大贡献。三大高峰是江苏的文化贡献,在重大历史转折关头或者民族国家危难之际挺身而出,海纳百川,则是江苏文化的精神和品质,这就是江苏文脉。也正因为如此,江苏文化和江苏文脉在"匹夫有责"的担当精神中总是透逸出某种深沉的忧患意识。

　　江苏文脉对中国文化的独特贡献及其特殊精神气质在文化经典中得到充分体现。中国四大文学名著,其中三大名著的作者都来自江苏,这就是《西游记》《红楼梦》《水浒》,其实《三国演义》也与江苏深切相关,虽然罗贯中不是江苏人,但以江苏为作品重要的时空背景之一。四大名著中不仅有明显的江苏文化的元素,甚至有深刻的江苏地域文化的基因。《西游记》到底是悲剧还是喜剧?仔细反思便会发现,《西游记》

就是文学版的《清明上河图》。《清明上河图》表面呈现一幅盛世生活画卷，实际却是一幅"盛世危情图"，空虚的城防，懈怠的守城士兵……被繁华遗忘的是正在悄悄到来的深刻危机。《西游记》以唐僧西天取经渲染大唐的繁盛和开放，然而在经济的极盛之巅，中国人的精神世界却空前贫乏，贫乏得需要派一个和尚不远万里，请来印度的佛教，坐上中国意识形态的宝座，入主中国人的精神世界。口袋富了，脑袋空了，这是不折不扣的悲剧。然而，《西游记》的智慧，江苏文化的智慧，是将悲剧当作喜剧写，在喜剧的形式中潜隐悲剧的主题，就像《清明上河图》将空虚的城防和懈怠的士兵淹没于繁华的海洋一样。《西游记》喜剧与悲剧的二重性，隐喻了江苏文脉的忧患意识，而在对大唐盛世，对唐僧取经的一片颂歌中，深藏悲剧的潜主题，正是江苏文脉"匹夫有责"的担当精神和文化智慧的体现。鲁迅说，悲剧将人生的有价值的东西毁灭给人看。《西游记》是在喜剧形式的背后撕碎了大唐时代人的精神世界的深刻悲剧。把悲剧当作喜剧写，喜剧当作悲剧读，正是江苏文化、江苏文脉的大智慧和特殊气质所在，也是当今江苏文脉转化发展的重要创新点所在。正因为如此，"江苏文脉研究"必须以深刻的哲学洞察力和深厚的文化功力，倾听来自历史深处的江苏文化的脉动，读懂江苏，触摸江苏文脉。

三　通血脉，知命脉，仰望山脉

江苏文化的巨大魅力和强大生命力，在数千年发展中已经形成一种传统、一种脉动，不仅是一种客观呈现的文化，而且是一种深植个体生命和集体记忆的生生不息的文脉。这种文化和文脉不仅成为共同的价值认同，而且已经成为一种地域文化胎记。在精神领域，在文化领域，江苏不仅有灿若星河的文学家，而且有彪炳史册的思想家、学问家，更有数不尽的才子骚客。长江在这片土地上流连，黄河在这片土地上改道，淮河在这片土地上滋润，太湖在这片土地上一展胸怀。一代代中国人，一代代江苏人，在这里缔造了文化长江、文化黄河、文化淮河、文化太湖,演绎了波澜壮阔的历史诗篇,这便是江苏文脉。

为了在全球化时代完整地保存江苏文脉这一独特地域文化的集体记忆,以在"后山河时代"为人类缔造精神家园提供根源与资源,为了继承弘扬并创造性转化、创新性发展中国优秀传统文化,2016 年江苏启动了"江苏文脉整理与研究工程"。根据"文脉"的理念,我们将研究工程或"研究编"的顶层设计以一句话表达:"通血脉,知命脉,仰望山脉。"由此将整个工程分为五个结构:江苏文化通史,江苏历代文化名人传,江苏文化专门史,江苏地方文化史,江苏文化史专题。

"江苏文化通史"的要义是"通血脉",关键词是"通"。"通"的要义,首先是江苏文化与中国文明的息息相通,与人类文明的息息相通,由此才能有民族感或"中国感",也才有世界眼光,因而必须进行关于"中国文化传统中的江苏文脉"的整体性研究;其次是江苏文脉中诸文化结构之间的"通",由此才是"江苏",才有"江苏味";再次是历史上各个重要历史时期文化发展之间的"通",由此才能构成"史",才有历史感;最后是与江苏人的生命与生活的"通",由此"江苏文脉"才能真正成为江苏人的文化血脉、文化命脉和文化山脉。达到以上"四通","江苏文化通史"才是真正的"通"史。

"江苏文化专门史"和"江苏文化史专题"的要义是"知命脉",关键词是"专",即"专门"与"专题"。"江苏文化专门史"在框架上分为物质文化史、精神文化史、制度文化史、特色文化史等,深入研究各类专门史,总体思路是系统研究和特色研究相结合,系统研究整体性地呈现江苏历史上的重要文化史,如哲学史、文学史、艺术史等,为了保证基本的完整性,我们根据国务院学科分类目录进行选择;特色研究着力研究历史上具有江苏特色的历史,如民间工艺史、昆曲史等。"江苏文化史专题"着力研究江苏历史上具有全国性影响的各种学派、流派,如扬州学派、泰州学派、常州学派等。

"江苏地方文化史"的要义是"血脉延伸和勾连",关键词是"地方"。"江苏地方文化史"以现省辖市区域划分为界,13 市各市一卷。每卷上编为地方文化通史,讲述地方整体历史脉络中的文化历史分期演化和内在结构流变,注重把握文化运动规律和发展脉络,定位于地方文化总体性研究；下编为地方文化专题史，按照科学技术、教育科举、文学语言、宗教文化等专题划分，以一定逻辑结构聚焦对地方文化板块加以具体呈现，定位于凸显文化专题特色。每卷都是对一个地方文化的总结和梳理，这是江苏文化血脉的伸展和渗入，是江苏文化多样性、丰富性的生动呈现和重要载体。

"江苏历代文化名人传"的要义是"仰望山脉"，关键词是"文化"。它不是一般性地为江苏历朝历代的"名人"作传，而只是为文化意义上的名人作传。为此，传主或者自身就是文化人并为中国文化的发展、为江苏文脉的积累积淀作出了重要贡献；或者虽然自身主要不是文化人而是政治家、社会活动家等，但对中国文化发展具有重大影响。如何对历史人物进行文化倾听、文化诠释、文化理解，是"文化名人传"的最大难点，也是其最有意义的方面。江苏历史上的文化名人汗牛充栋，"文化名人传"计划为100位江苏文化名人作传，为呈现江苏文化名人的整体画卷，同时编辑出版一部"江苏文化名人辞典"，集中介绍历史上的江苏文化名人1000位左右。

一脉千古成江河，"茫茫九派流中国"。江苏文脉研究的千里之行已经迈出第一步，历史馈赠我们一次千载难逢的宝贵机遇，让我们巡天遥看，一览江苏数千年文化银河的无限风光，对创造江苏文化、缔造江苏文脉的先行者们献上心灵的鞠躬。面对奔涌如黄河、悠远如长江的江苏文脉，我们惟有以跋涉探索之心，怵惕敬畏之情，且行且进，循着爱因斯坦的"引力波"，不断走近并播放来自江苏文脉深处的或澎湃，或激越，或温婉静穆的天籁之音。

我们一直在努力；

我们将一直努力！

目 录

冯桂芬像

绪　论

1874 年 5 月 28 日（同治十三年四月十三日），冯桂芬平静地走完了一生的道路。一位杰出的思想家停止了思想，一颗智慧的心脏停止了跳动。

由此上溯 13 年，他的著作刚刚写就、传抄，就在士林中引起一阵骚动，或惊、或慕，或忧、或劝。

由此下移 24 年，他的著作由皇帝下令刷印，满朝大臣签注，或褒、或贬，或叹、或惜，又在朝野引起一阵骚动。

一个思想家对于时代影响的长短与深浅，取决于思想家思想的内在品质，取决于那个时代变动的缓疾，也取决于那个时代对他思想需要的强弱。"江山代有才人出，各领风骚数百年"，那在社会变动徐缓的农耕时代才有可能。晚清中国，社会变动剧烈而疾速，往往一波未平，一波已起，时代主题，切换频繁。一个思想家的影响，不要说数百年，就是数十年也不容易。冯桂芬生活的时代，正是中国面临所谓"三千年一大变局"的时代：从天朝大国到列国之一，从天下无敌到一败再败，乃至被迫缔结城下之盟，从闭关锁国到被动开放，开辟租界，从自给自足到贸易通商，从大刀长矛到坚船利炮。中国面临的国际环境，以及原先的生产方式、生活方式、科学技术、武器装备、价值观念、伦理道德、审美情趣，一切都在或疾或缓地发生变化。即以变法思想而论，如果粗疏地以十年一分的话，那么，19 世纪 40 年代为林、魏师夷制夷时代，50 年代为洪、杨天父天兄时代，60 年代为洋枪洋炮时代，70 年代为声光化电时代,80年代为经世文续编时代,90年代为盛世危言时代①。像冯桂芬这样,思想上接林则徐、魏源,下启康有为、梁启超,著作写成传抄于60年代,部分刊行于70年代,完整刊刻于80年代,讨论签注于90年代,其影响则从60年代到90年代从未间断,其著作受众从官绅士林直到皇帝,从京师、沿海口岸到内地,实属少见。

古人云,有不世之人才能建不世之功。同理,有不世之人才能立不世之言。冯桂芬的非凡影响,必有其非凡之处。

那就让我们从头说起吧!

---

① 1903年,《国民日日报》发表了《近四十年世风之变态》一文,将1860年以来世风划分为格致汇编之世风、经世文续编之世风、盛世危言之世风、时务报之世风、清议报之世风、新民丛报之世风。受其启发,本文关于19世纪80、90年代的时代主题,沿用经世文续编与盛世危言的提法。

第一章　青少年时代

第一节　姑苏人家

冯桂芬出生在苏州西南隅盘门附近的新桥巷,时属吴县。

苏州在明清两代,是中国极其繁华的都市,是驰誉中外的经济文化中心,交通便利,工商发达,文化昌盛,人文荟萃,有人间天堂之誉。清代苏州更是空前繁盛。时人称:"天下有四聚,北则京师,南则佛山,东则苏州,西则汉口。"①所谓"四聚",即四大城市。此"四聚"之中,市肆繁华以苏州为最。康熙末年史料描绘这里的繁华:"姑苏控三江、跨五湖而通海,阊门内外,居货山积,行人水流,列肆招牌,灿若云锦,语其繁华,都门不逮。"②

最能反映苏州作为全国文化中心特点的,是以下两点:一是苏州普遍重视文化,重视教育,书院多,文人众。苏州府考取进士,明代1055名,占江南考取总数27.3%;清代827名,占江南考取总数20.6%。其中状元数量,明清江南共79名,苏州府34名,占了43%③。苏州因此有"状元之乡"的美誉。科举之外,凡与文相关的方面,文赋诗词、书法绘画、戏曲音乐、雕刻园林、科学技术与思想文化方面,苏州均很发达,人才翁郁,作品繁盛。二是宫廷对苏州艺术的欣赏与垂青。明清两代

① 刘献廷:《广阳杂记》卷四,清光绪中吴县潘氏刻功顺堂丛书本,第33页。
② 孙嘉淦:《南游记》,清嘉庆十年刻本,第12页。
③ 郑彩娟、傅蓉蓉:《明清苏州府进士数量及分布特征探析》,《文史月刊》2012年第8期。

的紫禁城,从自然景观到人文环境,都浸润着苏州文化元素。紫禁城是苏州工匠蒯祥主持建造的;皇家建筑用苏州金砖、玲珑的太湖石、精美的玉雕山景;宫廷殿堂使用苏造家具,墙壁贴着吴门画派的山水画,屋顶挂着苏州花灯,桌上摆着苏州钟表,衣饰、床帐、铺垫为苏州刺绣或吴罗、宋锦等织绣;皇室享用的绣品,几乎全出于苏绣名艺人之手;苏式南味食品成为宫廷饮食的重要组成部分;连皇帝、后妃生病,也会请苏州名医施诊。康熙、乾隆皇帝12次南巡,前后在苏州驻留114天,占整个南巡时间十分之一以上。乾隆皇帝对苏州景致百看不厌,特命画师徐扬将苏州美景永远留存,以便回宫后随时展阅,这导致名画《姑苏繁华图》的诞生。乾隆皇帝对苏州厨师所做菜肴特别喜欢,于是将其带回宫中,以便不时品尝。故宫博物院所藏180多万件(套)藏品,很大部分与苏州有关。①

作为行政建制,清代苏州府为江苏八府之一。作为城市,苏州设有一个府衙、三个附郭县衙,元和、吴县与长洲这三县的衙门都设在这里。在城市治理方面,苏州也是三县分治,东南属于元和县,西南属于吴县,东北属于长洲县。这在已经习惯城市作为独立行政建制的今人看来,有些不可思议,但这是历史实情。民国以前,中国城市都没有独立行政建制,而是从属于府或县。国家实行城乡合治体制,城镇只是各级行政区域体系中的网点,而不是单独的行政单位。无论是都城、府城,还是一般市镇,都实行分割管理方式。比如,清代成都府城由成都、华阳两县分管,杭州府城由钱塘、仁和两县分辖。不过,大多数府城由两县分管,像苏州府城由三县分管的情况,实属少见。

盘门所处为水陆要冲,商贾云集。新桥巷则闹中取静,粉墙黛瓦,橹声咿呀,碧波粼粼,杨柳依依。宋代词人贺铸有词咏这一带风景:

> 窈窕盘门西转路,残阳映带青山暮,最是长杨攀折苦。堪怜许。清霜翦断和烟缕。②

---

① 苑洪琪:《清代皇帝的苏州情结》,《紫禁城》2014年第4期。
② 贺铸:《渔家傲·吴门柳》,黄勇主编《唐诗宋词全集》第7册,北京燕山出版社2007年版,第2996页。

冯桂芬家世,明代以前无从细考①,据说出于湖南②,宋元间迁居吴地,世居长洲县。冯桂芬九世祖冯宽,在八甲吴朱雷名下当丁,由行伍积资得官,隶常熟营,为百户公,入赘常熟许氏为婿,时在明代中叶。冯宽生二子,长子恩,留居常熟。次子惠(1496—1580),字瞻云,改归冯宗,即冯桂芬八世祖,始居常熟,后迁长洲。冯惠颇善经营,先做转贸生意,后开典当铺,家渐富裕,族谱称他"乐善好施,乡里称之"③。冯惠在苏州城外山塘东北筑室,并浚小港曰冯家滨,时在明朝弘治(1488—1505)年间。冯家滨这个地名到冯桂芬时还存在。冯家此后便成为江苏省苏州府长洲县人。

　　冯惠高寿,活到84岁才去世。惠生三子,属竹字辈,长子冯节(節)(1519—1588),号云泉;次子冯范(範)(1549—?),号云溪;三子冯策(1564—1625),号云山,业贾,为冯桂芬七世祖。冯策出生时,父亲冯惠已68岁,两个哥哥分别为45岁、35岁,已经析产分居,父亲以自己年老,难以抚养,遂予田二亩,让冯策兄长代为照顾生活。父亲、长兄相继去世后,仲兄让其学习做生意,后以开米铺为业。冯策生四子,属近字辈,近质、近贤、近贞、近资。近贤(1589—1638),字德甫,号宁峰,业贾,为冯桂芬六世祖。近贤养子一,时际;生子二,时庆、时遇,均属时字辈。时庆(1628—1692),字君余,为冯桂芬五世祖。时庆11岁时,其父去世,年幼失怙,全赖族中堂兄抚育成长。时庆生七子,属之字辈(后改仁字辈),之镐、之铎、之铭、之铉、之鉴、之镒、仁,四子之铉为冯桂芬四世祖。之铉(1662—1719),更名仁伟,字奇英,子义谟,字尧初,生年不详,去世时60岁,是为冯桂芬曾祖父。冯桂芬做官以后,冯义谟被追赠荣禄大夫,曾祖母王氏追赠一品夫人。义谟生三子,礼端、礼进、礼瑞。礼瑞(1733—1778),字云文,为冯桂芬的祖父,冯桂芬做官以后,被追赠奉直大夫,晋赠中宪大夫,累赠荣禄大夫。冯桂芬祖母钱氏,追赠宜人,晋

---

① 冯桂芬曾伯祖冯龙文,辑有《始平族谱》一帙,成于1671年(康熙辛亥),冯桂芬在世时仅得见残本。前些年原本发现。冯桂芬居母忧时,将残谱誊录成书,又根据其父亲记识之事迹,将自曾祖父以下的部分,别编一帙,名为《始平族谱续》。承苏州市周菊坤先生复印此二谱牒见赠,本书所述冯氏家族事迹,多据此二谱。

② 冯桂芬:《诰封宜人先慈谢宜人事状》,《显志堂稿》卷八,光绪二年校邠庐刻本,第23页。

③ 冯龙文:《始平族谱》,第二世,康熙十年(1671)编。

赠恭人,累赠一品夫人。礼瑞生三子,智愿、智息、智懋,智懋即冯桂芬的父亲。

冯桂芬家族世系表

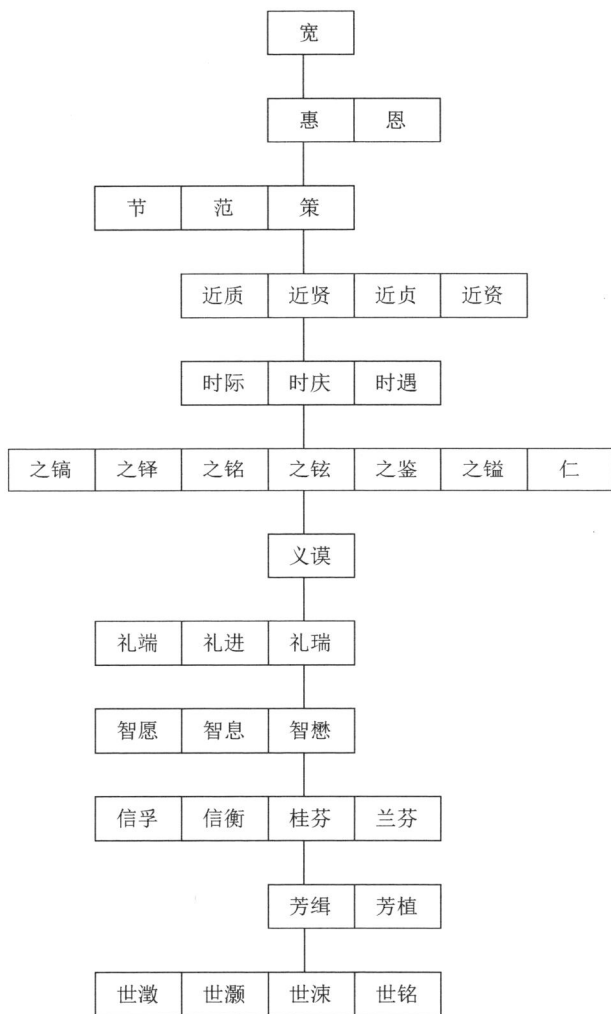

第二节　商人家庭

冯智懋(1770—1850),字明扬,号春圃,9 岁时其父去世。其时家庭不贫，但同室内矛盾纠纷不少。家有店铺，为冯礼瑞之从兄主持，豪侈特甚，时常演剧，招客宴饮。冯智懋这一支，一家四口，母寡子幼，比较贫困，除了饭食，不名一钱，家用经费全赖智懋母亲十指挣来。演剧之所即在智懋隔壁，烦扰至极。为避喧闹，智懋母亲，也就是冯桂芬的祖母，将居室迁至宅西小屋清寂之处。日后，江苏巡抚林则徐曾为此小屋题额"贞传移杼"，称赞智懋母亲为了儿子的教育和前途，有"孟母三迁"之德。

冯智懋被迫辍学，14岁到松江学习经商，10年后才回来。以后，家境逐渐富裕起来。松江毗邻苏州，唐以前属于苏州（吴郡），唐代中叶以后划出，独立建县，初名华亭，后改松江。智懋26岁娶谢氏（1771—1845），为太学生谢汝飞之女。智懋生四子一女，长子信孚（1798—1800），3岁殇；次子信衡（1805—1808），4岁殇；三子桂芬；四子兰芬（1812—1830），字林余，19岁时去世；女冯氏（1803—　　），长桂芬6岁，嫁王堉。大概在嘉庆十三年（1808），也就是冯桂芬出生的前一年，冯智懋将家迁到吴县新桥巷。

冯智懋是很讲情义的人。早年在松江，居停萧翁对他比较好，萧翁死后，其子秀舫孤苦无依，来投奔冯家，居住有年，冯智懋待他犹如子弟，饮食教诲，相当尽心。后冯家遭遇火灾，萧才离开。① 此前，冯家曾经营典当业，收借贷人财货为质押，放贷取息。冯家连遭火灾，家业及质剂荡然无存。人之欠冯者，辄责券或逾期不至，冯智懋"亦绝无一言，而持券责逋者麋集"，冯计余烬足以相当，欣然曰："吾无虞矣。"因火灾属于意外事故，有人劝他按照常规以十比六七的比例偿付，他不肯，坚按原先比例偿还。他说："吾负一钱则寝梦为之不安，何如脱然无累之为愈乎！"

冯智懋人品非常好。友人曾经告诉冯桂芬关于他父亲拾金不昧的故事。一次，冯智懋在路上捡到一包东西，为一骑马人所遗。冯呼之不及，回家一看，包内是一些玉器，价逾百金。第二天，冯再遇骑马者，询问确实，约其来家取去。届时，其人来取玉器时，特地送银百两，作为酬

---

① 冯桂芬：《诰封奉直大夫晋封奉政大夫例晋中宪大夫翰林院编修加六级显考春圃府君行述》，《显志堂稿》卷八，第28页。

谢,被智懋婉言谢绝。冯桂芬做官后,有同乡某人想走冯的门路,向智懋送银千两,请其疏通,遭智懋怒拒。送礼者不死心,再来,智懋乃在大庭广众怒揭其事。按察使周祖植获悉此事,对冯桂芬说令尊大人"可为乡先生楷式矣"①。克己奉公,不贪意外之财,鄙视奔竞钻营之徒,这对于以商为业的冯智懋来说,是一种难能可贵的品质。

冯智懋疾恶如仇,见义勇为。郡西邓尉山圣恩寺为探梅胜地,寺广千余亩,古树以万计,多有百年以上树龄,苍翠接天,垂荫数里。僧某无行,私自砍伐,并与地保、土匪勾结,有恃无恐,结果乡人都来砍伐,被砍大树上万棵,一乡以为利薮。冯智懋知道此事以后,问冯桂芬为什么听之任之,而不到官府去告他们?冯桂芬说是如果上告,怕断了大家财路,引起众人怨恨。再者,冯桂芬当时丁母忧在家,不便多管外事。冯智懋说:避怨不是美事,你将来当官,如果存有此心,便一步不能行,还能做什么善事呢?你现在居忧,不方便干预外面的事情,那么,我来管。于是,他呈请知府更换寺僧,勒碑示禁,不许砍伐树木。其余大树由此得以保全。冯桂芬自称,父亲的品德、教诲对他影响很大。他在京师为官十年,平常键关下帷,极少与人往来,"在下不援公卿,虽故交亦落落不敢为苟合,未尝一言一字涉于干请"②。父亲的高贵品德,对于冯桂芬的影响,潜移默化,深入灵魂。

冯桂芬母亲谢氏(1771—1845),浙江嘉兴人。父为太学生谢汝飞,母周氏。谢氏兄弟三人,姊妹二人。幼知书,25岁嫁到冯家。到冯家时,冯智懋父亲早已去世,家道中落,而谢氏娘家颇为丰裕,但谢氏辛苦持家,毫无怨苦之色。道光六年和九年,冯家两次失火,屋宇化为灰烬。时值十一月,霜寒风劲,凄厉万状,冯母镇定自若。冯智懋忧郁成疾,谢氏多方劝解。冯桂芬参加科举考试,开头并不顺利,一败再败,"先后大小试被摈者以十数"③,冯母善言劝慰,毫无责备之言。冯母恪守传统妇道,对于外事,包括智懋生意上的事,从不过问。寡言笑,慈爱待人,勤

---

① 冯桂芬:《诰封奉直大夫晋封奉政大夫例晋中宪大夫翰林院编修加六级显考春圃府君行述》,《显志堂稿》卷八,第28页。

② 冯桂芬:《诰封奉直大夫晋封奉政大夫例晋中宪大夫翰林院编修加六级显考春圃府君行述》,《显志堂稿》卷八,第28页。关于冯智懋的事迹,他书无载,以上都见于冯桂芬为父亲写的行述之中。

③ 冯桂芬:《诰封宜人先慈谢宜人事状》,《显志堂稿》卷八,第23页。

于操作，两手无闲时。自奉简约，一身布衣，数十年不变。儿子桂芬做官以后，她自然高兴，但对儿子桂芬在官场行事，也多有劝诫，曾说："谚云千里做官只为钱，万里做官只为财，然则商贾尔，何名官也？吾儿素谨饬，他日必不然，勉之矣。"冯母平生遭际，遇到许多猜嫌疑忌，患难拂逆，有常人所不能堪者，她都能"怡然淡泊，安之若素，当变故不惊，遇横逆不校，处安乐不忘忧患，处忧患不殊安乐，冲和纯粹"①。这说明，冯母是相当能干、修养极好、境界很高之人，是典型的贤妻良母。冯母去世后，有人挽联：

> 过乎慈过乎勤过乎俭积苦半生享到荣华甘淡泊；
> 不苟动不苟言不苟笑克全四德固宜礼法著门庭。②

冯桂芬对母亲感情极深，在所作行状中写道：

> 既通籍，是秋为先慈七十生辰，桂芬假归为寿。先慈愀然曰：吾儿今列官于朝，当思为好官，顾吾闻为好官甚劳苦，吾儿体弱，何以任之，自此重吾忧矣……其所再三惓惓不置者，则惟桂芬体弱一语，临危时犹以告仆妪。呜呼痛哉，桂芬幼善病，先慈乳哺鞠养，心力交瘁，以汔成立。桂芬体弱，而先慈顾之复之，以使之不死。先慈体弱，而桂芬无术以少之延之，不可为人，不可为子，抱恨终天，罪何可逭！此所为哀怆惨吁、泪尽而继之以血者尔。③

语极沉痛，情极诚挚。冯桂芬做官以后，母以子荣，冯母封宜人，晋封恭人，累赠一品夫人。

冯桂芬家庭在其父亲一代，不算富裕。其父"中年多故，外侮内讧无虚岁"，又屡遭火灾，困窘不堪，一度住在临时搭建的草棚里，也曾租楼居住。冯桂芬做官以后，家境才彻底改善，其时冯智懋已70多岁。

冯桂芬妻黄氏（1803—1862），江苏太仓人。祖父黄近诚，曾任湖北随州知州。父黄鹤文。黄氏读书明大义，在家以孝闻，28岁时与冯桂芬成婚，勤俭持家，30年不私蓄一钱。黄氏大冯桂芬6岁。冯、黄结婚时，冯22岁，黄28岁，黄恰与冯的姐姐同龄。这时，冯桂芬姐姐已经出

①②③ 冯桂芬：《诰封宜人先慈谢宜人事状》，《显志堂稿》卷八，第23页。

嫁,弟弟冯兰芬已于前一年去世,父母亲都是60岁以上的老人。这种大女小男婚姻类型,有利于冯家的生活,有利于对冯桂芬生活的照顾。黄氏早冯桂芬12年去世,时为同治元年(1862),先葬吴县二十一都八图阳甲字圩北祝坞,后与冯桂芬合葬。

冯桂芬有子二,长子芳缉(1833—1886),字申之,一字稚林①,号瘦痴居士②,邑庠生,己未年(1859)顺天举人,戊辰年(1868)进士,记名总理各国事务衙门章京员外郎衔、刑部主事、贵州司行走,娶盐运司运同衔候选同知叶承铣女。次子芳植(1839—?),出嗣冯兰芬,邑庠生,甲子科补行戊午科举人,赏戴花翎五品衔内阁中书,娶王氏,为王亨谦女,恩寿之抚女。

冯桂芬有女二,长女琳,嫁金肇元,金肇元为元和人,金宝树之子。金宝树为戊戌进士,署安徽六安州知州。次女琅,殇。

冯桂芬有孙七,其中由冯芳缉出者四:世澂,邑庠生,娶王氏,为王承基女,王承基为陕西按察使署布政使;次世灏、世涞,殇;次世铭。由冯芳植出者三:世选,妾汪氏所生;次世荣,殇;次世霖。冯桂芬有孙女八,其中出于芳缉一门的有三,出于芳植门的有五。

第三节　聪颖少年

嘉庆十四年(1809)九月初十日子时,冯桂芬出生。字景亭,一作景庭,号林一③,晚号悭叟。冯桂芬景仰顾炎武(字亭林)的道德学问,其字号"林一""景亭"均与此有关④。据说,冯桂芬出生前一夕,其母梦一老僧,来到门前献一苹婆果,说是"此佳种,幸留之,不能多

---

① 冯芳缉在日记中自署"稚林",见《冯申之先生日记》第一册,手稿,藏上海图书馆。此书扉页,潘承弼题记:"芳缉字稚林,为乡先辈冯林一先生桂芬之子"。
② 冯芳缉:《冯申之先生日记》第二册,藏上海图书馆。
③ 关于冯桂芬的字、号,冯芳缉、冯芳植的《冯景亭行状》作"字林一,又字梦奈,号景亭,晚号悭叟",后世各种传记遂沿此说,但是,冯桂芬在参加会试时所填三代履历,则"字景亭,一作景庭,号林一,又号梦奈",兹以冯桂芬自己所填为准。
④ 曹允源:《冯景亭先生传》,《复庵续稿》卷三,第3页。

也"①。冯桂芬又号梦奈,"奈"为木本水果,"梦奈"之别号系由此梦而起。

冯桂芬出生时,其父 40 岁,母 39 岁,属于大龄得子。从优生学角度看,父母亲年纪偏大,所生孩子智商会比较高,但身体会比较差。冯桂芬一生中,身体一直不那么强壮,儿时就经常生病,年轻时候好一些,中年以后又多病,视力差,记忆力也差,自称"年才四十而衰茶如五六十"②,可能与这点有些关系。

冯桂芬出生以前,其母生过两个儿子,长名信孚,次名信衡,分别在三岁、四岁时夭折。冯桂芬出生时,家里一共四口人,即父亲、母亲、姐姐、冯桂芬。在一个以男丁传世的社会里,在一个平均期望寿命只有三十五六岁的时代,冯智懋夫妇老来得子,该是多么高兴、多么珍惜!不难想象,冯桂芬的出生给这个家庭带来了多么大的欢乐和希望!

冯桂芬长什么样子?未见文字资料记载。《显志堂稿》中有晚年冯桂芬画像(见本书所录),中等身材,略显消瘦,浓眉,大眼炯炯有神,黑胡须。《清代学者象传》中收的也是这幅。曾朴《孽海花》第二回有关于冯桂芬形象的描述,虽说为小说家言,但作者为冯桂芬同乡,所描绘的不妨视为一家之说:

> 却说金殿撰请假省亲,趁着飞似海马的轮船到上海,住名利栈内。少不得拜会上海道、县及各处显官,自然有一番应酬;请酒看戏,更有一班同乡都来探望。一日,家丁投进帖子,说冯大人来答拜。雯青看着是"冯桂芬"三字,即忙立起身说:"有请!"家丁扬着帖子,走至门口,站在一旁,将门帘擎起。但见进来一个老者,约六十余岁光景,白须垂颔,两目奕奕有神,背脊微伛,见着雯青,即呵呵作笑声。雯青赶着抢上一步,叫声景亭老伯,作下揖去。见礼毕,就坐,茶房送上茶来。两人先说些京中风景。景亭道:"雯青,我恭喜你飞黄腾达!现在是五洲万国交通时代,从前多少词章考据的学问,是不尽可以用世的。昔孔子翻百二十国之宝书,我看现

---

① 冯桂芬:《诰封宜人先慈谢宜人事状》,《显志堂稿》卷八,第 23 页。
② 冯桂芬:《上林督部师书》,《显志堂稿》卷五,第 20 页。

在读书,最好能通外国语言文字,晓得他所以富强的缘故。一切声、光、化、电的学问,轮船、枪炮的制造,一件件都要学会他,那才算得个经济。我却晓得去年三月,京里开了同文馆,考取聪俊子弟,学习推步及各国语言。论起'一物不知,儒者之耻'的道理,这是正当办法,而廷臣交章谏阻。倭良峰为一代理学名臣,而亦上一疏。有个京官抄寄我看,我实在不以为然。闻得近来同文馆学生,人人叫他洋翰林、洋举人呢!"雯青点头。景亭又道:"你现在清华高贵,算得中国第一流人物。若能周知四国,通达时务,岂不更上一层呢!我现在认得一位徐雪岑先生,是学贯天人、中西合撰的大儒。一个令郎,字忠华,年纪与你不相上下,并不考究应试学问,天天是讲着西学哩!"雯青方欲有言,家丁复进来道:"苏州有位姓陆的来会。"景亭问是何人,雯青道:"大约是辇如。"果然走进来一位少年,甚是英发,见二人,即忙见礼坐定,茶房端上茶来。彼此说了些契阔的话,无非几时动身,几时到埠,晓得辇如住在长发栈内。景亭道:"二位在此甚好,闻得英领事署后园有赛花会,照例每年四月举行,西洋各国琪花瑶草摆列不少,很可看看。我后日来请同去吧!"①

曾朴笔下的冯桂芬,通晓西学,思想开明,反对守旧。他口中提到的当时一些人、事,均与史实一一吻合。他提到的谏阻同文馆的一代理学名臣倭良峰,即指倭仁(字艮峰),是同治年间反对士大夫学习西学的最具代表性人物;"学贯天人、中西合撰的大儒"徐雪岑先生,隐指科学家徐寿(字雪村);提到的"并不考究应试学问,天天是讲着西学"的徐忠华,隐指徐寿之子徐建寅(字仲虎);每年四月在英领事署后园举行的赛花会,也确有其事。由此可以推想,曾朴对于冯桂芬形象的描述,合乎实际。

在苏州、无锡一带,自明代以后,就有两大传统,一是读书做官,二是经商致富,商贾地位不低,但科举之途更为耀眼。冯氏家族有经商传统,从冯惠起世代经商,但没有出过多少读书种子。冯智懋自己没有读

---

① 曾朴:《孽海花》第二回,上海古籍出版社 1980 年版,第 10 页。

过多少书,终身以为憾事,其家族近支中,也没有人在科举方面出人头地过,因此,他对冯桂芬寄予很大期望,疼爱之余,督责甚严,"而于敦品、励学训之尤详"①。冯桂芬自称,他小时候气质颇粗浮,父亲对他"遇事痛绳之不少假"。冯智懋特别教育冯桂芬:"人生以风骨为第一谊,不特于长官、座主宜为近礼之恭,即事君亦当持正不阿,勿蹈唯诺之习。以顺为正,妾妇之道也。戒之哉!"②

冯桂芬天资聪颖,入塾读书以后,读书一目数行,记忆力相当好,成绩自然不错。道光七年(1827),青年冯桂芬应院试,考中吴庠博士弟子员,有了秀才的身份,通过了科举考试的第一级阶梯。清代规制,儒童入学考试,需经过县试、府试、院试三级,分别由知县、知府、学政主持,其内容初用四书文、《孝经》论各一,因《孝经》题少,又以《性理大全》《太极图说》等命题。嗣定正试四书文二,复试四书文、《小学》论各一。雍正初,科试加经文,日后又增策论题,仍用《孝经》。乾隆中叶以后,试书艺、经艺各一,增五言六韵诗,并背录《圣谕广训》一条。要考那么多次,那么多内容,可见要取得秀才资格并非易事。

冯桂芬颇得江苏学政辛从益的赏识,中秀才后,即被辛录为学官弟子③。辛从益(1759—1827),字谦受,号筠谷,江西万载人。乾隆五十五年(1790)进士,选庶吉士,授编修,迁御史,以母老陈请终养。嘉庆十七年(1812),起复补原官,迁给事中,历任光禄寺少卿、通政司参议、内阁侍读学士、光禄寺卿、太常寺卿。道光二年(1822),迁内阁学士。三年,擢礼部侍郎,督江苏学政。八年,卒于学政任所。著有《诗文内外集》《公孙龙子注》等。辛从益以质朴敢言名于时,遇事仗义执言,不避权贵,曾就吏治、风俗、马政、漕运等问题直抒己见,颇得道光皇帝信任。可惜的是他在拔识冯桂芬的第二年就去世了,否则,他很可能是影响冯桂芬日后仕途的重要人物。

①② 冯桂芬:《诰封奉直大夫晋封奉政大夫例晋中宪大夫翰林院编修加六级显考春圃府君行述》,《显志堂稿》卷八,第 28 页。
③ 冯桂芬:《邵步青医学三书序》,《显志堂稿》卷一,第 33 页。

第四节　正谊书院高材生

　　道光八年(1828)，弱冠之年的冯桂芬进入苏州正谊书院学习。正谊书院是清代苏州乃至全国有较大影响的书院，坐落在沧浪亭后，府学东面，嘉庆十年(1805)建，道光二年布政使廉敬平率属捐银一万两，生息充费，以经艺课士，成为苏州与紫阳书院齐名的著名书院。历任山长有倪为炳、汪庚、费正勋、吴颐、朱方增、余集、吴廷琛，诸人除倪为炳为举人，均为进士出身，且多为一方名儒，其中吴廷琛是嘉庆壬戌科状元。① 书院藏书丰富，老师渊博，学生济济，是读书治学的好地方。

　　冯桂芬入正谊书院时，山长为朱兰坡。朱兰坡(1769—1850)，名珔，字玉存，兰坡是其号，安徽泾县人，嘉庆七年进士，选翰林院庶吉士，授命编修，充武英殿纂修，国史馆协修，实录馆校勘官，历任山东乡试考官、日讲起居注官、右春坊右赞善、中允教习庶吉士、侍讲、国史馆总纂、国史馆提调等。他是嘉道时期著名大儒，曾主讲钟山书院、正谊书院、紫阳书院，在苏州结问梅诗社，有《小万卷斋文》《小万卷斋诗》《文选集释》等②。朱兰坡主持正谊书院 20 年之久，"立身行己，规行矩步，道范俨然"③，培育人才甚多。他比冯桂芬大整整 40 岁，对这位青年才俊相当赏识，所选刻的正谊书院课艺，以冯桂芬所作最多。冯桂芬对这位老师也极其钦佩，曾作《和朱兰坡师重游頖宫元韵》，有"早岁论经邸殿中，寻还初服二疏风"之句，称赞朱老先生"文章经术足千秋，家法先秦两汉周。金石残编虫篆剔，球锽巨制凤楼修。竹孙擢秀欣贻燕，兰膳调馨合献鸠。彩胜簪来霜鬓满，不教坡老擅风流"④。冯桂芬治学路径也颇受乃师影响。朱兰坡治说文很有造诣，有《说文假借义证》等著作行世，冯桂芬日后在说文学方面也有很高成就。朱兰坡在道光三十年去世以后，冯桂芬时常想起他，有诗云：

---

① 冯桂芬纂：《苏州府志》卷二十五，学校一，江苏书局本，同治重修。
② 李元度：《右春坊右赞善前翰林院侍讲朱兰坡先生传》，《续碑传集》卷十八。
③ 冯桂芬：《朱兰坡宫赞师七十寿序》，《显志堂稿》卷二，第 46 页。
④ 冯桂芬：《和朱兰坡师重游頖宫元韵》，《梦奈诗存》，光绪二年版，第 10 页。

皋比廿载重沧桑,末座侯芭载酒忙。老辈风流今有几,江南老
耆鲁灵光。①

冯桂芬在正谊书院读书时,还曾受到江苏巡抚林则徐的赏识。林
则徐(1785—1850),道光三年任江苏按察使,道光十二年任江苏巡抚。
那时,苏州是江苏巡抚衙门所在地。这年六月十一日,林则徐到正谊书
院考课,首拔冯桂芬,"有一时无两之誉"②,并将冯招至署中读书。据
说,冯桂芬的制举文相当出色,适在林则徐公署的江西徐白舫先生见到
以后,赞不绝口,称之为"百年以来仅见"。林则徐要冯去拜见徐,冯因
事未能去③。林则徐对这位苏州学生欣赏有加,将自己辑的《西北水利
说》交冯编校,还曾让冯代他起草《太上感应篇图说序》。林则徐以禁烟
抗英流芳后世,也以关心民瘼、经世务实享誉于当时。他的经世思想对
冯桂芬有重要影响,冯桂芬对老师的拔识之恩一直铭记在心。他考中
进士以后,专门写信给林则徐,一以报喜,一以谢恩,感谢老师往日的
栽培:

桂芬猥以下资,滥邀非望。自循涯分,弥惕冰渊。回思橐笔沧
浪,献诗戟卫,借阶前之尺地,独许扬眉;转江濆之勺波,辄劳举手。
辙以涸而益甘其润,琴以焦而弥振其音。知遇之深,得此盖寡。在
夫子待同国士,讵止以一第见期,而贱子感切知音,遑敢以不才
自画。④

日后,林则徐在两广总督任上,因禁烟事而被道光皇帝夺职,充军
西北,路过苏州,画家顾湘舟以林则徐为当代伟人,为林画像留念,冯桂
芬则为此画像题词,赞颂林则徐:

公为政所至,得民心甚,而吾吴为最久。吾吴之民,安公之教
化,向公亦最深。大江南北,数十州之远,亿万户之众,虽乡曲妇人

① 冯桂芬:《怀人诗二十首·朱兰坡侍讲师》,《梦奈诗存》,第20页。
② 冯桂芬:《林少穆督部师小像题辞》,《显志堂稿》卷十二,第3页。
③ 见冯桂芬:《关帝觉世真经阐化编序》,《显志堂稿》卷一,第29页。
④ 冯桂芬:《上林少穆师书》,《显志堂稿》卷十二,第45页。

孺子，绝不知大吏名氏者，独于公名氏甚熟，莫不知其为好官。①

林则徐去世以后，苏州为林则徐建立祠堂，冯桂芬撰《林文忠公祠记》，称林"生平武功在滇，而文德所被，则吾吴最久。今距公去数十年，心歌腹咏，如公在时"②。冯桂芬晚年作怀人诗，特地抒发对恩师的深深怀念之情："总制威名振百蛮，功成优诏许还山。定知万里经行处，多少香花竹马班。"③林则徐治学行政，既气象宏大，又脚踏实地，冯桂芬颇受影响。

冯桂芬在苏州读书时，与元和薄斐、福建龙岩蔡念乔、同里张小棠三人友善，暇辄过从讲学，继晷不倦。薄斐喜沉默，另外三人，包括冯桂芬在内，辄年少气盛，勇于表达，"每相与上下议论，出入今古，激昂慷慨，拍案叫呼"④。由此可见，冯桂芬在青年时代的心志与风采。

---

① 冯桂芬：《林少穆督部师小像题辞》，《显志堂稿》卷十二，第3页。
② 冯桂芬：《林文忠公祠记》，《显志堂稿》卷三，第15页。
③ 冯桂芬：《怀人诗二十首·林少穆督部师》，《梦奈诗存》，第20页。
④ 冯桂芬：《薄斐君遗文序》，《显志堂稿》卷二，第18页。此文为冯桂芬年轻时所作，内有"今余年未及壮"之语。

第二章　科举路上

第一节　屡败屡战

清代中叶以前的书院,多是科举考试的训练班。参加科举考试,博取功名,是书院学生的最好出路。冯桂芬多次应考,由乡试而会试。

清代乡试是三年一科,在八月举行,地点在省城。江南乡试在南京。考试内容第一场试时文七篇,即四书三题,五经每经出四题,士子任选其一经四题;第二场试论一篇,题目出自《孝经》和《性理大全》《太极图说》《通书》《西铭》《正蒙》等;第三场试经、史、时务策论五道。道光八年(1828),冯桂芬应本省乡试,中副榜。副榜亦称备榜,是正榜以外录取的名额。乡试副榜始于元代,清代每五名正榜外取一名副榜。副榜不能直接参加会试,但下科仍可应乡试,待获取正榜以后方可参加会试。虽然未能录取正榜,但副榜聊胜于落榜,冯桂芬连续两年都有进步,心情还是比较愉快的。

道光十二年八月,冯桂芬考中壬辰科江南乡试第 16 名举人。这年,吴县共有 9 人中举,另有许源、石峻华、宋璜等。担任这次乡试主考官的,正是冯桂芬的恩师江苏巡抚林则徐。鉴于以往科举考试中考官为争先荐卷而不认真批阅全部考卷、考生夹带作弊、点名混乱等弊端,林则徐改革办法,明定章程,严肃规矩。在这种严格、公平的情况下,冯桂芬能够中举,无论是学生还是老师,都是非常高兴的。

乡试中举以后,接下来的便是科举考试最后一关会试了。

清代会试也是三年一科，通常在三月举行，地点在京城。共考三场，题目类型与乡试相同，只是出题、阅卷之人和录取标准不同而已。道光十三年，冯桂芬赴京应会试，结果首战不利。第一次参加会试，落第很正常，也可以视为会试演练，但比较自负的冯桂芬落第后心情还是有些抑郁，自有诗云："落花时节每相逢，一度来游一凄绝。"[1]

道光十五年，冯桂芬再赴会试，再次落第，情绪更为颓丧。[2] 经过山东济宁泇河边时，没想到上次落第路过此地时遇到的一位老人把他认了出来，一番寒暄之后，老人以庄稼人善于趋利避害作比喻，直言规劝冯桂芬放弃金榜题名的幻想，及早回头，另找出路。冯桂芬有诗记述其事：

> 乙未再下第，走马泇河隅。逆旅有老翁，揖我语路衢。前岁曾识君，君犹及忆无？两度见君颜，颦蹙每叹吁。此间既失意，谁令长驰驱。我生阅历久，世路经崎岖。前车鉴覆辙，识途资良驹。言近而旨远，愿君采荛刍。我辈业农贾，惟利是所趋。今年禾黍荒，明岁种瓜壶。今年瑜珥贱，明岁饰碔砆。勿犯世所忌，衣冠坐泥途。勿违世所好，被褐怀瑾瑜。一试不得当，谓宜早改图。转移在反掌，利钝分须臾。孟氏戒执一，蒙庄斥虚拘。屈小伸斯大，达人有良谟。君必不能为，散发宜江湖。奚事犯霜雪，奔走徒区区。两策不一用，君计毋乃迂。我闻一莞尔，挥鞭前就途。[3]

冯桂芬不为所动，还以诗歌的形式记下了老人的劝谕，以激励自己。

与冯桂芬一起饱尝落第之悲的，还有他的好友洪铭之、顾子山等，他们都是正谊书院的学生。洪铭之善文章，工诗赋，文章精警奇崛，卓绝一时。顾子山懂制义，对于明代以降直到清初各名家源流，一清二楚。冯与顾一同暂居在苏州孙建威故宅，研习举业，切磋学问。孙宅相传在宋代原为朱长文乐圃，后为景德寺、学道书院、兵巡道署，明代为状

---

① 诗后自注：癸巳以来每下第，辄就馆是邑。见冯桂芬《顾侍萱学博蓉湖渔隐图》，《梦奈诗存》，第3页。

②③ 冯桂芬《滩上有纪》，《梦奈诗存》，第5页。

元申时行宅第,清代乾隆时归刑部侍郎蒋楫,继归著名学者毕沅,再为孙建威宅,数百年间,屡废屡建,几易其主。宅在黄鹂坊桥东,为楼五楹,以贮经籍,垒土为山,凿井为泉①。景幽园静,正是读书治学的好地方。洪铭之住百花巷,两地相距几十步。"虽甚风雨,辄携屐相过从,纵谈诗文经史疑义、古今遗闻轶事,累日夜不倦"②。即使风雨天,也携屐来往,纵谈时文经史疑义,以及各种遗闻轶事,累日夜不倦。三人均吴中名士,虽然落第,意气不减,这也鼓舞了冯桂芬屡败屡战的勇气。可惜的是,这三位同学日后只有冯桂芬一人在科举道路上获得成功,其余二人都失败了。洪铭之屡困场屋,考了20多年,因为一意科举,不理经济,致使家道中落,"文日高,名日噪,境则日以窘",结果郁郁不得志,穷困病死③。科举误人、害人,洪铭之是一典型。

道光十八年,冯桂芬第三次赴京参加会试,第三次落第。在友人的劝留下,他参加宗学录科考试,被录取为咸安宫教习。咸安宫教习始设于雍正七年(1729),主要职责是训练满族学生学习汉文。冯桂芬对此兴趣不大,不久便辞职回乡。

第二节　游幕生涯

冯桂芬在中举以后、进士及第以前,多次做过幕友。幕友是中国传统官制的补充,历代均有,明清时期尤为突出。宋、明以后,科举选拔制成为任官主流,大部分官员出自科举,而科举注重经义、文词,由此培养出的官员缺乏必要的官场知识和专业技能,幕宾制度为主管者提供必要的专业力量和办事人员的支持。因此,上自督抚,下迄州县,多有幕友。冯桂芬在道光十三年就做过江阴知府陈希敬的幕友,时间在秋天。冯自有诗记:

才得轮蹄歇,风帆又一涯。年时半为客,咫尺总离家。差喜高

---

① 冯桂芬纂:《苏州府志》卷四十五,申文定公时行宅。
②③ 冯桂芬:《洪铭之时文序》,《显志堂稿》卷二,第22页。

堂健,每怀前路赊。别觞容易醉,佳节正黄花。①

陈希敬(1792—1853),浙江海盐人,字笠雨,号慎甫。道光三年进士,授金坛知县,调江阴,官至直隶深州知州,后为太平军所杀。著有《退耕堂诗集》等。冯与陈相处,颇为相得。陈因奉讳去官,临时将府内事务尽数交冯佐理,冯不辞辛劳,一一办妥。

冯桂芬还当过某县令的幕友,兼治钱谷。一次,县令以欠粮缘故,欲夺去某生员的资格,冯桂芬力争不得,遂拂衣而去。② 这反映了冯桂芬耿直不屈的性格。

冯桂芬最重要的幕友生涯是在江苏督抚陈銮、陶澍、裕谦的幕中。

陈銮(1786—1839),字芝楣,湖北江夏人,嘉庆二十五年进士,授编修。道光五年,出为江苏松江知府,以后历任苏松太道、苏松粮道、浙江按察使、江西布政使,在漕运、赈灾、治理运河、修理海塘、疏浚吴淞江等方面,政绩卓著。道光十二年,护理江苏巡抚,十七年升任江苏巡抚。冯桂芬在林则徐抚署中读书时候就与陈銮相识,那时陈为林的幕友,可能那时已经对冯桂芬印象颇好,所以,他到江苏当巡抚以后即聘冯桂芬入幕。

陶澍(1779—1839),字子霖,号云汀,湖南安化人,嘉庆七年进士,改庶吉士,授编修。道光五年任江苏巡抚,十年升两江总督。陶澍作风踏实,敢言能干,绥靖地方,赈济灾荒,兴修水利,振兴文教,通经致用,兴利除弊,是一个从未建立任何军功而终身享有盛誉的名臣③。陶澍在道光十八年将冯桂芬延入幕中。

裕谦(1793—1841),子鲁山,蒙古镶黄旗人,嘉庆二十二年进士,道光六年出为湖北荆州知府,十四年任江苏按察使,十九年授江苏巡抚,翌年鸦片战争爆发后,署两江总督,二十一年实授两江总督,赴浙江办理军务,在抗英战争中殉职。冯桂芬入裕谦幕事,冯在《陈君若木家传》中曾述及他入幕的因缘,估计与裕谦的前任林则徐、陶澍有关。林、陶、

---

① 冯桂芬:《将赴江阴》,《梦奈诗稿》,第8页。

② 李鸿章:《三品衔詹事府右春坊右中允冯君墓志铭》,《李鸿章全集》第九册,海南出版社1997年版,第4644页。

③ 魏秀梅:《陶澍在江南》,台湾"中央研究院"近代史研究所专刊,1985年第2页。

裕都是治理江苏的名臣,在行事风格、政治见解方面比较接近。

游幕生涯,对于冯桂芬深入了解社会有直接影响,对其经世思想的形成有重要关系。诚如日本学者百濑弘所说:

> 桂芬自中乡试后,游幕数年,参与行政实务,……桂芬为求增收入以慰双亲而为游幕生活,但其经世实用之学,亦得自此间,极为明显。如斯,桂芬之智识经历既富,加以举人身份,已跻乡绅地位,故于道光十九年,曾向苏州知府提出禁止夜行之建议。①

第三节　高中榜眼

道光二十年(1840),冯桂芬第四次赴京参加会试,终于得偿所愿,高中一甲二名,赐进士及第,俗称榜眼。一甲一名状元是李承霖,一甲三名探花是张百揆。二甲殷寿彭等87名为进士出身,三甲何其仁等90名为同进士出身。

这一年会试主考官是大学士潘世恩。潘世恩(1769—1854),字芝轩,江苏吴县人,乾隆五十八年状元,授修撰,历任内阁学士、礼部、兵部、户部、吏部侍郎,云南、浙江、江西学政,以及工部尚书、体仁阁大学士、军机大臣等职,道光十八年晋武英殿大学士。他权重一时,门生故旧遍天下,冯桂芬得这位同乡前辈奖掖提携颇多。冯、潘两家日后成为世交。这一年,苏州府共有六人考中进士,另外五人是吴县华翊亭、郑大诚,常熟翁同书,吴江殷寿彭、殷兆镛。

冯桂芬何时开始读书,我们无法确切知道。《冯景亭行状》称"稍长,入塾",姑且算他7岁开始读书,考中进士时为31岁,则一共读了24年。24年中,冯桂芬由童生而秀才而举人而进士,大考三六九,小考年年有,或春或秋,年复一年,东奔西走,南来北往,一路上不知磨了多少墨,耗了多少油,费了多少钱,跑了多少路,考了多少次,流了多少泪!一旦高中,修成正果,他的喜悦之情不难想象。他在忙着向父母、恩师、

① 〔日〕百濑弘:《冯桂芬及其著述》,岚涛译,《中和月刊》第三卷第三期,1942年1月。

亲戚、朋友报喜告捷的同时,也一遍又一遍地回首自己走过的艰辛之路。

冯桂芬考中进士的岁数,比现在考中博士的人也大不了多少,比起他的正谊书院的许多同学,如上文提到的洪铭之,算是相当幸运的。根据张仲礼先生的研究,太平天国以前,士子考中生员的平均年龄为 24 岁,中举时的平均年龄为 31 岁,进士及第的平均年龄为 36 岁。① 冯桂芬登上这三级台阶的年龄分别是 18、23、31 岁,比起同时代一般士子,每个台阶都提早 5 年以上,在这个意义上可以说,冯桂芬是科举幸运儿。

当然,科举制度之消磨光阴、折磨人才、消耗钱财,他也感受深切。还在苏州读书时候,有一次他听到林则徐的一位叫饶廷襄的朋友痛斥科举制度:

> 明祖以枭雄阴鸷猜忌驭天下,惧天下瑰伟绝特之士,起而与为难,以为经义诗赋,皆将借径于读书稽古,不啻傅虎以翼,终且不可制。求一途可以禁锢生人之心思材力,不能复为读书稽古有用之学者,莫善于时文,故毅然用之。其事为孔孟明理载道之事,其术为唐宋英雄入彀之术,其心为始皇焚书坑儒之心。抑之以点名搜索防弊之法,以折其廉耻;扬之以鹿鸣琼林优异之典,以生其歆羡。三年一科,今科失而来科可得,一科复一科,转瞬而其人已老,不能为我患,而明祖之愿毕矣。意在败坏天下之人才,非欲造就天下之人才。②

对这番惊世骇俗的议论,林则徐以"奇论"视之,冯桂芬未加评论,也未必完全同意,但印象极深,以致几十年后记忆犹新。

与冯桂芬在苏州正谊书院一起读书的好友洪铭之、顾子山等,都是聪明绝顶之人,但幸运之神没有向他们招手,他们都成了科举制度受害

---

① 张仲礼:《中国绅士:关于其在十九世纪中国社会中作用的研究》,上海社会科学院出版社 2002 年版,第 103、135、139 页。

② 冯桂芬:《变科举议》,《校邠庐抗议》,上海书店出版社 2002 年版,第 37 页。饶廷襄,福建龙岩人,嘉庆二十三年(1818)举人,林则徐的朋友,长期在林则徐幕府为幕宾。参见张海鹏、马照南主编:《林则徐与近代中国》,海峡文艺出版社 2009 年版,第 636 页。

者。冯桂芬由此对科举之害人感慨极深。

说冯桂芬是科举幸运儿，与其时科举制度中举人、进士录取名额配置有关。明清科举考试并不是完全实行分数面前人人平等的录取制度，而是实行分省取士制，即根据各地的文化发展水平的不同，对录取名额进行有差别的定额分配。① 朝廷这么做，有其政治上合理之处，即在人才选拔、官员录用方面，适当平衡发达与不发达地区的利益，避免畸轻畸重。但这么一来，文化发达、应试者众的江南地区，录取率就大大降低。据研究，清代江浙等省应试士子与中举名额之比，通常超过 100∶1，高的可达 145∶1，而北方顺天府和商籍的录取比例则在 20∶1 至 50∶1 之间。② 其结果，99%以上的江南读书人在由学而仕的道路上是走不通的。在这个意义上可以说，冯桂芬好友洪铭之、顾子山等人在科举道路上未能走通是正常的，冯桂芬走通了才是非常的。

冯桂芬在科举道路上苦苦跋涉期间，他的家庭由富而贫，道光六年和九年两次失火，赀财尽毁，还欠了许多债，但他还要为科举考试投入大量时间，耗费许多钱财。他曾详述科举考试给士子带来的沉重经济负担：

> 四民中士最贵，亦最贫。商贾无论已，农工勤力，类能自给，独安分读书之士，修羊所入，辄不足以赡八口。平日之苦，已逾平民，及应试则舟车、庐舍、糗粮，以及代馆事、备试卷，随在需费，其苦又甚焉。省试途较远，时较久，其苦倍甚焉。至会试，则必弃置平日佣书之地，聚粮治装，间关跋涉数千里，经时逾年，劳费十倍，其苦益甚焉。计集阙下数千人，素封便家十不一二，中人之产往往为之中落，况寒素乎？谚谓"举人为破家之子，亡命之徒"，又云"举人老，盘川少"，不虚也。借贷不足，继以典质；典质不足，继以干求。弱者暮夜乞怜，丐富贵之润；强者乡曲武断，分官吏之肥。寡廉鲜

---

① 这一制度的形成有个历史过程，详见刘海峰、李兵：《中国科举史》，东方出版中心 2004 年版，第 297—299 页。
② 夏卫东：《论清代分省取士制》，《史林》2002 年第 3 期。

耻,坏法乱纪,习为固然。①

所述既是一般情况的概括,也有他自己的体验在内。

正因为有了这段经历,有了这些思索,所以,他日后专门写了《变科举议》,收在《校邠庐抗议》中,就改革考试内容、减少考试次数、改善录取方法,提出了一整套设想。

在冯桂芬看来,科举制度也不是一无是处。因为,以考试取士,不过别其聪明智巧之高下而已。所试者经义,聪明智巧即用之经义;所试者词赋,聪明智巧即用之词赋。故法虽异而所得仍同。如果所考内容太简单,则聪明智巧之高下不甚可辨,有比较高的难度,则聪明智巧之高下,可以清楚地看出:

> 顾氏炎武谓,科场之法,欲其难不欲其易。诚哉是言。盖难则能否可以自知,中材以下有度德量力之心,不能不知难而退,而觊幸之人少矣;难则工拙可以众著,中材以上有实至名归之效,益愿其因难见巧,而奋勉之人多矣。且也多一攻苦之时,即少一荒嬉游冶之时;多一键户之人,即少一营求奔竞之人。文风振焉,士习亦端焉。而司衡校者,优劣易以识别,不致朱碧之迷离,高下难以任心,无敢黑白之颠倒,亦难之效也。②

冯桂芬的看法是有道理的。一个士子参加八股考试,要想取得成功,至少要具备以下能力:首先,熟记经书,必须熟记四书五经等主要经典,背诵一些时常引用的段落,包括熟记朱熹的注疏,因为那是标准答案。其次,准确地理解经书的意思。第三,写作技巧,将自己理解的意思,按规定的程式用文雅的词汇表达出来,如果能够融会贯通,见人所未见,而又符合经书本义,那就容易引起考官的重视。第四,书法工整,如果小楷写得歪七扭八,或卷面涂抹,那考官便会一望而生厌。

科举考试是中国文化对人类文明演进的一大创造,自隋朝创立以后,直到清末,延续1300多年,对中国社会影响至深至远,对东亚地区

---

① 冯桂芬:《改会试议》,《校邠庐抗议》,第40页。
② 冯桂芬:《变科举议》,《校邠庐抗议》,第38页。

以及欧洲文官制度，都有重要影响。这一制度，通过公开、公平、开放、严格的考试，将一批又一批优秀读书人选拔出来，让他们进入仕途，成为社会管理者，成为令人仰慕的社会精英，诚如《神童诗》所云："朝为田舍郎，暮登天子堂。将相本无种，男儿当自强。"科举制度打破了隋朝以前的门阀制度，为成千上万的出身普通平民家庭的士子，开辟了向上流动的通道。这对于打破阶层固化，激发社会活力，促进文明演进，功莫大焉！科举制度以儒家经典为考试内容，为儒家文化的有效传承奠定了基础，为国家意识形态的延续性、稳定性提供了制度保证。这一制度对于报考对象的年龄、报考的次数都不设限制，有利于刺激整个社会刻苦读书的风气。宋真宗赵恒的《劝学诗》对此说得相当透彻："富家不用买良田，书中自有千钟粟；安居不用架高堂，书中自有黄金屋。出门莫恨无人随，书中车马多如簇。娶妻莫恨无良媒，书中自有颜如玉。男儿若遂平生志，六经勤向窗前读。①"冯桂芬成功地跨过了科举考试一道又一道充满荆棘的阶梯，获得了万众瞩目的社会声望。这成了他跻身士林、开阔视野、提升境界的关键一步，也成为他辉煌人生的最为重要的社会资本。

第四节　八股文高手

冯桂芬高中榜眼，自应属于聪明智巧之列。

最能代表冯桂芬科举水平的，是他的会试卷。冯桂芬参加会试的具体情况，自己没有记载。与他一起参加会试的同乡殷兆镛记得比较详细，与冯桂芬同年中进士的董恂对会试情况也有所记载。综合清代科举制度以及殷、董的记载，这次会试的情况大体如下。

清代自乾隆九年（1744）开始，会试时间定在三月。会试由礼部主持，故称"礼部试"或"礼闱"；考试时间为春天，故又称"春闱"。

会试分三场，每场三天。三月九日开始第一场，十二日开始为第二

① 赵恒：《劝学诗》，任鹏杰：《历史·教育·人生》，光明日报出版社 2020 年版，第 277 页。

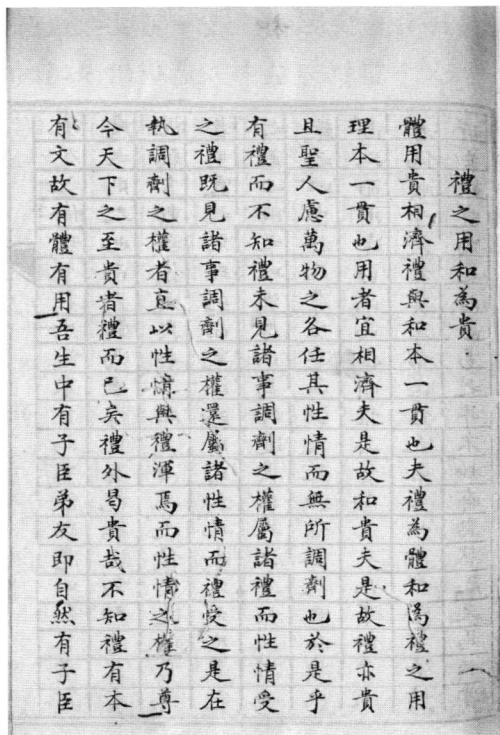

《显志堂制艺》稿本

场，十五日开始为第三场。考生先一日领卷进场，后一日交卷出场。道光二十年这次会试的文题，分别是"如琢如磨者自修也""盖均无贫和无寡""用下敬上谓之贵贵，用上敬下谓之尊贤"，赋得"慎修思永"，得"谟"字。①

本房考官为福建道监察御史善化陈岱霖，座主为大学士军机大臣吴县潘世恩、户部尚书军机大臣满洲隆文、礼部尚书仁和龚守正、户部右侍郎诸城王玮庆。四月九日发榜。

考生将考卷交给受卷官，经受卷官进行身份检查验证以后，获得受卷官所发的考生照出签，即出门证，便可以离开考场。其考卷经过弥封加密、编号，再由专门人员用红笔誊抄一份，成为朱卷，与墨卷即原考卷一起交到誊录所，最后进入阅卷程序。

---

① 殷兆镛：《殷谱经侍郎自叙年谱》，文海出版社1968年影印版，第25页。董恂：《还读我书室老人手订年谱》，文海出版社1968年影印版，第19页。

自康熙朝开始，会试与殿试之间加了一道复试的环节。复试内容比较简单，仅要求考生依题写一篇八股文与一首诗。道光二十年的复试，于三月十三日在保和殿举行。是日黎明，新贡士身着常朝服，由东华门入至中左门，于点名处领卷，赴保和殿考试。题目是"子曰不愤不启"一章，赋得"金人示戒"，得"言"字。复试的地点与先前三场考试不在同一个场所，主要目的还是为了防止舞弊。

殿试是会试的最后一个环节。这是皇帝亲自主持的考试，也是决定进士名次的考试，所以特别重视。清初殿试在天安门外举行，后相继改在太和殿前的丹墀、保和殿两廊。殿试的内容为时务策一道，所用试卷由礼部制备，其书写有固定格式。第一开前半页书写内容为：应殿试举人臣某某，年若干岁，某省某府某县人，由廪生（或增附生）应某某年乡试中式，由举人应某某年会试中式，今应殿试，谨将三代脚色开列于后。殿试对策撰写格式，开头写"臣对臣闻"四字，结尾写"臣末学新进，罔识忌讳，甘冒宸严，不胜战栗陨越之至。臣谨对"。对策全文不得少于 1000 字，否则视为不合格，但最多也就 2000 字左右。殿试考试时间为一整天，当天交卷，只写对策，不用抄写题目①。道光二十年的殿试，于三月二十一日举行。殿试由皇帝亲自主持，故不设考官，只设读卷官。按照规定的礼仪，是日黎明，新贡士袍服冠靴按中式名次于丹陛排立，王公百官朝服分立丹陛内外。皇帝升殿，作乐鸣鞭。大学士就殿内黄案捧策题，出授礼部官置丹墀黄案上，礼部官散题纸，贡士跪受，乃就殿内试桌对策。② 殿试的主考官、命题人、阅卷人名义上都是皇帝，应由皇帝亲自完成，但事实上做不到，特别是阅卷只能由皇帝委派的大臣来承担，这些大臣便被称为读卷大臣。本期读卷大臣为潘世恩、汤金钊、祁埙、廖鸿藻、沈饴原、冯芝、麟魁、王樵。

殿试以后还要举行朝考。清代新科进士取得出身后，由礼部把名册送翰林院掌院学士，奏请皇帝，再试于保和殿，并特派大臣阅卷，称为朝考。道光二十年的朝考，在三月二十八日举行。题为"子罕言利"，"论去贪吏厚风俗疏"，赋得"霖雨贤佐"，得"心"字。阅卷大臣为穆彰

① 李兵、刘海峰：《科举：不只是考试》，上海教育出版社 2018 年版，第 234—237 页。
② 参见商衍鎏：《清代科举考试述录》，三联书店 1983 年版，第 110 页。

阿、汤金钊、廖鸿藻、许乃普、恩桂、麟魁、王樵、杜受田、徐士光。

五月七日,道光皇帝在圆明园勤政殿接见新科进士,冯桂芬、殷兆镛等人选翰林院庶吉士。① 按照惯例,朝考优秀者列庶吉士,约占二成;等第次者分别用为主事、中书、知县三项目,约占八成②。

科举时代,士子中式以后,有将自己试卷刻写赠送亲友的风俗。冯桂芬进士及第以后,即将试卷刻写送人。这是名卷,流传很广。此卷的刻印本,上海图书馆有收藏③。现将考卷内容以及考官批语附录于后。④

如琢如磨者自修也

次释诗词,治己之功密矣,夫自修之不讲,虽道学犹末也。《诗》更言如琢如磨,其治己不綦密乎?

且君子以圭璧之身,而或无以成其器,则治身疏;即有以成其器而不能成其器,为纯粹以精之器,则治身犹疏。知止之君子,兢兢焉惟身之不克治为惧,而治之具愈进而愈备,即治之法愈进而愈严,斯其精进无已之全功遂独完,其圭璧之身而无所憾。

切磋所以道学固已,而即继以如琢如磨者何哉?守道之身有完而无缺,苟全体完而有一间之或缺,完者已不完。琢者,所以裁成吾身弥其缺以底于完者也。体道之身有纯而无疵,苟全体纯而有一端之或疵,纯者已不纯,磨者又所砥砺吾身,去其疵以归于纯者也,盖自修也。

天下惟至顽之物于追琢为宜耳。乃君子至灵之体,若不惜以治至顽之法治之,材质以琢而益精,故程度无不中;物欲以琢而尽去,故瑕疵无不捐。其修也,其如琢也。

天下惟至粗之物于磨炼为宜耳。乃君子至精之用,若不惜以治至粗之法治之,心体以磨而益净,故无稍玷之,神明性分以磨而益莹,故无不发之光采。其修也,其如磨也。

---

① 殷兆镛:《殷谱经侍郎自叙年谱》,第25页。

② 商衍鎏:《清代科举考试述录》,第127页。

③ 顾廷龙主编:《清代朱卷集成》,成文出版社1992年版,第十一册。

④ 以下所录试卷,均见顾廷龙主编:《清代朱卷集成》,第十一册。

凡物之琢磨，必别有物焉，以为琢之磨之之具。修之以自则以己治己，天人交战之间，不必有其物，而不啻有其事，斯其琢磨也更锐。

凡物之琢磨，必两相激焉，始有为琢为磨之形。修之以自则以己化己，理欲消长之际，不必其相激，而不啻其相成，斯其琢磨也更精。

今夫琢之义近于剥，修正以剥而得复。磨之义近于损，修正以损而得益，以相济者为修而修乃密。琢者剖以大力，故理之坚凝无不入；磨者研以小心，故理之精华无不出，以相反者为修而修更神。

磨可缓为功而琢必锐进，似琢难而磨较易；琢可猝为力而磨必以渐进，似琢浅而磨转深。自修者要无轻重之殊。

大醇得而小疵可徐及，琢以为磨之地；渣滓去而清光乃大来，磨以成琢之功。自修者固有先后之序。

以自修者太璞独完，似琢在所不屑，不知材智由学问而出，乃适还其不雕不琢之天。以自修者刚强不屈，似磨在所不居，不知志节以历练而成，乃益淬其不涅不磨之体。此至善之一端也。

论述层层推进，先释其义，再论其理。尤其是论述人之琢磨与物之琢磨的异同，说明物之琢磨是以彼物琢磨此物，琢磨之主体与被琢磨之客体，是两种不同之物，而人之琢磨自己，是以己化己，这很有见识，也很深刻。冯桂芬对于琢与磨的区分、比较，也极为精彩。对于此卷，本房加批："实从琢磨勘出自修，无义不精，无语不炼。六通四辟，五花八门，令人一读一击节，题之能事尽矣。"

盖均无贫和无寡

申言贫寡之不足患，由均而推之和焉。夫使不患贫寡，而果贫果寡，则季氏犹有辞也，而亦知由均而和，而已无贫无寡乎？子故为申言之。

今国家亦专事富庶耳，骤而语以不必富不必庶，人必笑其愚矣。顾必就富言富、就庶言庶，吾正笑其愚矣。富有自富，初不必在财用之饶裕。庶有自庶，初不必在人民之众多，则尝探其原本，证所见闻,而益恍然也。

　　吾言患不均安而不患贫寡,夫岂高语夫不患之名而乐受夫贫寡之实,而与有国家者以所难哉?夫使不患贫寡而贫立随之、寡立随之,衡诸去兵去食之说大义总无可逃,在君子原不稍迁就。然使不患贫寡而困于贫焉、困于寡焉,揆诸有人有财之经,先王尚所不废,在常人能不稍用踟躇。而犹鳃鳃然告以不患,无怪有国家者之不服也。而吾之所谓不患贫寡者,固仍无贫仍无寡也。何以言之?吾固曰均也,均则已不仅均也,直由均而和也。盖上下适其情,而一国之偏颇悉化,则惟均,均而后势可相通,遂隐然有丰亨之象焉。此即"百姓足孰与不足"之说也。均无贫也。且君臣得其分,而一国之意气俱平,则惟均故能和,和而后情无不洽,遂蔚然成蕃庶之形焉,此又师克在和不在众之例也。和无寡也。

　　然则患贫者可悟矣,充其患贫之心,势必举三军之出、公家之征尽入焉,以为去贫之计,均何有乎?不知一国止此财赋,一人独赢,则众人皆绌,其势必不能晏然,则去贫之计实速贫之原也。而何不思所以均之,均则民富即国富,国富即家富焉。井田无过百亩而通力合作,居然有崇墉比栉之观,惟其均也,况其在朝廷哉!

　　然则患寡者可悟矣,充其患寡之心,势必举公徒三万、革车千乘攘取焉,以为去寡之谋,和何有乎?不知为国止重人心,众志一去,而军籍徒存,其势亦同归无济,则去寡之谋即致寡之本也,而何不思所以和之,和则民众即国众,国众即家众焉,家庭不过数人,而既翕且耽,正不减速舅娱宾之盛,惟其和也,况其在民俗哉!

　　是以千古治平之策,不外一均,万年乐利之休,不外一和。圣天子在上所由奠安宗社善建不拔者,恃此道也。

作者的观点,谓患贫寡的结果必然贫寡,而均的结果则可以避免贫寡,这应该说是没有什么新意的,但是论述逻辑清楚。对于此卷,本房加批:"不事矜张,自然名隽,羊叔子轻裘缓带,诸葛君羽扇纶巾,风度固自不凡。"

用下敬上谓之贵贵，用上敬下谓之尊贤

敬通于上下，大贤分著其所谓焉。夫上与下之分殊矣，而通之所以敬，贵贵也，尊贤也，不可分著其所谓乎，孟子意谓，吾与子论友，而为之历数前人，上追古帝，大约皆折节下交之事，为在上者之所难，是以千古艳称之，至于下之于上，则以为分之所固然，礼之所当然，遂可置之不论不议乎而非也，吾试与子平心言之。

尊贤而极之天子友匹夫，甚矣其敬也，甚矣其用上而敬下也，虽然，敬者通乎上下者也，吾试与子平心言之。昔先王知天泽之辨之不可不严也，于是乎戡角材角智之俦，为之定其尊卑，制其大小，而上下别焉，遂使在下者与之拜跪，与之趋走，君父之尊，同于天地，是谓用下敬上之礼，敬之至贵之至也。上本无不贵，以其本贵也而贵之而已。是礼也，凡在上者皆得受之，即凡在下者皆得行之者也。名分有其至严，宇宙间罔敢或外焉。顾其弊也，谄谀相尚而在下者委靡成风矣，佞幸满前而在上骄矜若性矣。人莫不知贵贵为敬之常，夫谁得谓之非常也，堂高廉远，圣明或别有权宜，而大分自昭天壤，草野倨侮，吾知其慢，贫贱骄人，吾知其僭，则用下敬上，安得不循例而谓之贵贵也。

昔先王知君臣之分之不可隔绝也，于是乎从师事友事之例为之制，为典礼，奉以情文而上下通焉，遂使在上者与之前席，与之分庭，臣仆之微，呼以师保，是为用上敬下之礼，敬之至尊之至也。下本无可尊，因其独贤也，而尊之而已，是礼也，非凡为下者皆得受之，亦非凡为上者皆得行之者也。旷典久为美谈，古今来亦不数觏焉。自其衰也，纵横捭阖之风炽，在下者有所不敢居矣。颐指气使之习成，在上者有所不乐为矣。人且将以尊贤为敬之变，顾庸讵可谓之变乎？缁衣杕杜，晚近即不闻嗣响，而此礼自在人间，好善可以忘势，古有贤王慕势不如趋士，今传畸行，则用上敬下，夫固当数典而谓之尊贤也。

由上言之，或不知有尊贤，由下言之，或不知有贵贵，不知二者皆一偏之论也。吾试与子平心言之，贵贵尊贤，其义一也。

对于此卷，本房加批："融会上文语脉，抑扬宛转，曲折赴题，有手挥

五弦、目送飞鸿之妙。"

赋得"慎修思永",得"谟"字,五言八韵

妙衍危微旨,昌言禹曰俞。慎修严宥密,思永定訏谟。一德难偕勖,单心易是图。临如师保训,裕乃子孙模。尔止歌能淑,惟怀凛不渝。哕鸾仪可式,振鹭斁斯无。熙亮功时叙,明谐教敬敷。宝箴符圣学,光被遍寰区。

"慎修思永",典出《尚书·皋陶谟》:"慎厥身,修思永。享叙九族,庶明励翼,迩可远,在兹。"意思是:言行要谨慎,修养要持之以恒,要使亲属宽厚顺从,使众多的贤明之人努力辅佐,由近及远,就从这里做起。出此题目的旨趣,是要考生以"谟"为韵,以"慎修思永"为主题,作五言八韵诗。冯桂芬的答卷紧扣主题,从破题到论述,最后总结,循序渐进,丝丝入扣。对于此诗,本房加批:"细腻熨帖。"

对于冯桂芬的会试卷子,各位考官批语如下:同考官翰林院编修、国史馆协修加三级谢阅荐,大总裁、户部右侍郎兼管钱法堂事务加三级王玮庆批"取",又批"清思浣月,健笔凌云"。大总裁、经筵讲官、礼部尚书加三级龚守正批"取",又批"精气内涵,宝光外溢"。军机大臣教习庶吉士管理健锐营、圆明园八旗内务府三旗、上驷院事务加三级隆文批"取",又批"大含细入,积健为雄"。大总裁、武英殿大学士、翰林院掌院学士、上书房总师傅军机大臣加三级潘世恩批"中",又批"波澜老成,毫发无憾"。

对于冯桂芬的会试表现,本房总批如下:

综核三场,兼赅众美,迅驱钻植,腾踔飞超,海涵地负之词,石破天惊之笔。穿溟涬庞鸿以立干,喻厥渊深;合若邪赤堇为一炉,方兹辟灌。可谓卢牟百氏,囊括群言者矣。呈荐主司,决为名宿。奇文共赏,惊叔重之无双;佳话刚符,易小宋为第十。撤棘来谒,知生梦因缘于奈果;宝盖前生,景问学于亭林。瓣香往哲,以润古雕今之业,为明体达用之才,研古籀八体之源流,兼通音训,阐洞渊九容之奥窔。综贯中西,餐牛炙于弱龄;名卿倒屣,拥虎皮于讲席。大雅扶轮,仪乡达则有希文,秀才时早怀经济;溯华胄斯称江夏,及

第后无愧科名。喜同宋陛庆云入太史书祥之奏,还卜傅岩霖雨副圣人思佐之心。

这个批语的形式,用骈文,典故很多。从内容上看,不光是对冯桂芬的考卷也是对冯桂芬其人其学的综合评价。评语中说到,冯桂芬向考官讲述他出生以前,他母亲梦到老僧送柰的故事;说到学问仰慕顾亭林的情况,在考中秀才时候已怀经世济民之志;说到他研究过文字、音韵之学;也说到家乡的人文历史。

这个"本房总批"是对考生考试水平、个人能力的综合评价,也是考生能否被录取的最重要评语。从这段评语中,我们特别应该注意的是"撤棘来谒"以后的文字,其内容均得自冯桂芬自述,其评价是对考生面试以后的评价。这说明,录取进士也有面试这一关。

冯桂芬的殿试卷也被完整保存了下来。殿试考的是制策,题目由道光皇帝亲自拟定。下面是冯桂芬殿试考卷全文①:

臣对:臣闻典学者通经之要,藏富者裕国之谟,涤川者兴利之原,得士者佐邦之本。综稽往籍,《易》著观文,《礼》详泉布,《诗》有度原之咏,《书》传宅俊之规。自古帝王,握镜临宸,斟元御宇。以征博雅则虎观崇儒也,以阜财求则鹿皮登币也,以资灌溉则雄陇流膏也,以进贤能则凤喈腾咏也。崇规茂矩,综贯兼赅。用是儒业隆而简册牖其灵,国用饶而金贝呈其实,水德恬而陂池溥其利,仕途辟而杞梓达其材。所由瑞集璇图,化光玉镜,固万叶而为量者,特此也。

钦惟皇帝陛下,学传精一,政著丰亨,普阇泽于井间,切旁求于桢干。固已四术式崇而万民利赖,百川归壑而三物登庸矣。乃圣怀冲挹,深维长治久安之计,弥切持盈保泰之思。进臣等于廷,而策之以重经训、均钱币、兴水利、举贤才诸大政。如臣之庸愚,曷足以知体要。顾当拜扬伊始之时,敬念敷奏以言之义,敢不勉述素所诵习,用效土壤细流之一助乎?

伏读制策有曰:三易名于何代,重卦画于何时,而因胪举夫经

---

① 冯桂芬:《榜眼殿试卷》,邓洪波,龚抗云编著《中国状元殿试卷大全》下册,上海教育出版社 2006 年版,第 1840—1842 页。

文之要义,诠解之异同。此诚读书穷理之要务也。臣闻五经之在天下,犹之日月行天,江河行地,无时或息。至于经之有五,犹天之有五行,地之有五岳,人之有五伦也。《连山》《归藏》《周易》是谓之三易,伏羲、文王相继画八卦、六十四卦。《乾》《坤》言学分乎圣贤,《泰》卦九二备言保泰。《尧典》《舜典》本合为一,后儒始分,慎徽以下为《舜典》。至若《康诰》《酒诰》职官,可与《周礼》并参。《多士》《多方》篇次,亦有今古之异,《行苇》为祭射,《臣工》《噫嘻》为戒农官,《长发》一诗或为祫,或为禘。《出车》王命,或曰殷,或曰周。以及《仪礼》体解、豚解之分,膳酒、散酒之用,其说当参稽也。中星之法以岁差而变,尧时中星在虚度,厥后渐差而东,岁有迁改,故与《月令》有异,此即今法所谓恒星东移之度也。鲁史本用周正,自合加于干正;纪年道在体元,原宜谓一为元。圣人好古不作,大始正本著书之义,夫岂容测以臆见也。夫五经之作,并出于圣人。阅世久远,师承不一,故义例参差,字句互异,是在读者考核之精详矣。皇上学究天人,修明经术,凡在服经之士,孰敢不勉自策励哉?

制策又以秦有天下,币为二等,而遂推究夫古今货币之源流。此又阜财足用之要图也。臣谨按:管子曰,黄金、刀币,民之通施也。故神农一神之字,太皞九棘之名,黄帝之制金刀,帝舜之策马货,皆流芳秘纪,征瑞瑶编,厥制纷如,靡得而记已。盖秦汉以前,上下通行之货,一皆以钱,所谓珠玉、龟贝、金锡之属不为币也。孝武始造白金三品,寻废不行。至唐时,有禁断采银之诏,度支岁计,有粟布绢绵及钱,而无银。盖银以充贡,不以为赋。近世始以银为币,铸银之式轻重不同,所直亦异。民间但以银论价市易,遂至银日贵,钱日贱。市侩得以上下其手,富贾或且奇货可居,此其弊也。周官司市,无征而作布,《郑注》谓金铜无凶年,因物贵,大铸泉以饶民。说者谓钱始盖一品,周景王铸大泉而有二品。然观单穆公所谓子母相权,是固有大小矣。古今论钱法者,若贾谊,若孔觊,若陆贽,皆能详其利弊者。要之钱有重轻,铜有贵贱。铜价浮于钱,则盗销之弊起;钱价浮于铜,则盗铸之弊起。二者相反,要皆法之所宜禁。而钱之轻重,铜之贵贱,必斟酌得其平。而唐以上五铢之利,不足言矣。皇上府事交修,权衡轻重,各得其宜,所由国用饶而民用赡也。

制策又以昔在神禹,浚浍距川,亦越成周,详圳遂、沟恤之制,而求兴利除弊之道,此又一劳永逸之至计也。臣惟河内资漳水之利,关中赖郑国之渠。古今之言水利者,代不乏人。今畿辅之地,形势广衍,诸川巨浸,汇于津门,堤防疏导,厥功要矣。诸川之大者,天津之南为卫河,北为潞河。滹沱为子牙上游,势均而力敌。永定汇于桑干,源合而流则分。他如滾洛、徐白,加之以淀泊水泉,自有可开之水利。当游衍而节宣之,使无淤积之患,夏秋淫潦,不致膏腴变为污泽,而水利可兴矣。考诸元明,代有修浚。其尤著者,虞集有京东屯田诸议,徐贞明于永平一带行疏浚潴蓄之法,一岁遂得熟田三万九千余亩。北地水利,自昔已然,惟风沙易积,水泉多挟淤泥而下,则疏瀹诚不可缓。至于治河之吏,知有堤而不知有河,密于修防者往往疏于浚导;营田之吏,知有田而不知有河,利其淤垫者往往忘夫浸灌。是又在董厥成者,相宜而利导之,庶几利可永兴而害可去矣。皇上轸念民依,随宜浚治,不日建永赖之功,而溥无疆之利哉!

制策又以用人之道,在乎知人善任,而因思所以祛偏倚之习,清澄叙之原。此又厘工熙绩之首务也。臣惟人之材性各有攸宜,廉静自守者或无以治剧理繁,规矩自循者或无以随机达变。有如偾功勤奋而病在庸违矣,才能试可而恶其玭族矣,口对甚悉而捷给不足取矣,厚重少文而大事转可属矣,则所求以辨忠诈精鉴别者,固在彼不在此也。况夫智力有大小,时地有难易,往往同此一人而前后殊其巧拙,彼此异其功过者,非人各有能有不能,不可强以所不习哉。要之,用人之法非第取其才也,必有孝弟之德则子谅易直,而回衰之念不生;必有廉介之德则砥行立名,而贪竞之心不作。而能量能授官,人地相宜,录其瑜而祛其瑕,取其长而化其短。持躬懔于圭璧,遇事不患盘错。有猷有为有守,三者克兼,而奇材异能之效乃特出耳。皇上虚怀延访,人才辈出,职事修明,洵足以追三代,媲唐虞矣。

若此者，穷经以居业，立式以均财，潴水以溉田，抡才以佐治。蒙养之功实焉，节用之源成焉，并受之用宏焉，泰交之麻著焉。洋洋乎洵亘古之上仪，丕天之伟烈矣。臣尤伏愿皇上，日新进德，天健昭行，本至诚无息之衷，臻累洽重熙之盛。正学已隆而弥思崇广，泉刀已裕而更谨权衡，沟渠已导而益切经营，选造已升而愈殷采访。于以上咸五，下登三，润色皇猷，缉熙帝载，民俗合于卢牟，邦本固于磐石，则我国家亿万年有道之长基此矣。

臣末学新进，阒识忌讳，干冒宸严，不胜战栗陨越之至。臣谨对。

从殿试考卷内容看，涉及经义主旨、货币源流、治水之理、用人之道，这是既能探测士子学术功底又能考究其时务知识的综合性很强、现实性也很强的宏大题目。冯桂芬的答卷，先是分类作答，引经据典，审时度势，提出己见，最后做一总结。答卷议题众多，涉及知识面极其广阔，概括精当，分析细密，特别是对于用人之道的剖析，既讲了不同岗位需要不同类型的人才、不同人才适合不同岗位，又讲了人会变化、形势会变化的辩证关系，还讲了人才的德才关系，高屋建瓴，要言不烦。

冯桂芬的八股文考卷流传很广。道光二十四年十二月，御使安芝卿奏湖北第十名举人周崇勋袭冯桂芬旧作，结果，奉旨黜革[1]。周崇勋抄袭的是冯桂芬什么旧作，不得详知，估计就是上面所录的会试卷子。

冯桂芬科举考卷得到那么多考官的好评，不是偶然的，那是他多年苦练、琢磨的结果。冯桂芬留下的稿本中，有一本《显志堂制艺》[2]，收录冯桂芬制艺 54 篇，从中可以看出其八股文功底，也可以看出其聪明智巧程度。

《显志堂制艺》第一篇题为《静而后能安安而后能虑》[3]，兹抄录于下，以见当日冯桂芬制艺之一斑：

---

① 殷兆镛：《殷谱经侍郎自叙年谱》，第 33 页。
② 冯桂芬：《显志堂制艺》，藏上海社会科学院历史研究所资料室。
③ 两句取自《大学》，这段文字是："大学之道，在明明德，在亲民，在止于至善。知止而后有定，定而后能静，静而后能安，安而后能虑，虑而后能得。物有本末，事有终始，知所先后，则近道矣。"

于静后验知止者,由安而乃几于虑焉。夫知止者之实功惟虑,而要不能自定,而静后捷收之,静而安,安而虑,其序固有然者。

且人惟能不用其精神,而始真能用其精神,非果不用也,惟能藏其用,正所以深于用,而又非藏其用之候,即深于用之候也,其间又自有一候焉。盖其心无所扰,必其身无所危,而乃事无不审,是可验知止者于自定而静时。

大人曰:吾自知止而定以来,即欲以一己之心照乎万事,而正恐吾身之不自暇也,一身且为境所摇,安所论乎事!是故返而求诸身,而又恐吾心之先自扰也,一心且为事所累,安所论乎身与事!是故返而求诸心。何以求诸心?亦求诸心之静而已矣。而兹既静矣,且夫境至于静,谓即可用吾虑乎?未也。盖有安之一境在。凡境可假,独安之境不可假,盖神真而形伪,神不安而形欲矫之,是以伪为之事,与真焉者蒙,则其神必不肖。惟至于静而寂然者,其心泰然者,其身则无论顺境逆境,而此身要无不自适之官骸。凡境易造,独安之境最难造,盖人后而天前,天不安而人欲饰之,是以后起之为与前焉者争,则其势必难强。惟至于静,而万物俱无权,吾身独有权,则无论为变为常,而此身总无有可惊之梦寐,而后能安静之验如此。

大人曰:吾久欲以一己之心照乎万事,而不敢骤而求诸事也,恐身之或有不安也,并不敢骤而求诸身也,恐心之或有不静也,而兹既安矣,自静而安矣,吾今而始可用吾虑矣,虑之为数繁,繁则杂,杂则纷至沓来,而此心且日不暇给,若自静而安后,则繁也而以简御之矣。天下事多则泛尝之,少则专攻之,泛则粗,专则精矣。虑百而心一,以一虑百,而百者可归于一。虑之为境猝,猝则迫,迫则神倾忘夺,而此心且顾而生惊,若自静而安后,则猝也而以恒裕之矣。天下事急则浅尝之,暇则深思之,浅斯疏,深斯密矣。虑变而心常,以常虑变,而变者适如其常。静而后能安,亦安而后能虑,其序固有然者,而又有恍然于虑之后,而悠然于静安之余者则曰得。①

① 冯桂芬:《显志堂制艺·静而后能安安而后能虑》,藏上海社会科学院历史研究所资料室。

冯桂芬按照八股文的要求，起、承、转、合，层层递进，一环扣一环，论述了"静而后能安，安而后能虑"的道理。

八股文虽然形式呆板，但是作者的学术功力、思想还是能够看出来的。比如，《子曰述而不作》一篇就很能看出冯桂芬对述而不作的辩证态度，看出他对孔子历史地位的理解。

冯桂芬首先指出，所谓"述而不作"是孔子自谦之词：

> 自明立言之意，圣人有谦辞焉。夫子止于述，而功则有倍于作者，乃必自明信好之深，且窃附老彭之后，非谦辞而何？

随后，冯桂芬说明孔子为何会有"述而不作"之论的历史原因：

> 春秋时去古渐远，典籍散亡，先圣王著作之遗，至是亦寖凌夷矣。孔子倦游归，悯斯文之就坠，退与其徒辈纂修删定，举先圣之著作，焕然复新，有识者往往谓尼山绝学，直上轶乎古作者之林，然而孔子且谦然曰：余生也晚，不获亲见古之作者矣。其于前辈之道，亦惟有深信之、笃好之如是焉已耳，更何事哉，更何事哉！
>
> 惟是微言将绝，坠绪茫茫，前贤既往，后学未来，则今日者固斯道绝续所攸关也。设使前圣之道竟自吾身而失坠，吾滋惧矣。然万一前圣之道犹及吾世而粗传，吾又幸矣。区区苦心，不能自已，此则每一展卷未尝不兴论古之思者也。于是或赞之，或序之，或删正之，或厘定之，或笔削之，数年来犁然成书，大义粗著，凡此皆述者事也。论者不察，辄欲跻吾于作者之列，噫，何其不谅吾之甚哉！

再后来，冯桂芬论述在特定的条件下，"述而不作"比"侈然妄作"更有价值，贡献更大：

> 且夫世之侈然妄作而无所顾忌者吾知之矣。唐虞而上有传人，三代而上有传政，其去今既远，学者拾遗经于凋残剥蚀之余，家自为说，人自为师，信耳目而疑传记，是末师而非往古，支离恍惚，寖以不信，又况以疑似之见，长厌薄之心，视古训为陈言，等六经于糟粕，吐弃旧闻，创立新说。噫，岂古之不足好欤，何至今日而纷纷作者之多也，吾则何敢！

最后,冯桂芬总结孔子一生,说明述而不作,是孔子高明之处:

> "吾自十五志学",已殷然有辑古之意,嗣是周流四方,参互考订,见益明道益著,而嗜古之笃,至老不衰,然而闻知空切,文献何存,重以风霜兵燹,销沉大半,见闻同异,考证为难,虽殷勤补葺,尚惧无能为役,弗克发先生之蕴,以自附于述者之末,遑云作哉,遑云作哉!夫作者之谓,圣古之人有行之者,羲农以下诸圣人是也。述者之谓,明古之人有行之者,我老彭是也。老彭生商之中叶,继往圣开来学,以迄于今,吾虽不敏,亦愿纂前贤之业,修明先王之道,以垂教万世。盖吾之于古,亦惟深信之、笃好之如是焉已耳。惟信故好,惟信好故述,自顾此生韦编屡绝,兢兢焉抱遗订坠,惟以老耄将及,不克终厥业,是惧老彭乎!老彭乎,微斯人其谁欤归?嗟乎,学者不知先王之道之不可易,而专己守独,目无古人,横驾别驱,恣其胸臆,其不流为异端隐怪之论而杂出于功利权谋之术者几希。吾老彭有知,其谓之何?①

附:《显志堂制艺》残稿目录

> (以下为"大学")
>
> 静而后能安安而后能虑
>
> 君子无所不用其极
>
> 为人父止于慈与国人交止于信
>
> 如琢如磨者自修也
>
> 无情者不尽其辞大畏民志
>
> 小人闲居 至而著其善
>
> 孝者所以事君也
>
> 康诰曰如保赤子心诚求之
>
> 是以君子有絜矩之道也
>
> (以下为《论语》)
>
> 礼之用和为贵
>
> 视其所以 三句

---

① 冯桂芬:《显志堂制艺·子曰述而不作》,藏上海社会科学院历史研究所资料室。

多闻阙疑　二段

或谓孔子曰　至书云孝乎

书云孝乎　至有政

子曰禘　两章

射不主皮为力不同科

里仁为美　五章

君子怀德小人怀土

令尹子文　至新令尹

其事上也敬其养民也惠

冉子

回也其心三月不违仁

有澹台灭明者行不由径非公事

子曰谁能出不由户　一节

子贡曰如有博施　一节

子曰述而不作　一节

子钓而不纲弋不射宿

兴于诗立于礼成于乐

孔子曰才难

卑宫室而尽力乎沟洫

吾自卫返鲁然后乐正

颜渊

冉伯牛　至闵子骞

居则曰不吾知也如或知尔

愿学焉宗庙之事

吾与点也三子者出曾皙曰夫三子者之言何如子曰亦各言其志也已矣

颜渊曰回虽不敏请事斯语矣

季康子问政　二章

行己有耻

不如乡人之善者　二句

子击磬于卫　一节

修己以敬
乐则韶舞放郑声
君子贞而不谅
陈力就列不能者止
不患寡而患不均　两句
盖均无贫和无寡
乐节礼乐乐道人之善乐多贤友益矣
畏天命
见善如不及　一节
齐人归女乐季桓子受之
孔子下
大德不逾闲
君子一言以为知一言以为不知

第三章 "有官五品勿卑小"

第一节 供职翰林院

考中进士是冯桂芬人生一大转折点,从此以后,他告别了青灯黄卷、三年一考、屡败屡战的科举煎熬生活,踏上了仕途。

中进士之后,冯桂芬被授翰林院编修。翰林院自唐朝始设,以后历代沿置,职能大同小异。清代翰林院掌修史、撰文,凡撰祝文、册文、宝文、祭文、碑文,纂修实录、圣训、本纪、玉牒等,或直接承办,或派员参与,南书房侍直、上书房教习、进士朝考、乡试、会试诸事,咸与其事。设掌院学士满、汉各一员为长官,由大学士、尚书等重臣兼领。下设侍读学士、侍讲学士、侍读、侍讲、修撰、编修、检讨等职。下属机构有庶常馆、起居注馆、国史馆等。翰林院实际上是高级官员储备机构,翰林官皆出身于进士中年纪较轻、品次较高者,职务闲散,礼遇甚优,升迁较快。冯桂芬实际任职是在这年秋天。两个月后,为母亲庆祝七十大寿,冯桂芬告假南归。

道光二十一年(1841)七月,冯桂芬奉父母赴京任职。此后几年中,他主要在京师任职。

道光二十三年八月,朝廷举办翰林院、詹事府大考,由道光皇帝亲自评定等第。冯桂芬诗赋列二等,奉旨"遇缺提奏"。不久,被命为癸卯科顺天乡试同考官。

顺天乡试,地在京师,天下瞩目。这是冯桂芬考中进士以后,第一次担任比较实际的官职。以前是人考他,现在是他考人,他的工作格外仔细尽心。

清朝乡试,各贡院均设由皇帝钦命的主考官、同考官,主考官负责命题和确定录取名单,同考官承担具体阅卷任务,并向主考官推荐拟录取的试卷。道光二十三年的顺天乡试,主考官是麟魁①、许乃普②,同考官除了冯桂芬,还有江国霖③、龙启瑞④、陶恩培⑤、支清彦⑥、毛鸿宾⑦、万青藜⑧等。

顺天贡院创建于明永乐十三年(1415),位于北京内城东南角。这里既是顺天府乡试处所,也是全国会试场所,规模宏大,是仅次于江南贡院的全国第二大贡院。经过整修,自乾隆年间,这里供应试用的号舍有一万多间,供监临、监试、提调、主考官、同考官使用的房间,与考试配套的誊录所、对读所、供给所、收卷所、弥封所等设施,一应俱全,规制整然。

清代乡试的时间是固定的,凡三场,第一场是八月八日入场,九日开考,十日交卷出场;第二场是十一日入场,十二日考试,十三日交卷出场;第三场是十四日入场,十五日考试,十六日交卷。这九天六夜之中,考生坐卧、答题、饮食等都在号舍及号巷中进行。作为考官,这段时间

① 麟魁(1791—1862),字梅谷,索绰罗氏,满洲镶白旗人。道光六年(1826)进士,后改翰林院庶吉士。历刑部主事、翰林院侍讲学士、都察院左副都御史,盛京刑部侍郎、吏部左侍郎、总管内务府大臣、礼部尚书、兵部尚书、协办大学士等职。

② 许乃普(1787—1866),字季鸿,别字滇生,浙江钱塘人。嘉庆二十五年(1820)进士,嘉庆、道光、咸丰三朝三迁内阁学士,五度入直南书房,五充经筵讲官。历官贵州、江西学政,兵部、工部、刑部、吏部尚书,实录馆总裁。

③ 江国霖(1811—1859),字雨农,号晓帆,四川大竹人。道光十八年(1838)探花。历官翰林院编修、湖北学政、广东按察使、布政使,署广东巡抚。

④ 龙启瑞(1814—1858),字辑五,号翰臣,广西临桂(今桂林市)人。道光二十一年(1841)状元。授翰林院修撰。曾任江西布政使。

⑤ 陶恩培(1801—1855),字益之,字问云,浙江山阴(今绍兴)人。道光十五年(1835)进士,官至湖北巡抚,太平天国起义军攻破武昌时自杀,谥文节。

⑥ 支清彦(1805—1870),字少鹤,号一山,浙江海盐人,道光十八年(1838)进士,改庶吉士,授编修。历官侍读学士。有《双桂堂诗存》。

⑦ 毛鸿宾(1811—1867),字寅庵,又字寄云,号菊隐,山东历城人。道光十八年(1838)进士,选庶吉士,授编修,后任监察御史、给事中、安徽按察使、江苏布政使、湖南巡抚。

⑧ 万青藜(1821—1883),字文甫,号照斋、藕舲,江西九江德化人,道光二十年(1840)进士,授翰林院编修,升侍讲、侍读学士,历任礼、吏、刑、兵部左右侍郎,都察院左都御史,再为兵部、礼部、吏部尚书,翰林院掌院。

也要住在贡院、吃在贡院、工作在贡院。冯桂芬于八月初六日接到担任同考官的钦命,当日下午便入住贡院,一直到九月初十日结束。他住在内帘西廊第十八房。这一个多月时间里,他在贡院监考、写题、阅卷、写评阅意见、磨勘,参加与科举有关的各项礼仪活动。他监考的考房为第九房,系抽签而得。这次乡试共 9071 名考生参加,共中式 76 名,副榜14 名。冯桂芬阅卷 529 本,经其推荐,得士 14 人,副榜 1 人。①

　　这是冯桂芬第一次行使考官的职责。他对各个环节都留心记载,对主考官、同考官的房间号码以及考官相互之间的礼仪,都有记述。比较有趣的是,他记录了同考官的生活安排:日送二等供给一份,包括小鸡一只、肉一斤半、蜡烛四支(红白各二支)、米面白菜各一盘。八月十二日,监临送来节礼,计两份鸭、一瓶酒、一份火腿与一份点心。②

　　道光二十四年春天,何绍基等人在京集资于京师城西建顾亭林祠,并举行公祭,名流学者 20 余人参加,包括苗夔、汤鹏、张穆、陈庆镛等,冯桂芬也参与其事。时有春禊、秋禊,众人多有赋诗。③

　　同年,冯桂芬被任命为甲辰科广西乡试正考官。这年,由于明年为皇太后七十寿辰,因此在秋天举行恩科乡试。冯桂芬奉命偕副主考官祁宿藻④典试广西。清朝制度规定,各地乡试主考官一律由京官出任,每省任命正副主考官各一人。

　　冯桂芬与祁宿藻,同行同住。他们于道光二十四年五月二十八日(1844 年 7 月 13 日)巳刻(上午 9—11 时),自京师出发。离京时,朝廷依例用兵部九马,护送出京。随从四人,分别是张庆、刘贵、陈福与黄德,另有轿夫头一人。护送的兵部马牌于出发日当晚返回京城,冯桂芬等自雇骡子驮载行李。冯、祁乘轿,随从则步行。

　　他们经涿州、保定、正定、邢台、邯郸,六月十一日进入河南,经安阳、卫辉、新乡、郑州、许州、遂平、信阳,六月二十四日进入湖北,经德安、孝感、汉口、咸宁、蒲圻,七月初六日进入湖南,经临湘、岳州、湘阴、

---

① ② 冯桂芬:《癸卯分校京兆试日记》,抄本,无页码,藏复旦大学图书馆古籍部,书号 001259122。

③ 王家俭:《魏源年谱》,台湾"中央研究院"近代史研究所专刊,1967 年,第 105 页。

④ 祁宿藻(1801—1853),字幼章,山西寿阳人,大学士祁寯藻之弟。道光十八年(1838)进士,选庶吉士,授编修。历任湖北黄州知府、广东按察使、江宁布政使等职。太平军攻占江宁(今南京)时死难。

长沙、湘潭、衡山、祁阳、永州,七月二十五日进入广西,经全州、兴安、灵川,八月初一日抵达桂林。整个行程 4548 里①,历时整整两月。

按照朝廷规定,他们必须在乡试举行以前抵达桂林,因此赶路甚紧,不敢松懈,时常半夜子时便起身上路。在华北平原的平坦地带,一般日行 100 里至 120 里,有几天走了 130 里。有时地形复杂,路况较差,行走速度便慢了下来,日行只有 70 里左右。遇到大雨天气,也有日行 40—50 里的。所走道路,是设有驿站的官路。夜晚住宿,通常是沿途县城、府城或集镇驿馆。假如途中没有合适的城镇,他们便在简陋的驿站过宿。其时,从京城到桂林,路况差异很大,很多地段道路崎岖,逼仄难行。经过河北南部磁州(今河北省邯郸市磁县)时,因大雨刚停,积水尺许,"舆行如一叶舟凌万顷也"②。有一段路,双渠夹路,间植荷花,左右稻田,葱茏弥望,行走极为困难。一不小心,祁宿藻的衣箱翻入路边渠中,皮衣半渍,狼狈不堪。有时,轿夫不熟悉路途,也会走弯路,兜圈子。经过河南新乡时,轿夫路途不熟,"东西环绕,所至辄阻,昏黑始抵新乡"。③

作为乡试考官,冯桂芬等肩负的是朝廷使命,沿途州县官员均按例接送,时常宴请,也会送些食品与生活用品。时有一些地方官员请冯桂芬题写扇面或赋诗。经过一些名胜景点,冯、祁偶尔也会游览一番。经过河南汤阴县时,他们敬谒了岳飞庙。路过河南信阳地区,有乡民因耕牛为匪徒劫夺,拦舆告状,冯桂芬等以事情不属自己权限范围,不能过问,太息而已。经过湖北咸宁时,所宿官塘驿,临一大湖,风致极佳,四面云山,一碧万顷,冯桂芬与祁宿藻,"意行驿前,摄衣高阜,择一美荫,小憩其下,呼奚送茗,徘徊久之。凉云满天,清风暂至,四山映翠,袭人襟裾,俗状尘容,为之一洗"④。停宿湖北蒲圻港口驿时,驿馆后院有一

———

① 冯桂芬在《粤西行纪》中,对行程里数逐日记录。两个月中,只有 9 月 5 日(七月二十三日)、9 月 6 日(七月二十四日)两天缺少行走里数记录,依此前两天、此后两天行程平均数计算,约每天 70 里。

② 冯桂芬:《粤西行纪》,抄本,第 4 页。藏复旦大学图书馆古籍部,书号 001259122。

③ 冯桂芬:《粤西行纪》,抄本,第 6 页。

④ 冯桂芬:《粤西行纪》,抄本,第 12 页。

"万年庵"，内有董其昌所题"歇心处"额①，镌有吴士玉所题诗句②。万年庵主持僧道远赠冯桂芬《咨余录》一部，书中所录均为路过此地的文人墨客应和吴士玉的文字。董其昌、吴士玉都是冯桂芬的江苏同乡、前辈，因此，冯桂芬也做五律一首，以为唱和。诗云："堠馆藏幽寺，停骖暂息喧。云黄千顷合（时正刈稻——原注），涛翠万松翻（地多松林——原注）。心歇参禅语，车驱荷圣恩。瓣香两宗伯，乡喆仰吴门。"③"两宗伯"即指董、吴，"乡喆仰吴门"点出董、吴与冯本人均为吴地人。

出差广西途中，有一事让冯桂芬永志难忘。冯桂芬路过湖南衡州时，一位在那里当官的江浙朋友告诉他一件耒阳民众抗官的事情：道光二十三年，耒阳人段拔萃因为两次到京师控告当地赋税征收问题，结果反被州政府以诬告罪关进监狱，耒阳乡人聚众劫狱，将段救走。自此，耒阳县民拒不纳赋税。州政府采取强硬措施，带兵强迫百姓缴纳赋税。但是，压力稍轻，人民复反，有诸生领头，倡众敛钱，造兵械，募乡勇，习战射，受词讼，筑险隘，俨然一个政府，自我管理，国家奈何不得。第二年五月二十七日，耒阳县城也被他们攻克。后来被州政府调官兵镇压。这是官压民、民告官无路而被迫造反的典型。冯桂芬听说此事以后，觉得不寻常，遂记载下来，题为《耒阳纪闻》。日后，文为江苏巡抚李星沅看见，李为湖南人，深知其地民情。他对冯桂芬说，所记与事实不符，"此事罪在官，不在民"，你们吴人那么温和驯良，州县尚且那么凶狠，你这么记载，心能平吗？他劝冯桂芬删除此文。看来，李星沅看问题还比较平实，没有完全站在官府一面。冯桂芬转念一想，觉得李星沅说的完全在理，感到这些年来，积习已重，"官与民相诉，而官诬民尤甚"。冯桂芬深为自己轻信官言、不察实情而自责，所以，他把《耒阳纪闻》原封不动地保留下来，并在文末记了自己思想变化的过程。

冯桂芬、祁宿藻一行抵达桂林时，地方官遣人出城数里迎接。他们

---

① 董其昌(1555—1636)，字玄宰，号思白、香光居士，松江华亭（今上海闵行区）人，明代书画家。万历十七年(1589)进士，授翰林院编修，官至南京礼部尚书，卒后谥"文敏"。

② 吴士玉(1665—1733)，字荆山，号赆庵，江苏吴县（今苏州）人。康熙四十五年(1706)进士，历官翰林院庶吉士、武英殿纂修、总裁，历任内阁学士兼礼部侍郎、资政大夫、礼部尚书。

③ 冯桂芬：《粤西行纪》，抄本，第13页。

进城后，入住公馆，在贤良祠。以后几天，地方官员接洽乡试工作，并连日宴请。八月初六日，入广西贡院，升堂办公。贡院在独秀峰下（今广西师范大学校内），明朝时为靖江藩王王府，清顺治十四年（1657）改建为贡院，地势高亢，规模宏敞。

主考官、副主考官入驻贡院后，监临、提调和监试官等相关人员均来拜见。清朝制度规定，各省乡试设监临、提调和监试官。监临是考场中职务最高的人，负责总览场务，除主考官和同考官外，考场所有的执事官员都受监临的节制。康熙朝以后，这一职务由各省巡抚担任。提调官是乡试考场中地位仅次于监临的官员，负责统筹安排考场内的各项事务，以及管理兵丁、搜查士子等。监试官分为外监试与内监试两种，外监试掌纠察考场，内监试掌纠察阅卷事。雍正朝以后，各省乡试的提调官和监试官都由科甲出身的相关道员担任。道光二十四年，广西乡试监临为广西巡抚周之琦①，外提调为布政使张祥河②与按察使宝清③，内提调为广西盐道袁玉麟④，外监试为署桂林知府糜良泽⑤，内监试为梧州府同知徐埔⑥。

八月七日，安排各考房监试人员到位，考试各项工作准备就绪。八月初八日，冯桂芬与祁宿藻商定四书题与诗题，并监督印刷试题。八月九日正式开考。十一日，冯、祁商定五经题，十二日商定策论题。十三日以后，陆续收缴各考房之荐卷，进入审阅荐卷、搜落卷、校中卷等流程。九月一日，正式确定中榜名单，九月二日发榜。以后多日，新进举人络绎前来拜谢恩师，各位地方官员竞相宴请两位主考大人，宴席后也时常看戏娱乐。

---

① 周之琦（1782—1862），字稚圭，号退庵，一号耕樵。河南祥符（今属开封市）人，祖籍浙江会稽（今属绍兴市）。嘉庆十三年（1808）进士，改庶吉士，授翰林院编修。历任四川盐茶道、浙江按察使、广西布政使、江西巡抚、刑部右侍郎、广西巡抚等职。
② 张祥河（1785—1862），字诗舲，江苏娄县（今上海松江）人。嘉庆二十五年（1820年）进士。历任军机章京、左都御史、吏部侍郎、工部尚书。道光中出任河南按察使、广西布政使、陕西巡抚。
③ 宝清，生卒年不详，满洲镶蓝旗人，历任山东济东泰武临道道员、广西按察使、甘肃布政使等。
④ 袁玉麟，生卒年不详，号香石，江西新昌人，道光六年（1826）进士，历任给事中、江南道御史、广西盐道、桂林知府。
⑤ 糜良泽，生卒年不详，号次泉，四川人，监生，由兵部郎中外放署桂林知府。
⑥ 徐埔，生卒年不详，号芳田，天津人，举人，由中书选任梧州府同知。

广西这次乡试共有 2400 多人参考，得士 45 人，副榜 9 人。冯桂芬自称对于"已荐未荐之卷，靡不披览，于制艺考其业，于诗律考其志，于策对验其识，务求因言观行，以文见人"①。

九月十二日，冯桂芬离开桂林返京，依然与祁宿藻同行。

回京途中，因差事已圆满完成，相对轻松，一路应酬较多，游览也多。路经湖南祁阳时，冯、祁乘机到浯溪旅游一番。祁阳在湘江边上，为衡阳进广西的必经之地。浯溪距祁阳五里，为风景名胜地，唐代著名文学家元结任道州刺史时，在这里吟咏很多。冯桂芬路过这里，情绪很好，乘兴游览，并写了《游祁阳浯溪记》。记云：湘水以西，石矶耸出江浒，壁立数仞，摩崖勒颜鲁公《中兴颂》，左右镌诗，题名者甚众。渡石梁下为浯溪，水源出双井，甚清冽。又西高阜，隆然特起，怪石森列，"俯瞰湘江，拱揖群山，境清而雄"。② 冯桂芬有感于石壁之上镌诗题名不可数计，而且今皆完好，安然无恙，然而试举其一二名字问问游客那都是些什么人，则大家面面相觑，谁都不知道。他深有感慨地说："士则贵自立而已，文章功业无所表见于世，而妄思附青云以自显，庸讵可得耶？"③ 言辞之间，流露出冯桂芬在文章功业方面要有一番作为的雄心壮志。他们在湖南曾游览衡山岳庙，在湖北游览黄鹤楼。

十一月二十日，回到京城。第二天黎明，受到道光皇帝接见，"皇上询问广西沿途年岁雨雪及籍贯履历，凡三四十语"④。随后回到家中。

冯桂芬从广西回到京城已是冬天，去礼部复差后，仍回翰林院供职。

道光二十五年（1845），冯桂芬任国史馆协修、教习庶吉士等，参与编纂《实录》。十月二十六日，母谢氏病逝于京邸。冯桂芬极度悲伤，哀毁骨立。翌年夏，乞假扶母榇由潞河南归，其父冯智懋同行。此后两年间，冯桂芬守制在籍。

道光二十八年（1848）正月，服阕，以父亲年岁已高，不欲至京

① 冯桂芬：《广西乡试录序》，《显志堂稿》卷一，第 24 页。
②③ 冯桂芬：《游祁阳浯溪记》，《显志堂稿》卷三，第 38 页。
④ 冯桂芬：《粤西行纪》，抄本，第 22 页。

师。应两江总督李星沅之聘，主讲金陵惜阴书院。李星沅（1797—1851），湖南湘阴人，字子湘，号石梧。道光十二年进士，授编修。道光十五年督广东学政，以后历任陕西汉中知府、江苏按察使、江西布政使、陕西巡抚、陕甘总督、江苏巡抚、云贵总督等，二十七年调两江总督。次年春天，他听说冯桂芬守制在籍，便请冯到金陵主持惜阴书院。惜阴书院又称惜阴书舍，前两江总督陶澍在道光十八年创办，位于盋山园（即西松庵），挑选本省举人及钟山、尊经两书院的优秀学生，课以经、史、诗、赋等，陶澍捐银一万两发典生息，作为奖优费用。李星沅未第时，曾在陶澍幕中为幕僚，对于陶澍政务帮助颇多。现在，他担任两江总督，对于陶澍开创的事业非常重视，他对冯桂芬说：

> 此先师陶文毅公所创也，余适蹑其后。文毅公于子，又有文字之知，子其为我勖诸生以学，以益广公之遗泽。①

金陵、苏州，水路较近，便于往来，加之冯桂芬与陶澍本来有旧，对陶相当钦佩，所以，就接受了李星沅的邀请。在金陵主持书院时，冯桂芬兢兢业业，极端认真，与学生、士子交往，拒受任何礼物，但文字之交不绝②。从存世的《惜阴书舍课艺》看，冯桂芬所教，多是今人所谓的文学方面，如赋、诗、骚、策、序、颂、论、铭等文体，诗歌中又分乐府、五言古、五律、七言古、七言律、七绝等。赋的题目有《拟杨炯浑天赋》《为政犹沐赋》《圭璋特达赋》等，七言古的题目有《拟杜工部茅屋为秋风所破歌》《拟东坡自金山放船至焦山》，七言律有《竹衫》《蕉扇》等。《惜阴书舍课艺》涉及的学生有 31 人，名列前茅的有金和、寿昌、蔡琳、马寿龄、姚必成等。对这些课艺，冯桂芬有圈点，无批语。③

道光二十八年冬天，冯智懋表示身体尚健，愿意与儿子一同赴京。冯桂芬乃奉老父北上京师，继续供职翰林院。

冯桂芬在京做官首尾十年，除去丁忧守制三年，到广西作主考官半

---

① 冯桂芬：《惜阴书舍戊申课艺序》，《显志堂稿》卷二，第 10 页。
② 冯桂芬：《沈汝松时文序》，《显志堂稿》卷二，第 24 页。沈为冯桂芬在上海敬业书院的学生。
③《惜阴书舍课艺》，戊申年刻本，凡三册，封面题"老惜阴"，落款题"院长冯景亭先生评阅、江宁县教谕朱开第校刊"。

年,实际在京不足七年。冯桂芬在翰林院,很清闲,但清贫。做编修这类闲官,名义上好听,但不实惠,没有多少敛钱机会,往往需要家里贴钱,才能维持比较体面的生活。冯桂芬不善交结,也没有轮到多少美差。冯自称在京生活相当"拮据"①,好在冯桂芬父亲原来经商得法,家里有些积蓄,所以日子还算过得去。南人北住,在气候、饮食方面多少有些不习惯。但一家六口团聚一起,倒也其乐融融。冯桂芬母亲在住房周围栽些桑树,养点蚕,算是有点江南生活的情趣。冯母在道光二十五年去世以后,则连这点情趣也没有了。

冯桂芬在京城,本有得天独厚的人际关系基础,当朝大学士潘世恩是他的同乡、恩师,苏州及其他江南人在京做官的也为数不少,加上榜眼出身的背景,出众的才学,他如果像当时许多官员一样,广交际,勤走动,夤缘奔竞,其仕途一定相当可观。但是,他生性寡淡,清介自守,对于外官,非老朋友不与往来,对于京官,"足不及贵显门"②,仅与志趣相投的姚莹、陈庆镛、张穆、赵振祚等几人过从较密。

姚莹(1785—1853),字石甫,安徽桐城人,嘉庆十三年进士,历任福建平和以及江苏金坛、元和等县知县,道光十年擢台湾道,鸦片战争期间会同总兵达洪阿,率军民奋力抵抗侵台英军,《南京条约》签订后,被诬为妄杀俘虏、冒功欺罔,革职拿问,后判明无罪,贬往四川,旋被派赴西藏处理交涉,事毕授四川蓬州知州,两年后引疾归。在嘉道年间,姚莹以果敢干练、留心边务、讲求经世之学而著称,著有《康輶纪行》《东溟文集》等。姚莹在元和任职期间,冯桂芬已与其相识。道光二十三年九月,姚莹冤平出狱后,冯桂芬与陈庆镛、张穆、潘曾玮等人前往庆贺,姚莹置酒款待。席间,众人谈到台湾抗英之事,姚莹全无居功之态,只是详细地分析当时形势战守机宜。姚莹长冯、潘等 20 多岁,看着这班关心国事、意气风发的后辈才俊,酒至半酣,姚掀髯奋袂,语重心长地说:

> 国家不患无人才。诸君子于时事非其职,顾乃意气勤勤恳恳

① 冯桂芬:《诰封奉直大夫晋封奉政大夫例晋中宪大夫翰林院编修加六级显考春圃府君行述》,《显志堂稿》卷八,第 28 页。
② 柳商贤:《三品衔詹事府右春坊右中允冯先生行状》,《蘧庵文钞》。

如身家所当为,吾曩在京师所见,独林少穆制军有此怀抱。今果能自树立如是,有志者事竟成岂虚语哉。吾老矣,无能为也,天下事何患不可为? 其在诸君子乎! 厚自爱,厚自爱![①]

冯桂芬等听后相当感动。姚莹因台湾抗敌事落职赴京路过苏州时,那位曾为林则徐画像的画家顾湘舟又为姚莹画了像,冯桂芬日后特地在姚莹像后题词纪念。

陈庆镛(1795—1858),字乾翔,号颂南,福建晋江人。道光十二年进士,选庶吉士,散馆授户部主事,迁员外郎,授御史,后迁给事中,著有《籀经堂文集》《三家诗考》《说文释》《古籀考》等书。他以敢言直谏名于世。道光二十三年,朝廷起用在抗英斗争中误国罪臣琦善、奕经等,先是让琦善充叶尔羌帮办大臣,再以他任热河都统,以奕经为叶尔羌帮办大臣。陈庆镛作《劾琦善、奕山、奕经疏》,奋起弹劾诸人。疏称行政之要,莫大于刑赏。刑赏之权,操之于君,喻之于民,所以示天下之大公也。琦善于战事方始,首先示弱,以惰军心,海内糜烂,至于此极,既罢斥终身不齿,犹恐不足餍民心而作士气。奕经等人的罪行,虽较琦善稍减,但民愤极大,影响极坏,起用诸人,只会丧失民心。他请求皇帝收回成命,以伸国法、慰民心。奕山、奕经都是道光皇帝的近亲,陈庆镛不避利害,指名弹劾,实属不易。道光皇帝以为所言在理,遂收回成命,复革琦善等职,令闭门思过。疏中对林则徐极为推崇,请求朝廷再次起用。陈庆镛由此直声震海内,但道光皇帝内心并不喜欢他,所以日后仕途并不顺利。咸丰四年,陈庆镛在回乡途中,曾路过苏州,会见冯桂芬,聚谈甚洽。咸丰五年,陈庆镛曾致信冯桂芬,谈福建及有关师友情况。[②] 从信中可以看出,两人私交甚深。

张穆(1805—1849),字石洲,山西平定人。著名地理学家、诗人和书法家。道光中优贡生。通训诂、天算、舆地之学。鸦片战争中,他奔走呼号,联络在京友人,通过纪念顾炎武的活动,振奋人心。此后,致力于西北边疆地理和蒙古史的研究,著《蒙古游牧记》《俄罗斯补

---

① 冯桂芬:《姚石甫观察小象题辞》,《显志堂稿》卷十二,第5页。
② 陈庆镛致冯桂芬,苏州博物馆等编:《何桂清等书札》,江苏人民出版社1981年版,第228页。

辑《魏延昌地形志》等。《蒙古游牧记》为其代表作,详细地记载了蒙古各部落的四至、历史沿革,以及历代北方各民族间的交往关系。史料丰富,考证精密,为研究蒙古史权威著作。另有《顾亭林年谱》《阎潜丘年谱》等。

赵振祚(?—1860),字伯厚,江苏武进人,道光十五年进士,改庶吉士,授编修,迁詹事府赞善。咸丰三年,太平军定都南京以后,镇江、常州等地震动,他要求回家乡办团练,屡次与太平军作战,咸丰十年战死。他在常州时,与冯桂芬书信往来频繁,讨论防务,互通信息,交流对一些人事的看法。①

供职翰林院期间,冯桂芬曾在 1845 年那年,与科学家郑复光、罗士琳同去钦天监,上观星台,用望远镜观星②。这显示了冯桂芬对天文学浓厚的兴趣。

对于冯桂芬在京做官生涯,有一则流传很广的传说。李伯元《南亭笔记》记述:

> 吴县冯景亭先生桂芬,咸丰朝以编修入直南书房。
>
> 一日,偶蒙咸丰垂问:"尔散直后,常作何消遣?"对曰:"臣暇则读书消遣耳。"帝颔首称善,且问近读何书,则以《汉书》对。时咸丰亦读《汉书》,适至《匡衡传》,闻对而喜,因问"说诗解颐"事。讵先生实未读,至是惶恐不能对。帝怒其欺,立命回籍读《汉书》三年,再来供职。
>
> 先生归,优游田里,期满入都。念万几丛脞,当久已忘怀矣。无何,被召见。犹忆前事,因问:"尔非奉旨读《汉书》者乎?"先生已惶恐不自禁,强对曰:"然。"帝曰:"然则党锢之狱,能备举其人欤?"先生强对曰:"臣所读者《前汉书》,此似在《后汉书》,固未暇读也。"由是益忤帝意,命依前限回籍读《后汉书》。
>
> 先生遂下帷发愤,尽读两《汉书》,兼讲求经济之学。期满再入都,而文宗升遐矣,郁郁无以自见,每为同列所轻。官稍迁,即乞

---

① 赵振祚致冯桂芬,苏州博物馆等编:《何桂清等书札》,第 223 页。
② 郑复光:《镜镜詅痴》,李磊译注,中国古代科技名著译注丛书,上海古籍出版社 2015 年版,第 383 页。

归。为正谊书院山长，以诱掖后进为己任。晚年书法卓然成家，且著《校邠庐抗议》而卒。①

此事未见他书记载，不知何据。若依此笔记所述，冯桂芬因读《汉书》不精被咸丰皇帝斥命回籍两次，凡六年，考冯桂芬在京经历，无此可能。再者，咸丰皇帝所提问题，第一次所问"说诗解颐"，或许有点太专，但第二次所问"党锢之狱"的主要人物，则是相当普通的知识，作为榜眼出身的冯桂芬，似不可能答不出来。冯桂芬仕途不那么顺遂，民间或编排此类笑话以为讥讽。

第二节　修盐法志

道光三十年(1850)，道光皇帝去世，其子奕詝即位，改明年为咸丰元年。鉴于鸦片战争等内外危机，诏中外大臣各举贤才，潘世恩以林则徐、姚莹、邵懿辰与冯桂芬名同上，冯桂芬得蒙皇帝召见。潘世恩是咸丰皇帝师傅，地位显赫，有其力荐，冯桂芬正可在仕途上一展抱负。不幸的是，七月二十四日，其父冯智懋去世。按照规制，冯桂芬需回籍守制。他失去了仕途上一次难得的机遇。

冯桂芬在苏州守制时，陆建瀛任两江总督，聘修盐法志，冯桂芬遂住扬州两年。陆建瀛(1792—1853)，字立夫，湖北沔阳人，道光二年进士，选庶吉士，授编修，历任侍讲、侍读、布政使等职，道光二十六年升云南巡抚，旋调江苏巡抚，二十九年擢两江总督，翌年提议整顿盐务。咸丰三年在南京被太平军杀死。先是，淮盐积敝，自陶澍创改淮北为票盐，稍稍苏息。而淮南擅盐利久，官吏衣食于盐商，无人肯议改者，陆建瀛洞悉其弊。恰巧淮南盐在武昌被大火所烧，官商损失数百万，国家税收大亏，陆建瀛乃于道光三十年乘机提出改革盐务，获得朝廷支持。陆建瀛在扬州设局，整顿盐政，并聘请冯桂芬修《两淮盐法志》。通过修盐法志，冯桂芬对中国盐政历史、现状有了比较直接的了解，对淮盐的弊

① 李伯元：《南亭笔记》卷六，薛正兴校点，江苏古籍出版社 2000 年版，第 72 页。

端感受甚深。他日后作《校邠庐抗议》，其中有一篇《利淮鹾议》，就与他修《两淮盐法志》的这段经历有关。

陆建瀛以才敏任事、喜延名流饮誉于世，幕中饱学干练之士甚多。冯桂芬在那里交往的友人有魏源、吴云等。魏源（1794—1857），字默深，湖南邵阳人，道光二十五年进士，著名思想家，著有《古微堂记》《圣武记》等，编有影响广泛的《海国图志》。他于道光十二年在陶澍幕中，助陶澍改革盐政，创淮北票盐，自己亦经营票盐致富，后在扬州置业建宅，名曰"絜园"。冯桂芬在进士及第以前，可能已与魏源相识，其时，冯在陶澍、陈銮、裕谦处作幕友，魏源也差不多与冯同时在这几人的幕中办事。冯桂芬在北京任官时，曾与魏源一同修禊，祭祀顾亭林。魏年岁比冯大，但中进士比冯晚，两人思想中经世致用的意识比较接近，因此，相处得颇为融洽、真诚。魏源编《海国图志》，冯桂芬曾有颇为严厉的批评。在《跋〈海国图志〉》中，冯批评魏在论证方法、史料考订方面，均有错误。比如，他批评魏源不应该用已经过时的《职方外纪》来补充新译的《四洲志》，更不应该将西人地图上的经纬度删除。再如，他批评魏源将耶稣出生地犹太误为印度的地方，将实为一国的嗹马、大尼、领墨别为三国，将一瑞典国也因中文翻译的文字不同而讹为三国。这些批评均言之成理，深中肯綮。从这些批评中，也可以看出冯桂芬的西学素养确实不同凡响。《海国图志》有三种版本，即道光二十四年五十卷本、道光二十七年六十卷本和咸丰二年一百卷本，冯桂芬所读，估计是六十卷本或五十卷本。因为他所批评的问题，在一百卷本里多得到了更正。比如，上文述及的地图上的经纬度问题，将嗹马、大尼、领墨别为三国的问题，魏源在百卷本中已作更正，有的还有附记说明：

> 案：《四洲志》《贸易通志》《每月统纪传》《万国全图》《地理备考》《外国史略》等书，或有嗹国而无大尼，或有大尼而无嗹国，其实嗹即大尼之合音也……前分大尼、嗹为二，今更正之。①

这种知错就改的学风，映现了魏源实事求是的治学精神，也折射出他对冯桂芬的尊重。

---

① 魏源：《海国图志》百卷本，岳麓书社 1998 年版，第 1589 页。

吴云(1811—1883),字少甫,自号平斋,晚年曰退楼,又曰愉庭,浙江归安(今吴兴)人,六岁丧母,十岁丧父,自奋于学,屡困场屋,凡六试始籍于学官,应省试,不中,乃讲求经世之学,旁及金石书画。道光二十四年,援例以通判分发江苏。后任宝山、金匮知县,代理苏州知府。道光末年因事落职,入陆建瀛幕,帮助改革盐政。冯、吴订交情况,吴云记载:

> 岁庚戌,淮南改行票盐,余奉制府陆公檄,赴扬州筹议新章,先生亦膺纂修盐法志之聘。余慕先生名垂二十年,至是始识先生于扬之梅花书院,相与议醯纲利病及时事得失,辄有水乳之契。暇时纵论今古,商订金石文字,相得益欢。先生长余二岁,以兄事之。是为订交之始。①

咸丰元年七月,冯桂芬结束《两淮盐法志》的修撰任务,回到苏州。咸丰二年,守制期满,准备赴京供职。这时,始于前一年发生在广西的一场规模空前的农民战争暴风雨般排空而来,改变了冯桂芬的行程,也改变了他的政治命运。

第三节　劝捐与团练

冯桂芬守制在籍时,南部中国爆发了中国历史上规模最大的农民战争。

道光三十年(1850)十二月,洪秀全等率众在广西桂平县金田乡起义,建号太平天国。清政府派兵镇压,官民对峙,恶战多场,血雨腥风。太平军气势如虹,屡挫清军,北上东进。咸丰三年(1853)二月,太平军占领金陵,改为天京,并发兵北征西讨东进,举国震动,长江下游地区尤为紧张,作为江苏省城的苏州,更是风声鹤唳,草木皆兵。

对于太平军,清政府从一开始就相当重视,先派林则徐为钦差大臣兼广西巡抚前往镇压,不料林时已病重,殁于途中。后派遣前两江总督李星沅为钦差大臣,办理广西军务,李在广西未满半年亦病死军中。清廷遣

---

① 吴云:《显志堂稿》序,《显志堂稿》前附。

周天爵、向荣、达洪阿、乌兰泰等前往,亦屡吃败仗。形势危急,清政府一方面加强军事力量,一方面加强地方防卫。

咸丰三年春,冯桂芬接到署江苏巡抚许乃钊传来特旨,要求与程庭桂、韩崇、胡清绶等在籍士绅同办劝捐、团练,抵抗太平军。程、韩、胡都是苏州人,程庭桂(1796—1868),字楞香,吴县人,道光六年(1826)进士,历任光禄寺卿、左副都御史,咸丰二年九月奉讳家居,与冯桂芬为儿女亲家①。冯桂芬与他相处颇为融洽,《显志堂稿》中有《程楞香中丞六十寿序》,对其能力、为人称道有加。韩崇(1783—1860),字符芝、元之,一字履卿,元和(今苏州)人,曾任山东雒口批验所大使。胡清绶(1793—1855),字紫峰,吴县人,曾肄业苏州正谊书院,道光八年(1828)举人,道光十五年以大挑知县分发四川,辞未赴。

其时省城苏州戒严,居民移徙一空,冯桂芬与同人议设协济局,劝各富户输捐馈饷,劝捐三月,便得银二十余万两②,有力地支持了围困天京的清军江南大营。同时议设团防,在城厢内外,布置周密。

当时,许乃钊奉命帮办江南大营向荣军务,驻师金陵,不断来信,有时一天几封,与冯桂芬等苏州士绅商量军机要务。许乃钊(1798—1870),浙江钱塘人,字贞恒,号信臣,一作洵臣,晚号邃翁,堂号敏果斋,道光十五年进士,历任河南、广东学政,咸丰三年三月署理江苏巡抚,第二年三月实授,因战事不利,三个月后被革职,回江南大营差委。其时,苏州方面要务皆由冯桂芬主持。冯、许书信往来,除了讨论劝捐、团练之事,还论及两个问题,一是均赋,二是遣勇。

均赋留待下面讨论。遣勇,指遣散"广勇"。战乱时期,扰乱地方的,不只是起义农民,官军同样扰民,甚至有过之而无不及。苏州城内官船上,一批水手和广勇经常为害百姓。那些来自广东的"广勇",盘踞在阊门外一带,打着与太平军同乡的旗号,制成一种黄色尖旗和大灯,扬言有此则"贼来不杀",可保平安,索价一百块银洋。有的甚至手持各衙门制造刀枪,到处杀人劫物,一时官不过问,民见之避,讹言四起。冯桂芬感到,这些广勇是苏州的祸根,太平军来了他们是内应,太平军未

---

① 据方行、汤志钧整理:《王韬日记》,中华书局 1987 年版,第 87 页。
② 冯桂芬:《与许抚部书》,《显志堂稿》卷五,第 33 页。

来则为遥应。他打听到这些广勇来自上海,先前职业是保送烟土,于是,致信苏抚许乃钊,要求设法将这些广勇遣回上海,不许一名逗留①。这是冯桂芬为保持苏州安宁所做的一项重要工作。

其时,内阁中书马钊在许乃钊那里当幕僚,请假回苏州,与冯桂芬等人言及苏州、松江空虚可虑,而江南大营余丁甚众,如果将他们招募来作为留守策应之师,一定比较容易。冯桂芬当即与程庭桂等定议,筹款付马钊招募,名曰抚勇。咸丰三年八月,募勇之事基本成功,忽然政局变动。这时,青浦周立春、上海刘丽川领导小刀会起义,占领上海县城,连克松江府的南汇、川沙、青浦、嘉定等各城,情况万分火急。许乃钊令帮办军务的刑部主事刘存厚与马钊率抚勇前往镇压,抵青浦,一场激战,攻克青浦,乘势收复南汇、川沙诸城,随后合围上海。继而许乃钊督师至,冯桂芬与乡绅筹办军装、军火,相当得力。② 马钊(1813—1860),字远林,号燕郊,长洲县人,道光丁未年考取教习,为曾国藩门生,颇受曾器重。亦有治事才干,在陆建瀛幕中多年,协助赈灾、水利等事务。南京被太平军占领以后,马钊被江苏巡抚许乃钊留在军中,协助处理军务。马钊自幼喜读兵书,好论兵法,常被人笑,战事发生以后,其军事才华逐渐显露出来,兼之勇猛博识,前途未可限量,不料在丹阳附近的一次激战中身亡,可谓知于兵,亦死于兵。③

咸丰四年,许乃钊久攻上海不下,被清廷革职,回江南大营差委。吉尔杭阿继任江苏巡抚④。他率上海各路清军,与租界当局联手,将小刀会起义彻底镇压。战事结束以后,冯桂芬以筹饷、团练等功劳,被赏五品顶戴,以中允即补。中允之职,东汉始设,为太子属官。后不置。唐代为太子左春坊次官,左庶子副贰,协掌东宫侍从赞相、驳正启奏,以后历代均置。明代于左、右春坊分置,为左、右中允,清承明制,正六品。

① 冯桂芬:《与许抚部书》,《显志堂稿》卷五,第39页。
② 冯芳缉、冯芳植:《冯景亭行状》,光绪元年刻本。
③ 冯桂芬:《马中书传》,《显志堂稿》卷六,第19—21页。
④ 吉尔杭阿(? —1856),奇特拉氏,字雨山,满洲镶黄旗人,监生,工部郎中,咸丰三年以道员拣发江苏,补常镇通海道,署江苏按察使,以攻打小刀会有功,咸丰四年三月超升江苏布政使,六月接任江苏巡抚。咸丰六年战死,追赠总督。吉尔杭阿任事果敢,有见识,特别是对外交涉方面,冯桂芬对他相当佩服,在《校邠庐抗议》的《重专对议》中,称赞他是当时中国少有的外交人才。

咸丰六年五月,他又被补詹事府右春坊右中允。部文促赴京供职,继吉尔杭阿担任江苏巡抚的赵德辙以劝捐事竭力挽留,未果行。詹事府原为管理东宫事务的机构,清代康熙以后不立太子,遂成为翰林院的辅佐机构,备翰林官升转之地。吉尔杭阿在奏请奖叙冯桂芬时,冯曾致信吉尔杭阿,表示自己有不可叙功、不愿叙功的道理,虽然不无客套之语,但从中也可以看出冯桂芬对世故人情的理解。比如,他对于劝捐、团练这两个问题的看法:

> 将叙劝捐邪?凡在邻里乡党,罔非兄弟甥舅,减彼之财,增己之秩,于情安乎?其不可一也。将叙团练邪?敝郡风气柔弱,习与性成,某等奉诏以来,三年于兹,虽备用其训练申警之方,迄未改其荼靡隳窳之习,万一有警,断不足恃,不遑引咎,讵敢计功?其不可二也。[1]

冯桂芬还表示了自己身体不好、不愿外叙为官的想法,言辞恳切,并非虚语。

第四节 被劾舞弊

在苏州乡居的几年中,冯桂芬曾为江南均赋问题做过努力。

江南地区重赋,其实际缴纳情况并不是按人平均计算的,也不是按田平均计算的。"今苏属完漕之法,以贵贱强弱为多寡,不惟绅民不一律,即绅与绅亦不一律,民与民亦不一律"。绅户多将应完之数目,折合成银子缴纳。每石米折合成银价的数量是固定的,并不随着粮价的变动而变动,从清初到咸丰年间,江南每石米折合成银子是 0.7 两。但是,由于漕粮实缴之数,在征收定额之外,还要加上各种耗米、折扣,包括淋尖、踢斛、捉猪[2]、样盘米、贴米、水脚费、花户费、验米费、灰印费、筛

---

① 冯桂芬:《与吉抚部书》,《显志堂稿》卷五,第41页。

② 冯桂芬自注:捉猪,仓役格外任取米数囊入仓,乡民拒之,声如猪,故曰捉猪。冯桂芬:《与吉抚部书》,《显志堂稿》卷五,第36页。

搁费、廒门费、廒差费，名目繁多，不一而足，因此实际缴纳之数远远超过定额。缴纳的时候，米色、斗斛、缴米人与收米差役的关系，都会影响到折银的实际数量。在这种情况下，总是势力大的富户、蛮横的强户占便宜，穷人、弱者吃亏，"绅户多折银，最少者约一石二三当一石，多者递增，最多者倍之。民户最弱者折银，约三四石当一石"。此外，还有所谓"全荒之户"，经有关官吏认定之后，即可全免，一点也不用缴纳。实际上所谓"全荒之户"名额，并不是真正的因灾荒而歉收，有的是通过势力得到的，有的是通过贿赂得到的，"绅以力免，民以贿免"。于是，在缴纳漕赋方面，"同一百亩之家，有不完一文者，有完至百数十千者"，极不平均，极不合理①。

　　在批评不平均、不合理的同时，冯桂芬对那班借漕粮舞弊的粮书丁胥，即漕粮具体办事人员，特别厌恶、痛恨。他揭露说，这些办漕的刁生劣监、丁胥差役，很善于上下其手，中饱私囊，为非作歹。他们包完包欠，"今日发串若干，惟其所取，明日收银若干，惟其所与。今日比某差，明日拘某户，今日具某禀，明日出某示，惟其所使，州县俯首听命，虽上司有所不畏矣"②。税粮完成多少，亏欠多少，收粮凭据之给与不给，全凭他们说了算。最为恶劣的是，粮书可以改串，即在造册之时，先于真户之外，虚造一同图同名不同数之户，谓之鬼户，比如真户赵大须完米一石，即再造一鬼户赵大完米一升，开征后，该粮书代完一升，截串将"升"字改作"石"字，凭串向赵大取一石之价，赵大并不知道，从此这一石之串，就成了实欠在民，而粮书则从中得利了。冯桂芬算了一笔账：

　　　　每办一漕，以中数言之，门丁、漕书各得万金。书伙以十数，共二三万金。粮差正副三五十人，人二三百金，又一二万金。粮书二三百人，人一二百金，又三四万金。受规上下诸色人等在外。③

　　针对这种情况，冯桂芬在咸丰三年提出"均赋"主张，其中包括规定绅、民一律，严防强横之户占便宜；在大堂设柜征收，不准私交丁胥；对

---

① 冯桂芬：《均赋议》，《显志堂稿》卷十，第1页。
② 冯桂芬：《与许抚部书》，《显志堂稿》卷五，第36页。
③ 冯桂芬：《与许抚部书》，《显志堂稿》卷五，第37页。

欠户应由县差协保拘人，而不要让粮差粮书承办，因为让他们去办，只要多行贿，就会通融，结果使得欠户永不到官；严核征数，不准以完作欠，隐瞒实情；杜绝绅衿积欠，有些绅衿，有连阡累陌，但有从不知完粮为何事者①。

为了推行他的均赋主张，他一再致书署江苏巡抚许乃钊，痛揭黑幕，力陈实行均赋的迫切性。他说，江苏漕务到咸丰二年，已经岌岌可危。松江府更为厉害，青浦聚众拒捕殴官，南汇火烧仓库，华亭焚烧官船，上海捣毁公廨。考其原因，很重要一点，是此地赋税太重，赋税不均，杂费太多，总须实际缴米二石五六斗才能完成一石的指标。他建议许乃钊，为了实行均赋，必须严厉惩罚那些为非作歹的丁胥粮书。

为了推行他的均赋主张，冯桂芬在咸丰三年连续写了《均赋说劝官》《均赋说劝绅》《均赋说劝衿》《均赋说劝民》，因人说法，宣传均赋的合理性和可行性。在《均赋说劝官》中，他说按照现行的赋税不均的体制，最得利的是那些品德低下的丁胥，而当官的也是受害者，均赋之后这些弊端就可以避免：

> 事涉漕务，一切皆丁胥主之，领银惟命，截串惟命，捉某户、褫某衿惟命，忽拥之坐堂皇、忽驱之诉长吏，皆惟命，非所谓我为政者乎，丛怨于绅衿，肆虐于平民，小而讦讼，大而闹漕，身败名裂，官实当之，非所谓任其咎者乎！②

在《均赋说劝绅》《均赋说劝衿》《均赋说劝民》中，冯桂芬批评的矛头都是对准丁胥，一一说明绅、衿、民都是受害者。衿，青衿，即生员。冯桂芬认为，生员在缴纳赋税方面，享受不到免除赋税的特权，最为可怜："漕务中之最可怜悯者惟衿，何也？获利最微也，撄祸最易也，贻误又最大也。漕务之利，丁胥差役百之，官十之，绅二三之，衿特一之耳，甚有不及一者。"③

显然，冯桂芬所提的均赋主张，都是针对富户、强横之户和靠漕粮

---

① 冯桂芬：《均赋议》，《显志堂稿》卷十，第5页。
② 冯桂芬：《均赋说劝官》，《显志堂稿》卷九，第21页。
③ 冯桂芬：《均赋说劝衿》，《显志堂稿》卷九，第25页。

得利的粮差粮书的。

　　冯桂芬均赋建议上呈许乃钊,许极为赞赏,致函苏州知府照办。可惜的是,许乃钊在江苏巡抚任上只干了一年,否则,冯桂芬的均赋主张或许能得到比较有力的支持,产生更大的影响。当然,苏州府的长洲、吴县等地的粮书对冯桂芬恨之入骨,不断地对他造谣中伤。对于冯桂芬在均赋方面做出的努力,吴云给予很高的评价:

　　　　调停漕事,莫大功德(他日吴民当尸而祝之),真菩萨心肠,为民即所以为国,而当局者不知感愧,复有怨言(一家哭何如一路哭)。当此民不聊生之时,尚欲从中谋利,抑何其愦愦邪?①

　　咸丰六年,江南遇到特大蝗灾,冯桂芬又写《请均赋牒》,上书继吉尔杭阿担任江苏巡抚的赵德辙,再申均赋之意。他说,按田办赋,本无绅民之异,只是因为帮费日重,州县不得不取偿于粮户,而绅衿以正供定额为词,虽有增加,但是不能如民户那样漫无限制,于是,同是完赋,就有了大户小户之别。后来,河运改为海运,各种杂费大为减少,大户小户应该没有什么区别了,应该蠲除大户小户的名目,以期乐利均沾,只是前任巡抚因为战事倥偬,没有来得及改正,现在,大灾在前,荒歉非常,景象萧然,特请求行"绅民一律均输之法,为足以甦民困而普皇仁"②。他在给赵德辙的另外一封信里,补充说明:"兵荒交迫,民不聊生,血杖淋漓,敲骨吸髓,小则转于沟壑,不忍言矣;大则铤而走险,尤不忍言矣",如不妥善处理,则民心易动。为今之计,惟有革除漕弊,先行均赋。有此一举,则积年弊窦一旦廓清,江南亿万生灵再生之机,皆仁人所赐。信中还就大小户均赋的具体做法作了说明。冯桂芬在信中特别表明,这种做法自然对大户不利,自己也是大户,"某等亦列于大户,显然损己利人,而哓哓焉为此渎请者,诚体执事爱民之心,怆然于闾里编氓之罹于水火,不忍独受其利而已"③。赵德辙没有理会,以意见分歧对冯桂芬敷衍一番。

---

① 吴云致冯桂芬,苏州博物馆等编:《何桂清等书札》,第219页。
② 冯桂芬:《请均赋牒》,《显志堂稿》卷九,第19页。
③ 冯桂芬:《与赵抚部书》,《显志堂稿》卷五,第45页。

咸丰六年,冯桂芬还做了两件比较有意义的事情,一是建光福一仁堂,二是在光福购置耕渔轩。

光福是苏州西南的一个半岛,南滨太湖,北通长江,群山环抱,湖光旖旎,古人称其地"湖光山色,洞天福地"。相传梁朝九真太守顾野王舍宅为寺,取"光福"二字,故而得名。那时,光福还是比较偏僻的地方,光福巡检所辖有百三十三图,竟然没有一座善堂,凶岁暑月,道殣相望,令人不忍卒睹。道光末年,冯桂芬将母亲安葬在光福山中,当地人曾向他提出建立善堂之请,冯桂芬因为资金没有着落而没有答应。咸丰六年,一位姓徐的富户因罪被宝苏局罚捐饷一万两银子,冯桂芬知道以后,一方面指出地方官吏罚款那么多,违反朝廷律例,一方面建议将多罚的款项,采取变通的办法,用来建立善堂。在苏士绅程庭桂、潘曾玮[1]都认为这是一个好办法。于是,他们得银二千六百两,在光福镇的虎溪上构屋一区,置田二顷,建立了善堂,名为一仁堂。又在潭西村造种树局,得山地百亩,杂艺梅桃桑柘。[2] 一仁堂日后在当地慈善事业中发挥了重要作用,太平军攻打苏州时,一仁堂掩埋尸体数以千计。

关于冯桂芬办理善堂事,其同乡张一鹏曾追述冯桂芬的认真态度与廉洁品格。他说,办理慈善事业必须廉洁公正,"吾乡冯林一(桂芬)先生亲笔书联,悬于各善堂,联语是'挥霍公财,天诛地灭''侵吞善款,男盗女娼'。他曾说过侵吞善款,乡党自好者不为,至于挥霍公财,人人不免。譬如公家的信纸信封,用以写私人的函件,也就是挥霍。这是何等的严格"![3]

创立一仁堂后,冯桂芬在镇西购得徐氏旧屋十余椽,修葺一新,并拓地筑园,使之成为风景秀丽的住宅。据称,屋居正中,"启西北牖,则虎溪之波千顷汇于其下,溪之四围,则虎山桥迤北,乌龙山、安山达于铜坑铜井,层峦叠嶂,环拱于其外,尽揽一溪之胜。左右行数十武,即有移

① 潘曾玮(1819—1886),字宝臣,又字玉泉、季玉,吴县(今苏州)人。潘世恩之四子,荫生。道光二十三年(1843)顺天乡试,挑取誊录,遂弃举子业,肆力于诗古文辞。生性散淡,一直闲居在苏州。太平军占据苏州后,他在上海与冯桂芬、顾文彬等联名筹划赴皖乞师之策。事平回苏州,办理善后事宜。醉心于金石之学,著有《自镜斋诗钞》《自镜斋文钞》等。

② 冯桂芬:《光福一仁堂记》,《显志堂稿》卷三,第32页。

③ 张一鹏:《从华北灾赈说到办赈的先决条件》,《申报》1943年5月23日,第1版。

步换形之憾,天造地设,有如此者"。冯桂芬根据此地建筑的历史,名之为"耕渔轩"①,打算以后隐居于此。

咸丰七年,发生了一件意想不到的事情:冯桂芬被人告状,在办理劝捐过程中,阿庇亲戚,并有贪污嫌疑,奉旨查办。对于这件事情,冯芳缉、冯芳植的《冯景亭行状》写道:

> 时有蜚语,谓府君大兴土木,劝捐阿庇亲戚,奉旨查办,旋得白。

其他各种传记、墓志铭对此多含混其词,语焉不详。究竟是谁告状,所告之事究竟如何,为何告状?都成了一个谜。而这件事,是冯桂芬仕途的一大转折点,所以不能不弄清楚。

笔者在咸丰七年的《清实录》中,查到了相关资料,对此事的来龙去脉有了个大致的了解。实录有关文字是这样的:

> 谕军机大臣等:何桂清奏通筹江南军饷、沥陈地方积习一折,所奏通筹全局,剀切详明,具见为国丹忱,不负委任……

> 至捐输一节,借资民力,必宜先服民心。朕闻苏州府城三县,捐输已及四次,而江、震、常、昭、昆、新等属,皆止一次,甚有一次书捐尚未缴出者。松江、太仓、常州捐数亦属寥寥。似此多寡不均,必至推诿观望。既系分府劝捐,则各属皆宜遴选正人,岂可令射利之徒厕身其间,包庇侵渔,弊端百出?该署督所称隐漏大户有人把持,诚所不免。以朕所闻,在籍中允冯桂芬办理劝捐,多有徇庇,其亲戚富户之在吴江、太湖厅等处者,率多隐匿。该员家本寒素,自劝捐之后,置买田产,建盖房屋,顿成富家,其中情弊,尤不可问。一人如此,从而效尤者当更不少,若不从严究办,何以帖服人心?着何桂清严密访查,据实参处,以儆其余,并各饬地方官遴选公正绅者,承办劝捐,以免偏枯,而除积弊。②

两三个月后,经查,地方官汇报,没有所说之事:

> 上御勤政殿听政。谕内阁,前闻江苏在籍中允冯桂芬有徇庇

---

① 冯桂芬:《耕渔轩记》,《显志堂稿》卷三,第34页。
② 《大清文宗显皇帝实录》,咸丰七年闰五月,影印本,第3653页。

捐户等情事,当经谕令何桂清查明参奏。兹据奏称,访查冯桂芬乡评,毁誉参半,其劝捐吴江县、太湖厅两处,均合同众绅公议,尚无包庇情事。惟绅士办理地方公事,必须舆情推服,该员既因劝捐致招物议,着勿庸办理省城局务。①

真是事出有因,查无实据。冯桂芬被告状,自思问心无愧。他写过一副楹联:"一点公心天地鉴,半文私受鬼神诛。"②关于大兴土木、劝捐包庇亲戚之事,冯桂芬自陈:

> 盖余前曾赁居朱氏新造屋,时已迁去,而两处劝捐皆续捐,皆视初捐一律减成,不辨自白,制府以实闻。③

冯桂芬日后在致曾国藩信中,也说到这件事情:

> 晚通籍之初,亦冀尺寸建白,不欲以等侪自居。咸丰之初,潘、文两相国将以讲官荐,事不果行。晚寻以忧归。会军兴,与团练之役。许涧臣前辈抚吴,属以大小户均赋事,晚任之力,州县迁怒于某大户之族,无何,某当路,遂中蜚语。④

为大小户均赋事,冯桂芬与长洲县令向柏龄当面争辩过⑤:

> 癸丑年,乔太守与诸绅会议均价四千之日,长洲向公柏龄护持藩篱,不遗余力,桂芬为言,诸账俱在,足敷办公,即与君讼之刑部堂,吾官可去,吾算不可易。向公默然而罢。⑥

关于大小户均赋,以及被人诬告事,冯桂芬写有《癸丑均赋记》,但没有正式发表。按照冯桂芬的说法,事情是这样的:咸丰三年,江苏巡抚许乃钊经过苏州,与冯桂芬说,嘉定周立春等农民造反,反在漕粮方面,而漕粮问题很重要一点是均赋,因此,想在这方面做些努力。他们

064

① 《大清文宗显皇帝实录》,咸丰七年八月,影印本,第3766页。
② 冯桂芬:《五十初度自题小影》,《梦奈诗存》,第27页。
③ 冯桂芬:《癸丑均赋记》,《显志堂外集》卷二,稿本,藏复旦大学图书馆,无页码。
④ 冯桂芬:《与曾揆帅书》,《显志堂稿》卷五,第29页。
⑤ 向柏龄(1785—1863),字新甫,湖南溆浦人,道光五年举人,历任甘肃碾伯县知县、江苏高淳、武进、长洲等县知县,升松江知府,未赴任。卒于故里。
⑥ 冯桂芬:《与赵抚部书》,《显志堂稿》卷五,第46页。乔太守,即乔鹤侪。

有一段对话：

> （许曰）闻苏属完粮，有大小户之别，甚不平。吾欲均之，可乎？
>
> 余曰：可，五年前不可，今则可。
>
> 公曰：何谓也？
>
> 余曰：前行河运，帮费甚巨，每石摊钱二千犹不足，今行海运，经费甚省，每石摊钱一千已有余，前就河运定均价，所增于短价二三倍，所减于长价犹无几，故曰不可，今就海运定均价，所增于短价不必多，所减于长价已大半，故曰可。①

他们随后商量实行，苏州府的吴县、长洲县、吴江县等县令均同意。两个月后，冯桂芬称之为"某方伯"的莅任，承许乃钊指示，与冯桂芬、乔松年等会定均价，遂定议。由于经过重新核定的粮价，比先前平均低了许多，所以，"令下之日，完粮者如市"。但是，均赋的结果，一是大户吃亏，因为在先前大户可以通过种种不正当的手段少缴或免缴漕粮，现在不行了。二是那班靠漕运牟利的胥吏，现在可以揩油分肥的机会少了。于是，失利之徒，"相与百方计议，思有以挠之，而长令为之主，某方伯其乡人也，刚愎而轻听，朝夕渐摩浸渍，未几意移，时制府驻苏州，素谐俗从而左右之，许公之势孤矣"。长令即长洲县令向柏龄，对倡导均赋之议的冯桂芬恨之入骨，但是又"无以中之"，找不到可以攻击的借口。

均赋推行的第二年，许乃钊因事去职，均赋的事情也就搁置下来。但是，冯桂芬因为均赋事，得罪了地方大户，得罪了一大批胥吏，得罪了长洲县令，得罪了"某方伯"。方伯，在清代指布政使。冯桂芬所说的"某方伯"即陈启迈（1796—1862），字子皋，号竹伯，湖南武陵（今常德）人，道光十八年（1838年）进士，道光二十九年江西按察使，咸丰三年二月任江宁布政使，七月任江苏布政使，咸丰四年正月任江西巡抚，咸丰五年七月因战事为曾国藩所劾，奉旨查办，旋被革职。陈启迈与向柏龄都是湖南人，故冯桂芬从同乡的角度批评陈启迈偏袒向柏龄。

冯桂芬办理均赋，得罪了地方大户，所以，他为流言蜚语所中，就是很正常的了。

---

① 冯桂芬：《癸丑均赋记》，《显志堂外集》卷二，稿本，无页码。

第四章　归隐家乡与避地上海

第一节　浩然有归耕之想

咸丰八年(1858)春,冯桂芬束装北上候缺,其子冯芳缉随侍。到京时,则已以逾期开缺。冯桂芬在京候补年余,淹滞不举,孤独冷清。其时心情,冯桂芬曾在给弟子管嗣复的信中说起:

> (咸丰九年正月二十七日)清晨,管小异从邓尉来,即至其寓斋,略谈别后景况。小异言冯林一中允桂芬自京师有书至彼……冯君旅食京华者,已一载余矣,赋闲无事,铨补不及,浩然有归耕之想。闻于髫年读书时,与彭咏莪蕴章颇不相睦,今彭君为相国,或于圣上前密有启奏,未可知也。前冯君在乡办团练事,曾为言官所劾,谓其侵吞捐费以自肥,特旨命督臣何桂清查奏。旋何以吞费无据,不洽舆评为实,据情复奏。上谕:以后冯某不必在局办事,着来京听选。冯君至京后,淹滞不举,自知圣眷已衰,已分废弃终身,故归计益决矣。[1]

冯桂芬的猜测是否准确,不得而知,若此说成立,则彭蕴章是导致冯桂芬日后宦途蹇滞的关键人物。彭蕴章(1792—1862),原名琮达,字铁宝,号咏莪,江苏长洲人,道光十五年进士,历任福建学政、左副都御史、工部右侍郎、兵部左侍郎、礼部左侍郎、工部尚书,咸丰五年任协办

① 方行、汤志钧整理:《王韬日记》,第84—85页。

大学士,六年任文渊阁大学士,八年为武英殿大学士,十年因病开缺,同治元年去世。

不管猜测是否准确,反正皇帝对冯桂芬已经不再赏识则是事实,冯桂芬对此非常清楚。前遭弹劾,后受冷遇,冯桂芬自觉时运不济,心情相当抑郁。咸丰八年,冯桂芬50岁。在那个时代,中国人平均期望寿命只有三十五六岁,因此,50岁虽说不上是高寿,但也可以庆祝一番了。冯桂芬是否举行过祝寿典礼,没有史料记载,不得而知。但是,在人生的这个标志性年岁,冯桂芬认真地回顾了自己所走过的道路,从科举考试、金榜题名、道德操守,到学问事功,从个人遭际、儿子学业、家庭、财富,到种种社会问题,桩桩往事,历历在目。冯桂芬对于自己的为人处世,在官场不肯阿谀逢迎,卓然自立,纵然才未大用,甚至遭人攻讦,含冤受屈,丝毫无憾。他觉得自己对国家、对他人、对良心,毫无愧疚:

> 生平居官,未尝于长吏求一差使,居家未尝于当事进一关说,未尝受一瞒人之钱,未尝为一负人之事,天地鬼神,实鉴临之。前者被谤之举,为民为国,开罪于权门势族而不悔,亦庶几不党孙宁之遗意。以此为非,将随波逐流为是乎?其不然明矣。

> 承先人遗业,薄田十顷,衣食仅给,米盐靡密,辄亲为之,或以善治生为非,顾将不衣食乎?抑不求诸此转求诸彼,如世之铸横财者为是乎?其不然又明也。

> 惟是妄念有未尽耶,机心有未忘耶,嗜欲或由强制,大廷是而有衾影之非耶,出入难免持筹廉俭是而有吝啬之非耶,好名太过而矫矜之非耶,忧世太过而怨尤之非耶?是固不足言学问精微而必宜知其非者也。

> 虽然,未已也。余好读书,未尝一日废业,性迂,未尝与一曲宴,自谓无足奇,人辄交口称之,余滋恧焉。

> 至生平所自信者有二:操守第一,万钟千驷不能易吾节。吏事次之,少贱通知民情,留意掌故,二者窃自谓不居人下,乃人辄目为文学之士,不以吏事相许。①

① 冯桂芬:《五十自讼文》,《显志堂稿》卷十二,第8页。

冯桂芬感叹华发早生，人入老境，岁月蹉跎，壮志未酬，但也有种种值得自豪和欣慰的地方，包括道德、文章、了解民情、行政能力等方面。他写下了《五十初度自题小影》与《五十初度小影又题》两首诗：

> 万轴牙签一片毡，此中燥发到华颠。蹉跎建竖今生已，惭愧文章四海传。
>
> 朵殿胪名叨上第，绣衣持节历南天。不才循省良逾分，多少寒儒铁砚穿。
>
> 生来傲骨独崚嶒，阅尽崎岖气倍增。心事明明天上月，知交落落洞中冰。
>
> 一官蓬岛鲇缘竹，五载枌乡鼠啮藤。差异东林六君子，圣明洞鉴幸堪凭。
>
> 东南民力困征输，藿食萧条鼎食腴。穿溜寒心成积衅，移山只手效孤愚。
>
> 私期中泽绥嗷雁，无意深渊触短狐。犹冀将来贤吏士，终成吾志福三吴。
>
> 底须驷马与高车，差喜儿曹知读书。向子中年了婚嫁，香山数顷足耕渔。
>
> 寻常身耻同邱貉，尺寸功应问蠹鱼。料检丛残凭炳烛，行谋归去键蓬庐。①

在"圣明洞鉴幸堪凭"句后，自注：

> 癸丑苏城戒严，力持筹防正论，是秋郡中粤匪密约起事，练勇阻遏，潜消逆萌。续办劝捐，任劳任怨，尝署楹联云：一点公心天地鉴，半文私受鬼神诛。上句兼指均赋言。均赋者，吴中完粮相沿，分别大小户。许洵臣抚军一律定价，人多不谓，然而余实成其议。

这也说明，因劝捐而遭人弹劾事，在他的心灵上留下了严重的创伤和难以抹去的阴影。但是，他在减赋问题上志不为屈，"犹冀将来贤吏士，终成吾志福三吴"，希望将来有朝一日，能够化理想为现实。

---

① 冯桂芬：《五十初度自题小影》，《梦奈诗存》，第27页。

冯桂芬在仕途方面,红尘看破,心灰意冷,表示今后只想在学问方面做些努力:

> 有官五品勿卑小,有田十顷勿见少。人生五十不为夭,何况余生犹未了。束发读书志探讨,绮罗丝竹迹如埽。终南捷径避若燎,环堵萧然中处蘽。苍生饥溺入寸抱,蒿目时艰头欲掉。许身稷契孤怀矫,科名青紫何足道。不惜身心集荼蓼,要使狂澜挽既倒。咄嗟世道习狙巧,申椒不芳粪壤宝。含沙三足翔云表,小试辄已招嫉媢。江湖满地百忧悄,九关欲叩愁窅窕。眼看青鬓变华皓,揽镜衰颜蒲柳早。壮怀只付东流杳,誓当扁舟泛湖泖。菰蒲烟雨梦魂绕,插架图书万卷好。丹黄狼藉尺厚槁,卅年呕心非草草。千虑讵无一得瞭。名山覆瓿听幽渺,且拥百城此中老。鲁斋治生夙所晓,散裘称身粗粝饱。曾无暮夜金分秒,一瓣清香谢苍昊。落落人寰气浩浩,云净天空秋月皎。①

事实上,在以后的岁月里,虽然曾国藩、李鸿章、乔松年等人多次上奏,荐举冯桂芬,但他总以体弱多病为辞,再也没有出任过实质性的官职。

冯桂芬仕宦在外,时常想起故乡的山水。仕途坎坷时,春树暮云,莼菜鲈鱼,更容易激起思乡之情:

> 落木竟无边,萧萧客馆前。壮心悲落日,乡思逼残年。寒鹊喧枯树,霜鸿唤远天。几茎添白发,揽镜一凄然。②

咸丰九年,就在冯桂芬绝意仕途、决计归乡的时候,传来一则喜讯:己未科顺天乡试,冯芳缉中了举人,叙员外郎。冯芳缉是冯桂芬长子③,聪明、好学、孝顺,冯桂芬对他一直寄予厚望,现在他成功地跨越了科举考试第二道门槛,作为父亲的冯桂芬当然非常高兴,抑郁烦闷的心情也

---

① 冯桂芬:《五十初度小影又题》,《梦奈诗存》,第28页。
② 冯桂芬:《落木》,《梦奈诗存》,第30页。
③ 冯芳缉(1833—1886),字熙臣,号异芷,别号申之,江苏吴县人,冯桂芬长子,同治七年(1868)进士,光绪三年(1877)考取候补总理衙门额外章京,修校《西路防剿》。历官刑部主事、员外郎,记名监察御史、海关道,京师同文馆提调,刑部郎中。1886年突发疾病而死。

因此宽慰许多。中秋节后，冯桂芬旧疾复发，请假回籍休养。

冯桂芬没有想到，自此一去，他永远离开了冠盖云集、争权夺利的京师，也永远离开了曾经让他朵殿扬名、绣衣持节的京师。

辞官以后，冯桂芬隐居在光福邓尉山麓。

邓尉山是江南最著名的探梅胜地。邓尉山植梅历史可追溯到两千年前的西汉时期。东汉大司徒邓禹在此隐居时，那里已是"路入冰霜隆，寒香袭客衣"，一路梅香。宋元之后，更是隙地遍种梅花，蔚然如雪海。以后越种越多，以至遍地皆梅。明代文人姚希孟在《梅花杂咏》中说："梅花之盛不得不推吴中，而必以光福诸山为最。"清代康熙、乾隆皇帝先后多次到此赏梅。早春时节，"入山无处不花枝，远近高低路不知"。冯桂芬爱梅，自号邓尉山人。他爱这里的风景，以前就喜欢来这里赏梅花：

> 者番半月住山中，盼雪连朝暖意融。留与归舟开画本，万峰玉立绕孤篷。[1]

冯桂芬以前就有心将来隐居于此：

> 阳澄湖上美丝莼，或者吴淞引钓纶。倘许结邻西崦畔，万梅花作两家春。[2]

西崦即西崦湖，与东崦湖相对，均在邓尉山下。冯桂芬也爱邓尉的友人。他最难忘的有两位，一是吴西桥，一是觉阿上人：

> 江南春色忆山家，怅触前游天一涯。西碛山前风雨里，篮舆骖乘看梅花。[3]

> 山中信宿慰分歧，匹马京华复唱骊。何日西津桥畔路，万梅花下坐论诗[4]。

觉阿上人（1791—1860），本姓张，名京度，字莲民，号小槎，苏州人，

---

① 冯桂芬：《邓尉归舟》，《梦奈诗存》，第32页。
② 冯桂芬：《送李古廉司寇南归》，《梦奈诗存》，第29页。
③ 冯桂芬：《怀人诗二十首·吴西桥上舍》，《梦奈诗存》，第21页。
④ 冯桂芬：《怀人诗二十首·觉阿上人》，《梦奈诗存》，第21页。

是冯桂芬童年时代的同学、朋友，道光七年考入元和县学为附生，道光十一年出家为僧，在常州天宁寺，取法名祖观，字觉阿。曾往镇江金山寺参学。学成归籍后，觉阿在白马涧与西津桥之间的月盘桥畔，建通济庵，绕屋种梅五百棵。庵内环境幽致，觉阿课诵其间，吟咏赋诗，写字画画，官绅名士、鸿儒硕彦纷纷慕名前来造访，唱和往来，雅集频仍。后应冯桂芬等人邀请，到光福圣恩寺主持讲席。觉阿诗名满东南，有诗集行世。冯桂芬儿子芳缉曾从其学诗。冯桂芬有咏觉阿诗：

> 吴下诗僧有觉公，郊西驻锡虎溪同。闲时或叩禅关去，一舸樵风马涧东①。

有人评价觉阿的诗，出家以前所作似和尚诗，出家以后所作似秀才诗。冯桂芬认为说得很对："上人为秀才，视人视功名富贵一切如敝屣，于其胸中曾不芥蒂寄之，吟咏固宜似和尚；洎为和尚，袖手局外，蒿目时艰，一腔抑塞幽愤之气无所抒发，不觉见之于诗，固宜似秀才。"②

冯桂芬隐居在邓尉山，并不十分孤独。他的同乡好友潘遵祁也隐居在那里。潘遵祁(1808—1892)，为潘世恩堂兄潘世璜的儿子，比冯桂芬大一岁，道光二十五年(1845)进士，授翰林院编修。为官二年后，回乡主讲紫阳书院多年，后隐居在邓尉山中，筑香雪草堂，与冯桂芬的耕渔轩相隔仅数里，二人时相往还。

冯桂芬在邓尉，读书，作诗，著书，友人曾绘《冯林一宫允桂芬邓尉著书图》，好友潘曾玮题《金缕曲》其上，劝冯桂芬对官场上的进退要想得开些，不必把那些谣诼诽谤放在心上，内云：

> 事业名山久，要论思，玉堂金殿，著书还富。回首胪云传五色，一片无心归岫，算岂恋闲闲十亩，点检牙签三万轴，辨文融扁分蝌蚪，清福占，几人有。
>
> 经纶未展擎天手，说蛾眉，多来谣诼，古今同构。我亦曾伤彼妇口，君乃何妨出走，付一笑浮云苍狗。最忆江南香雪海，望澄清

---

① 冯桂芬：《送李古廉司寇南归》，《梦奈诗存》，第29页。
② 冯桂芬：《梵隐堂诗存序》，《显志堂稿》卷二，第5页。

何日铙歌奏，归去也，约吾友。①

咸丰十年，太平军打破江南大营，挥师东进，常州、无锡与苏州浒墅关不战而下。苏州官绅风声鹤唳。四月十三日，李秀成攻占苏州，江苏巡抚徐有壬被杀。冯桂芬家属匆忙避地太湖冲山，"仓促下乡，二肩行李而已"，在苏州的家具荡然无存②。但是，他的藏书完好无损，因为此前已经搬到乡下。

冲山在光福西南太湖中，为一孤岛，居民数百，比光福更为偏僻，更为安全。冯桂芬是应觉阿上人之邀，携家到山上避难的，居住在弥陀龛中。觉阿上人在冲山集田百余亩，山上建有义仓，储粟备赈③，由一仁堂代为管理。与冯桂芬一起在冲山避难的，还有好友左仁、弟子陈场。陈场(1806—1863)，一作陈旸，字子璔，江宁人，出身书香门第，为冯桂芬在金陵惜阴书院任山长时的学生，学问广博，于经学、史学、小学、天文、舆地、诗古文词、武备、方术等，无所不窥，尤精数学。陈场科举之路不顺，大小考过 27 次，均不中，人生道路亦不顺。太平军攻克金陵后，其妻儿、兄长均遭焚而死，陈场只身逃出，辗转来到太湖边上。日后，陈场曾受冯桂芬推荐，进上海广方言馆教授算学，惜 1863 年秋病逝④。

冯桂芬等人在冲山的日子异常艰苦。山民失业，饥寒交迫，觉阿山人以义仓之粟赈济，后义仓粮断，遂向一仁堂借米三百石、钱一百缗应急。陈场曾断粮挨饿。⑤ 冯桂芬作《送穷图》记之，并赋诗：

前身颛顼旧宫中，能使交穷与命穷。不睰高明看寒畯，可知五鬼剧豪雄。

送罢翻教上坐延，车船烧却糇粮捐。他年不碍三铨贵，始信穷通自有天。⑥

诗句诙谐，表明他们在山中虽然物质生活艰难，但精神上倒还比较

① 潘曾玮：《金缕曲·题冯林一宫允桂芬邓尉著书图》，《咏花词》，光绪丁亥版，第 15 页。
② 冯桂芬：《复许滇生师书》，《显志堂稿》卷五，第 22 页。
③ 冯桂芬：《光福一仁堂记》，《显志堂稿》卷三，第 33 页。
④ 关于陈场生平，参见诸可宝《畴人传三编》，阮元：《畴人传》下，商务印书局 1935 年版，第 809 页。
⑤ 周菊坤：《冯桂芬传》，哈尔滨出版社 2001 年版，第 85 页。
⑥ 冯桂芬：《送穷图》，《梦奈诗存》，第 30 页。

乐观。

　　冯桂芬在冲山住了四个月，觉阿上人圆寂。

　　咸丰十年秋，冯桂芬避地洞庭西山秦稚枚家。秦稚枚，名树敏，生卒年不详，吴县西山人①。秦家在销夏湾，缥缈峰之阳。冯桂芬称此地"湖山殊胜，甲于吾吴，亦甲于江左。居民朴愿，耕而餐，汲而饮，圃且织而贾，无求于他，熙然满足"。其他地方已经狼奔豕突、纷乱不堪，惟独此处宴然无事。冯桂芬以前并不认识秦稚枚，是逃到这里以后才与他熟悉起来的。秦稚枚工于画，善于诗，有一祖传书斋名"小睡足寮"。冯桂芬曾为其小睡足寮诗作序。②

　　冯桂芬在洞庭西山居留时间不长，冬天，避地上海。

第二节　避地上海

　　咸丰十年（1860）十一月，冯桂芬由洞庭东山迁上海，先住在城内洋泾浜附近的一座寺庙里，后入住老天主堂街一民房内。第二年十二月十六日移居租界。③

　　冯桂芬在上海，身体不大好，时常生病，因此，通常杜门不出，在家阅读、写作，"虽家业荡然，警报迭至，府君犹日手一编不置"④。冯桂芬经济窘迫，左支右绌。咸丰十一年七月二十日以后，应江苏巡抚薛焕之请⑤，主持敬业书院⑥，日子才稍微好过一些。同治元年（1862）九月初一，与冯桂芬有亲戚关系的苏州人蒋寅生，曾到冯桂芬的住所看望冯桂

---

① 陆家衡：《玉峰翰墨志》修订本，苏州大学出版社 2015 版，第 133 页。
② 冯桂芬：《秦稚枚小睡足寮诗序》，《显志堂稿》卷二，第 6 页。
③ 据冯芳缉日记，咸丰十一年十二月十六日，雨，"移家夷场，双亲先行，余与内子等先后出城，新屋尚未整齐，颇不适意"。见《冯申之先生日记》第二册。夷场即租界。
④ 冯芳缉、冯芳植：《冯景亭行状》。
⑤ 据冯芳缉日记，七月二十日，晴，"大人敬业书院开课，在小蓬莱行礼。余以起晚，不及往观"。见《冯申之先生日记》第二册。
⑥ 敬业书院是上海著名书院之一，乾隆十三年（1748）建立，原址为上海老天主堂（今豫园东安仁街、梧桐路），初名申江书院，乾隆三十五年（1770）重修，改名敬业书院。咸丰十一年（1861），老天主堂地产归还法国天主教会，翌年书院迁聚奎街旧学宫，民国年间改名敬业中学。

芬。那天,冯桂芬生病在家,其子冯芳缉在家陪护①。

在上海期间,冯桂芬曾延请吴仁俊来寓所,教其孙子冯世澂读书。吴仁俊记其事:

> 岁庚申、辛酉间,予避兵沪上,以弟子礼谒吾师校邠先生,为获侍馨欬之始。旋设帐延予课诸孙读,先后六七年,得时时请业师门,经义、小学、诗古文词而外,先生尤循循焉恒及畴人家言,手指口画不少倦,顾数理奥邃,卒亦仅得厓略。②

冯桂芬到上海的第二年,与他在太湖冲山患难与共的弟子陈埸也来到上海,师生不时相聚,冯桂芬很是高兴。广方言馆创办以后,冯桂芬便将陈埸推荐入馆,担任算学教习。

冯桂芬在沪期间,他当年在金陵惜阴书院的学生孙文川③、姚必成④也在上海。他们与陈埸都是昔日在金陵惜阴书院的同学,因此常有往来。孙文川曾担任总税务司赫德的中文秘书,对于当时上海中外交往情形较为了解,这对于冯桂芬了解中外大事有所裨益。

在上海,冯桂芬做的最有影响的事情,是作《校邠庐抗议》。此书的内容、影响,本书另有专门介绍。关于写书经过,冯芳缉日记曾有零星记载:咸丰十一年二月十四日,晴,"写大人近著三篇"。四月二十九日,阴,"大人命以洋墨书近作议一篇,计七百字"⑤。

同治元年五月初九,李鸿章奏调冯桂芬入幕。奏折中称"查有五品衔候补中允冯桂芬精思卓识,讲求经济"⑥。朝廷命冯进京,冯以病而不克赴。先前,曾国藩在读了冯桂芬的《校邠庐初稿》之后,对冯的才识颇

---

① "九月初一,庚戌日,晴……至二摆渡冯景亭(桂芬)太老师处,景亭因有病,即见。见申之表叔"。此后数月,蒋寅生多次到寓所和敬业书院看望冯桂芬。见蒋寅生:《寅生日录》,《中华文史论丛》增刊《太平天国史料专辑》,上海古籍出版社1979年版,第431、433页。
② 冯世澂:《如积蒙求:二卷和较开放式一卷》,光绪丁酉年校邠庐刊本,吴仁俊序。
③ 孙文川(1822—1882),字澄之,一字伯澄,上元(今南京)人。诸生。咸丰中避兵上海,究心中外互市之情,曾担任总税务司赫德的中文秘书,以功保举知县,升同知,擢知府,后以母老乞归,以金石书画自娱。所著《淞南随笔》,有多次与冯桂芬交往的记录,包括请托冯桂芬为其荐官事宜。
④ 姚必成(? —1864)字西农,江苏溧水人,金陵惜阴书院学生,贡生,选授崇明训导,未赴。工诗词,喜作散曲,著有《吴门诗存》《袁江小草》《西农遗稿》等。
⑤ 冯芳缉:《冯申之先生日记》第二册。
⑥ 李鸿章:《奏调冯桂芬等片》,《李鸿章全集》第一册,海南出版社1997年版,第51页。

为欣赏,有意延请冯桂芬入幕,让钱鼎铭转达其意,冯桂芬没有答应。

晚清,曾国藩以善于拔识人才饮誉于世,其幕府搜罗人才之优之丰,冠绝一时,论人数号称有四百多,论才华,宏伟有郭嵩焘、李元度,渊雅有黎庶昌、吴汝纶,雄略有彭玉麟、李瀚章,清才有孙衣言、周学浚,俊辩有周腾虎、王定安,朴学有李善兰、张文虎,博览有夏燮、赵烈文,干济有薛福成、冯焌光,至于刑名钱谷方面的干练之才,更是车载斗量,难计其数。其中,经过曾国藩奖掖提携,或从政,或治学,成为一方大员、一门翘楚的不在少数。可以说,进了曾国藩幕,等于一只脚踏进了荣宗耀祖美好前程的门槛。冯桂芬谢绝曾国藩的邀请,显然与他对官场失望有关。但是,经李鸿章邀请,冯桂芬却欣然入幕,是什么原因呢? 冯桂芬在《江苏减赋记》一文中道出原委:

> 同治元年春,合肥李公鸿章督师至沪,又有幕府之约,见即说以减赋,欣然相许,余无求于李公,而以此事故曲意赴军。[1]

原来,他之所以入李鸿章幕,主要是为了了其减赋夙愿。

同治二年,冯桂芬在上海参与筹办广方言馆。第二年秋,返回苏州。

上海自道光二十三年开辟为通商口岸、二十五年辟设租界以后,迅速由一个普通的海滨县城变成中国最大通商口岸。特别是小刀会起义以后,大量华人涌入租界,租界由华洋分处变成华洋杂处,成立了工部局、巡捕房、万国商团等机构,成为清政府权力难以到达的"国中之国",成为受西方文化影响最广泛、最深刻的城市,涉及物质文明、制度文明、精神文明诸多方面。久在苏州、京师生活的冯桂芬来到上海,对通过租界体现出来的西方文化,有了多方面的了解。他先前住在上海县城里面的时候,就多次到租界(当时人习惯叫"夷场")游览,迁移到租界以后,更感受到租界种种特点。冯芳缉记载了他陪父亲游览租界的观感:

> (咸丰十一年正月)二十六日,晴。晨,山甫与其徒严筑臣及其二子,来邀大人、二弟及余游夷场。出新北门,先至广兴洋行,寻严郁甫。其居停印度人也。方据案写书,不与客为礼,其室亦精洁,

---

① 冯桂芬:《江苏减赋记》,《显志堂稿》卷四,第6页。

器具已华焕奇怪，一览而出。

又至惇裕洋行，其居停则英吉利人，亦在写书，却知与客拱揖，亦略通华语。兰卿导登，其楼广且洁，帏以牛皮画障，真净无纤尘。其客坐中，满铺氍毹，炉火方炽，炉皆依壁……无不美丽奇巧。簟褥用皮而中鼓以气，高厚柔软胜于絮。陈设铜磁各皿，并灿烂夺目。大镜光照一室，四壁挂洋画，其人物生动如真。琉璃擎灯饰以涂金，不一其制。棋局双陆亦与中土异。书架下宽上窄，掣颇适宜。观其架上画册，尤细如牛毛。坐良久，几令人不忍舍去。

既出，又至保仁行，但入其庭，庭甚广，中多花木，有草一塍，皆剪平如绣茵。有笼如数椽屋，四周罩以铁丝，内山石数峰作洞壑势，下浚方池，绿水正平。各色鸟或翔或集，或啄或宿，则鹰鹅雁雉鸡鸽之属。游于水者，则鸳鸯、鸂鶒、鸬鹚之属，并驯习不畏人，亦奇观也。又有一区外周以栏，则兽苑也。时则仅见数麋鹿耳。入其厩，亦有玻璃窗户，垩墙绿壁，马皆有衣，相与叹其侈奢不已……又至泰妥银（洋）行，则百货充牣，无不悦目可爱，如入波斯宝库，惜价昂，但可供眼饱耳。①

文中说到的导游"兰卿"即王韬，他那时还在墨海书馆，还没有改名王韬。一个多月后，冯桂芬与儿子再次受邀游览租界，再次来到他们上次去过的泰妥行，冯芳植购洋饴二瓶。又到利民洋行：

货物尤为美备，奇器淫巧，不一而足。夷人四五颇殷勤，得遍观焉。大人欲买印书钢板，价昂未成。余与二弟各购刀一剪一，计鹰洋一，精利可爱。②

咸丰十一年十月十三日，冯桂芬父子还曾到租界看西人赛马：

入其围中，至其所谓演武台侧，略伫立顷，见四骑竞逐，衣各异色。俄又见二骑，皆捷如飞，诚不愧稳步也。台侧列夷乐一队，其

---

① ② 冯芳缉：《冯申之先生日记》第二册。

音沉着幽咽,亦觉入耳一新。士女云集,举国若狂。①

冯芳缉作为一个年轻人,看到这些西洋景是那么惊诧、羡慕,50 岁出头的冯桂芬不知是何感慨,他没有留下游记。但有一点是肯定的,在上海的亲见亲闻,对于冯桂芬世界眼光形成,对于他的学习西方思想的形成,都有重要影响。

不过,冯桂芬对上海浮华奢靡、醉生梦死的社会风气,相当厌恶。他说:

> 比者寇在于垣,滔天肆逆,海隅片土,浮寄孤悬,此真志士被甲枕戈、卧薪尝胆之日也,而乃旧染污俗,不戢滋甚,洋泾一带,举国若狂,以锋镝之余生,挟焚掠之遗烬,鲜衣炫服,酒食樗蒲,鸣瑟站屣,游媚贵富,父兄之教不先,子弟之率不谨,衣冠旧族与无知驵侩合同而化。呜呼,此何时耶?②

在上海,冯桂芬首尾只生活了四年,又疾病缠身,但他做了或参与了五件大事:一、著《校邠庐抗议》;二、参与创办广方言馆;三、参与"借师助剿"活动;四、参与乞师援沪;五、运动江南减赋成功。这五件事,奠定了冯桂芬在近代思想史和政治史上的地位,是冯桂芬一生学问、事功中最重要的部分,是冯桂芬之所以值得后人研究的地方。所以,在一定意义上可以说,上海造就了冯桂芬。

第三节　力主"借师助剿"

咸丰十一年(1861),冯桂芬参与了"借师助剿"活动,在关键时刻起了关键作用。

七年以前,清朝上海地方政府就有过与租界西人合作镇压小刀会起义的历史。

咸丰三年,太平军定都南京以后,北伐、西征,震动全国,也引起了

① 冯芳缉:《冯申之先生日记》第二册。
② 冯桂芬:《上海果育堂记》,《显志堂稿》卷三,第 31 页。

上海西人的惊恐。上海租界以所谓安全问题，一面宣布中立，一面筹组武装，实行武装中立。英美领事议决成立一支民兵组织，名称是上海义勇队，一称上海商团，上海的英国侨民一律编为义勇队队员。义勇队聘请西方职业军官为指挥，配备精良的武器，日后演变为万国商团。同年八月，上海爆发刘丽川等人领导的小刀会起义。小刀会占领上海县城一年多，杀死知县袁祖德，活捉上海道台吴健彰（后逃走）。开头一段时间，租界保持中立，小刀会、租界、清军三方面互有矛盾和冲突，租界西人武装与驻扎在上海的清军还打过一仗，但是，到咸丰三年底，经江苏巡抚吉尔杭阿与英、美、法三国驻沪领事联络，经在上海的海防同知吴煦和翰林院庶吉士张庭学[①]以及候选道、买办杨坊等从中穿针引线，英、美、法三国同意清政府在北岸洋泾浜筑墙，切断小刀会进入租界的通路。咸丰四年正月，租界当局与清政府联手镇压了小刀会起义。这是上海开埠以后，清军与租界武装第一次实行军事会防。

自咸丰四年至九年，清军与太平军在南京附近争夺，战火一时没有波及长江下游地区，上海尚算平静。十年四月，苏州被太平军占领以后，长江下游地区顿时紧张起来，风声鹤唳，草木皆兵。江南士绅和大批难民纷纷避地上海，江浙大量的游资进入上海。两江总督何桂清、江苏巡抚薛焕等地方大员也汇聚上海，商量对策，但计无所出。五月以后，太平军先后三次挥兵进攻上海县城，一度占领上海周边的嘉定、青浦、松江、奉贤、川沙、南汇，徐家汇曾经是忠王李秀成的指挥部所在地，打浦桥、徐家汇一线曾屯集数万太平军。形势极度紧张。

这时，上海存亡对于江南士绅极其重要，上海存则他们存，上海亡则他们亡。聚集在上海的江南士绅，记起了几年前清军与租界联手镇压小刀会的旧事，加紧了与外国领事联系。

其实，"借师助剿"之议，上一年就已开始酝酿。

咸丰十年冬，中国与英国、法国、俄国签订《北京条约》，中外关系趋

---

① 张庭学，字诗农，浙江鄞县人，咸丰二年进士。

于缓和。这时,俄国、法国表示,愿意帮助清政府镇压太平军。对此,北京政府大员意见不一,反对者多,附和者少。消息传到江南,激起江南士绅广泛兴趣。由于江南遍地兵燹,江浙绅商,避难求活,地方大吏更望恢复失土,深盼洋兵前来援助。① 冯桂芬写有《借兵俄法议》,主张借用洋兵。他说,那些认为不能借用洋兵的人,其实是不懂夷情:

> 欲借夷兵,当先问夷之有异志与否。夫诸夷不能无异志,而非目前数年中事,详余所为《重夷务议》中。今之自愿助顺者,非有他也,贴饷必以百万计,利在官;逆贼积年劫掠可攘而有之,利在兵;上年贸易十减三四,事平可复其旧,利在商;且中华为百国之望,事成又可夸于远近以为荣,如此而已。②

他从清军与太平军战争的局势、东南安危、借兵费用、借用外兵历史等方面,论述向俄法借兵事可行。

第二年,"借师助剿"在上海化成了实际行动。

咸丰十一年十月至十一月,太平军连克奉化、慈溪、台州、宁波、杭州。十二月初,太平军忠王李秀成部署进攻上海。太平军由乍浦北上,连克奉贤、南汇、川沙等厅县,军旗猎猎,耀于浦东,西南方向的太平军离上海城亦仅十来里。清廷各处防军,闻风溃走。租界西人外主中立之说,内忧太平军至则贸易受损,愿意帮助清廷但又不愿主动提出,以便讨价还价。英国驻上海代理领事巴夏礼让人向应宝时等江浙士绅传话说:"官无可言者,为语诸绅,忍弃上海乎?"为人机敏、与上海道台衙门、英国驻上海领事衙门、寓居上海的江浙绅商都很稔熟的应宝时③,遂将滞留在沪的刑部郎中潘曾玮介绍给团练大臣

---

① 王尔敏:《上海中外会防局经营始末》,台湾"中央研究院"历史语言研究所集刊,第51本,1980年,第84页。
② 冯桂芬:《借兵俄法议》,《显志堂稿》卷十,第16页。
③ 应宝时(1821—1890),浙江永康人,字敏斋,道光二十四年举人,咸丰三年考取国子监正学录,改就本班,分发江苏,成为上海道吴煦之门生。他在团练大臣庞钟璐督导下,协助上海知县刘郇膏办理团练,对抗太平军,论功超擢直隶州州同。他为人机敏,与上海道台衙门、英国驻上海领事衙门、寓居上海的江浙绅商多稔熟,日后成为李鸿章办理外交的得力人员,同治五年任上海道台,八年,升江苏按察使,署江苏布政使。光绪十六年病逝杭州。

庞钟璐①，庞表示"吾职团练，夷务非所与也，不敢闻命"。潘与同人讨论，有人认为借师夷人名声不好，潘曾玮说，借师之事，古来即有，"土蕃、回纥、沙陀，古人用之不以为疵，今顾以为疵乎"？有人担心后患无穷，潘曾玮说，前年七月上海也曾经用过此法，并没有什么后患。有人担心外国人索费无已，潘曾玮说，有先与价之一法，夷人不致无信用。议者提不出什么反对意见，但最后还是认为不行。这些人嘴上说的其实与心里想的并不一致，每个人都有一本账，"且口称不可许为名高，心实欲曾玮之许之，效则享其安，不效则议其后。顾无一人正言宜许之，议竟日不绝"②。潘曾玮虽然力主其事，但终究势单力薄。

潘曾玮想到了冯桂芬。冯桂芬表现出临危不乱、思路清晰、见识高远的过人眼光，也显示出敢于任事、不尚圆滑的高贵品格：

> 曾玮访于冯桂芬，桂芬曰：此两言决耳。我有可守法，则勿许，我无可守法，则许之。曾玮曰：防兵尽矣，安所得可守法乎？桂芬曰：然则一不许，即无上海。皖上援兵且至，苏州之复，未必无冀，无上海又安所冀乎？且彼以好来，不许，是怒之也。必听贼至，甚或引贼至，以洋泾为界，如刘丽川旧事矣，许之，勿疑也。以告吴云、顾文彬③，意皆同。④

吴云将众绅意见告诉江苏巡抚薛焕，薛表示："出自绅意则可，吾意则无谓是。"于是，寓居上海的江浙士绅潘曾玮、吴云、应宝时、顾文彬四人，

---

① 庞钟璐（1822—1876），字宝生，江苏常熟人，进士出身，官至编修、内阁学士。1860 年因父死在籍守制，奉命为督办江南团练大臣。6 月，太平军攻取苏州、常州以后，庞以常熟、昭文（今属常熟）等地为基地，组织团练，抵抗太平军。9 月 16 日，常熟、昭文等地被攻克以后，潜往上海。1862 年回京供职，同治元年（1862）迁礼部侍郎，典湖南乡试，督顺天学政，先后调户部、兵部、吏部侍郎，升左都御史，署工部尚书，升刑部尚书。1876 年病逝。谥"文恪"。有《文庙祀典考》《琴均轩诗赋稿》。

② 李滨：《中兴别记》，太平天国历史博物馆编：《太平天国资料汇编》第二册下，中华书局 1979 年版，第 863 页。

③ 顾文彬（1810—1889），字蔚如，号子山，晚年号艮庵。江苏元和人。道光进士，曾任刑部郎中、武昌盐法道、宁绍台道等官职。擅书法、诗词、音律，收藏法书名画甚丰，为著名收藏家。著有《过云楼书画录》《眉绿楼词》《眉绿楼词》《跨凤吹笙读谱》等。晚年购得古春申君庙址、明尚书吴宽复园故址等明清建筑，改建为包括住宅、花园（怡园）、义庄（顾氏春荫义庄）、祠堂的典型大宅，夹峙于尚书里南北两侧。

④ 李滨：《中兴别记》，太平天国历史博物馆编：《太平天国资料汇编》第二册下，第 863 页。冯桂芬：《沪城会防记》，《显志堂稿》卷四，第 19 页。

与英国驻沪代理领事巴夏礼多次晤面,商谈借师助剿问题,巴夏礼"词气颇傲,四君侃侃无所绌,巴夏礼亦不忤也"①。最后,巴夏礼表示愿意助剿,但需经过与官方正式交涉。吴云叙述交涉经过及会晤情况:

> 现在沪上为助顺之议,往复与商,百般开譬,尚无眉目,然江南兵勇,见贼即溃,虽戚南塘复生,亦难骤回锢疾,实已万无可用矣。回纥助唐,契丹援宋,明知后忧巨测,而事至无可如何,古人为救急之方,不能不从权处置,以挽此残局。盖两害相形,则取其轻也。②

> 至西人助顺一节,前日巴酋到沪,介见苏绅,旋约鄙人与敏斋同晤,央渠相助。巴云:"中国有谚语成则为王,败则为寇(原注:巴酋一口官话,于中国情形,无不周悉),今观此贼,实是寇非王,惟寇势已大,欲就扫灭,断非一年半载能了事。我外国人与彼无隙,今与克服宁波,保守上海,非用武不可,一经用武,即启衅端。中国人作事,每每有头无尾,将来开衅之后,万一撩在我外国人身上,如何处置。今欲帮同剿贼,必须预筹一线到底之法,请大府先行入奏,伊即禀明驻京公使,听候示下办理。③"

冯桂芬等在与薛焕等取得一致意见以后,写了一封《江浙绅士为借师助剿呈苏抚》信,其中写道:太平军在青浦、嘉定、平湖、乍浦等地,屡出肆扰,官军仅能分守,无暇合攻。十月以来,太平军以数十万众力迫浙江,现在听说,他们有一得杭州即图上海之说,因此,我们必须预做准备。何况自宁波、绍兴被占、杭州被围以后,上海贸易不通,饷源骤绌,如果旷日持久下去,支拄更为困难。他们在信中特别提出,借师助剿是有历史依据的,也是得到外国领事支持的:

> 绅等伏考汉用浑邪,唐资回纥,皆借外国兵力以成大功,于古有征,于今为便。因思英、法二国,自去秋与中国通和以来,极为见好,其早经驻沪之领事、兵头于防匪查奸等事互相照会,无不尽心。日前英国参赞大臣巴[夏礼]屡与绅士接见,倾谈之次,邀其调集西

① 冯桂芬:《沪城会防记》,《显志堂稿》卷四,第20页。
② 吴云致王雪轩中丞有龄,《两罍轩尺牍》卷一,上海时中书局宣统二年版,第1页。
③ 吴云致周腾虎书,《两罍轩尺牍》卷十二,第30页。

兵,助同中国官军保守上海,克服宁波,次及苏州、江宁等处。巴参赞深识大体,亦以贼氛肆毒、民不聊生深为叹恨。惟云事关中国大计,必得抚宪大人据实陈奏,巴参赞亦一面禀商英宪,以便赶紧议办。①

列名的有宗人府府丞温葆深、詹事府詹事殷兆镛、湖北盐法道顾文彬、刑部郎中潘曾玮、翰林院编修徐申锡、侍读金日修。附名其中的地方官有:候补知府吴云、候补知州应宝时。声明同意而没有列名的有:团练大臣庞钟璐,以事非团练不便列名;中允冯桂芬、编修潘遵祁抱病在沪,向来不参与公务,不便列名。其中,温葆深是冯桂芬儿子冯芳缉的老师,时在浦东,系冯桂芬等人特地放船到浦东请其领衔参与的。殷兆镛系丁忧来沪,他是苏州吴江人,与冯桂芬为同科进士,也是冯桂芬等人出面邀请才列名的。据殷兆镛自订年谱记载,殷兆镛是四月二十一日到达上海的。十一月朔,冯桂芬、潘曾玮等强邀殷兆镛"同过薛近堂中丞,议奏借夷助剿"。② 冯桂芬记其经过:

> 殷詹事兆镛丁忧至沪。潘君曰:呈无詹事名,犹不谐也。邀余偕访詹事。坐定,余曰:君知余两人所以来乎? 曰:不知也。曰:将为江浙亿万生灵请命,在君一言。詹事默然,入室良久,持一纸出示余,则是夏在都请斩巴夏礼疏也。余曰:彼一时此一时也,何害! 具道宗丞首列一切状。詹事许之。于是,署名者得十余人。③

冯桂芬此前已经很长时间不参加公务活动了,为了会见殷兆镛,特地新买了袍、帽、靴子。经过多次磋商,上海士绅拟定借师助剿办法八条④,分送巴夏礼与薛焕。八条说明借师助剿是中外双方共同利益所在,外国军队是应中国商民请求才发兵会剿的;说明助剿范围以巩固上海为根本,也包括收复宁波、袭取苏州、会攻南京;说明会剿步骤、协调

---

①《江浙绅士为借师助剿呈苏抚》,太平天国历史博物馆编:《吴煦档案选编》第二辑,江苏人民出版社1983年版,第171页。

② 殷兆镛:《殷谱经侍郎自叙年谱》,第85页。

③ 冯桂芬:《沪城会防记》,《显志堂稿》卷四,第20页。李滨:《中兴别记》,太平天国历史博物馆编:《太平天国资料汇编》第二册下,第864页。

④ 太平天国历史博物馆编:《太平天国史料丛编简辑》第六册,中华书局1963年版,第168—169页。

机构以及善后事宜。其中特别说到两点，一是镇压太平军之后，将以南京、苏州等地的太平天国财富，与外国"酌定成数，分犒中外兵勇，庶足以昭信赏"；二是在上海洋泾浜设立中外会防公所，以便联络。①

咸丰十一年十二月十四日，上海官绅在洋泾浜成立会防公所，一称中外会防局。会防局的功用，主要有四，即征集捐款，供应洋军；采访情报，提供消息；租雇洋船，运兵运械；购办军火，接济战防。具体地说，会防局在上海的西、南、北三面有关大小十一条口，各设侦探，密切观察太平军动向，随时禀报；在上海东边濒临黄浦江面，直至吴淞口，派船多艘，来往梭巡；在上海通往内地河流的有关桥闸处，添设闸板，加以铁链锁截，由英国派小轮船在有关地方防卫；在上海县城之西门、南门等有关地段，因人口稠密，比较难以防守，只得相度地势，开凿深壕三千余丈，起建炮台二十余座；因各处难民源源涌来，在南门外搭厂赈济。② 会防局还添练炮勇，随同西兵四出攻击，并支应夫船粮草实物，以利军行，嗣又雇备轮船，迎接李鸿章率领的淮军。

租界西人方面，自议定之后，贴出告示，略云：有人自称某天义、某天安、汪、何等四姓，以文来云，率兵若干万将到，不知何许人。上海为本镇驻守之地，有来攻打者，痛剿不赦。③ 太平军慑于洋枪洋炮威力，不敢逼近。

同治元年（1862）三月，李鸿章率淮军莅沪，整兵筹饷，与太平军多次交战，未及三年，太平军被彻底镇压。同治三年四月，洋泾浜会防公所停撤，仍留分局数处，并归苏松太道衙门兼办。到同治四年，英法在沪防兵均已回国，会防分局于四年十一月全部撤除。④

事后，冯桂芬评论"借师助剿"、中外会防意义重大，"无此一举，上海必不守，皖兵必不至，苏州必后金陵而复，且有苏州之援金陵更不易复，东南大局，必且一变"。⑤

关于"借师助剿"事，赵烈文在同治元年六月十四日日记中，抄录别

① 太平天国历史博物馆编：《太平天国史料丛编简辑》第六册，第168—169页。
② 太平天国历史博物馆编：《太平天国史料丛编简辑》第六册，第169—170页。
③ 李滨：《中兴别记》，载太平天国历史博物馆编：《太平天国资料汇编》第二册下，第864页。
④ 李鸿章：《上海裁撤会防局折》，《李鸿章全集》第一册，海南出版社，1997年，第341页。
⑤ 冯桂芬：《沪城会防记》，《显志堂稿》卷四，第21页。

人一段话,对于了解此事原委有一定参考价值:

> 录杨咏春语:借夷助剿之事,起于冯桂芬,为之介绍于夷者龚橙也,惑其计而毅然为之者潘曾玮也,为冯说潘者顾文彬也。其始议有八条:一凡破城得地所获货财皆归夷人,估价而后分与中国兵。一凡中外文件往来皆归会防局云云。余条大率类此,夷人故甘其说,及后冯亦自知不可行,不复出之矣。推其初倡议之意,不过欲藉以哺啜,殊足鄙咍,庞阁学钟璐则深不以为然,曾与潘力争云。①

这一段话所述"借师助剿"经过,与冯桂芬所述有所不同。龚橙究竟起了多大作用有待考证,但冯桂芬起的核心作用在这里得到了佐证。

第四节　赴皖乞师谋士

咸丰十一年(1861),冯桂芬等人在商量借师助剿的同时,也在向曾国藩乞师援沪方面进行努力。参与此事的有团练大臣庞钟璐,刑部郎中潘曾玮丁忧,湖北盐道顾文彬。庞为常熟人,潘、顾均为苏州人,三人都与冯桂芬稔熟。顾文彬对冯桂芬说,上海太危险了,不作防备,不作训练,怎么能抵挡太平军?顾以自己在湖北的所见所闻,说明曾国藩的军队可用,因此提出到安徽乞师救沪之议。冯深以为然,潘也以为有道理。

三人议论下来,担心三难:一是驻在上海的巡抚薛焕不大会同意,因为迎湘军来沪,必须准备军饷,权力在官不在绅,而在官一方,心理上难以接受,面子上过不去,因为这么一来,难免显示出自己无能,"以己为不能,以人为能"。二是上海外国官员不会同意,太平军起事以来,上海外国人已表示中立,两不相帮,怎么会同意官军来沪呢?三是曾国藩可能不同意,曾深通兵法,处事持重,不会同意蓦然驱兵深入重地。但

---

① 赵烈文:《能静居日记》,同治元年六月十四日,台湾学生书局 1964 年版。

是,三人明知其难,仍然一试,认为事成则为乡人之福,不成,也尽了努力,听天由命吧。

三人商量,此事必须征得上海道台支持,而要与上海道台谈此事,最合适的人,莫若吴云。于是,三人同访吴云,与吴一拍即合。吴云遂与上海道吴煦商谈①,吴煦深以为然。吴煦再与薛焕谈,薛初有难色,后因战场失利,不得已而同意。于是,薛焕、庞钟璐各修书,请太仓人刑部主事钱鼎铭专程送信给曾国藩②,随行的有杨宗濂等人。致曾国藩的信写得如何,至关重要。大家一致认为,此事非冯桂芬莫属。

要说动曾国藩,殊非易事。曾是政治家、领军统帅,是打落牙齿和血吞的极其冷静、理智、顽强的人,国家利害、军事得失是第一位的。曾还是相当世故、极明事理的人,一般的客套、浅层的道理、廉价的泪水都不能打动他那铁石心肠。要说动曾国藩,必须能见曾所未及见,明曾所未明理。

咸丰十一年十月,钱鼎铭持书入皖,谒曾国藩,曾得书心动,"钱君又缕述上海将怯卒惰,旦夕不可恃状,继以恸哭。公恻然曰:君休矣。以偏师远涉上海,于法为奇兵,非正兵,顾事诚急不可以常论,吾为君破格"③。随后,曾国藩毅然命李鸿章领军至沪,不数年,太平军在江苏被镇压。日后,冯桂芬在金陵见曾国藩,还言及此事,曾国藩说"厥后东南事,不出君一书,亦一段文字缘也"④。冯桂芬的信,是影响中国近代史走向的重要文献,也是以理动人的典范信件。这里不避冗长,引录如

① 吴煦(1809—1872),字晓帆,号春池,晚号荔影,别号秦望山樵,青年时代随父兄幕游两浙,捐知县,1845年以后历任江苏金坛、嘉定等知县。1853年在上海助吉尔杭阿办文案,升知府,1856年办理上海厘捐局,1858年为钦差大臣桂良等人随员,在上海办理与英、法等国商定通商税则的事务,1859年任上海道并监督江海关,1860年署江苏布政使。开设"茂记"等银号,策划成立"会防公所"。李鸿章率淮军到上海后,失势,被迫交出上海道、江苏布政使两个实缺,引疾而去。

② 钱鼎铭(1824—1875),字新之,号调甫,江苏太仓人,道光二十六年举人。其父钱宝琛,曾任湖南巡抚,太平军起事以后,奉旨在原籍办理团练,钱鼎铭协助父亲。1853年,小刀会起事,攻占上海,青浦帮会头脑周立春起而响应,声势浩大,占领嘉定。钱鼎铭招募勇丁,配合官军作战,收复嘉定。事后论功行赏,授职江苏海州所属的赣榆县训导,捐户部主事。后丁忧回籍。1860年以后避地上海。

③ 冯桂芬:《皖水迎师记》,《显志堂稿》卷四,第17页。

④ 冯桂芬:《皖水迎师记》,《显志堂稿》卷四,第18页。

下，以见冯桂芬文采①：

天祸吴民，陆沉一旦，焚烧夷戮之惨，远接宋建炎四年金阿术之祸，为吾吴七百有三十年未有之大劫。然金阿术自南而北，五昼夜即去，如疾风暴雨之一至，非若今日之贼之窟宅蹲踞两年之久而未有已也。幸先帝圣明，睠然于江南天下之重，举而畀之执事，是天未绝我吴民之命，而使执事更生之也。惟是措置必规大局，攻取务求万全，移兵则形势不宜，分兵则调遣不足。执事远犹硕画，所见者大，某等具有一知半解，不胜钦佩。故一年以来，未敢辄以浮词轻渎清听。近谂锋车收复安庆，沿江州县次第肃清，前驱已达芜湖，闻者无不额手称庆，翘首跂足于旌旗之至，不独某等私幸也已。

夫三郡财赋之衍沃，两年倒悬之困苦，万户壶箪之恫忧，凡兹皮傅肤受之说，执事心知而饫闻之，盖不敢以进。惟是江苏今日之情事，有可乘之机而不能持久者三，有仅完之地而不能持久者三，敬为执事陈之：

一曰乡团。去年各城被陷，乡团抵死拒贼，有相持至数月之久者，以苏府言之，永昌徐佩瑗、黄土桥马安澜其尤也，所居在苏州、常熟之间，纵横三十里内，水陆勇数千，附近乡团一呼四应，不下数万，嗣受中丞密檄，与送款之贼首熊国荃约盟而壁垒如故。大军一至，必可为邪许之助，迟之又久，万一事泄，则糜烂及于乡党，故屡请此间进兵，不应则流涕以去。此不能持久者一也。

一曰枪船。江浙间向有之船，小而行捷，枪准而心齐，其始弋凫鹜为业，继为开赌演花鼓戏之渊薮，官不能捕，军兴转受雇防堵，吴江陷，其渠沙锅阿四者死难，次渠费玉孙四喜亦受中丞密檄，觇贼各船来往飙忽，屡为贼患，贼畏而招之，许不薙发，出入贼中，阳阳如平常，此辈显持两端，而一狃于宽大之政，一恋于毛土之恩，实委心于我。大军一至，必可为向导之助。而贼明知彼之不为用而羁縻之，彼亦明知贼之不相容而暂受其羁縻，日复一日，必且中变，

---

① 冯桂芬：《公启曾协揆》，《显志堂稿》卷五，第3—6页。此信草稿作《与曾大帅书》，见冯桂芬著作初稿，藏上海社会科学院历史研究所资料室。

此不能持久者又一也。

一曰内间。闻贼中送款中丞者不少，苏州李兆熙至以母子为质，春间李大举来犯，先期而漏师，交绥而旋遁，当非无因。大军一至，或可为倒戈之助，迟之又久，亦必中变更易，贼将益复牢固，不可收拾。此不能持久者又一也。

然此犹其小者也，请言其大者。此犹其虚者也，请言其实者。其数亦有三焉：

一曰有兵无饷之镇江，冯镇军子材所统，多张忠武旧部，艇船等水师，亦号称勇锐，贼两攻之辄大败，今扬、通一带安堵，固由贼志在南不在北，亦未始非镇江障蔽之力，及今而大军一至，可保全之以为北路一面之师，然饷欠巨万，孤城无依，兵心已摇，溃可立待，此不能持久者一也。

一曰兵单饷乏之杭、湖两郡，为贼所注意之地，两年来以全力制之，乃灵光岿然，百撼不折，可谓难矣，及今而大军一至，可保全之以为西南一面之师，然精锐无多，师久而老，仰给过巨，饷久而匮。比闻萧山、绍兴相继不守，四面受敌，文报不通，湖州更逼贼氛，四乡瓦砾，几无人烟，若无援师，终于溃散决裂而后已，此不能持久者又一也。

一曰有饷无兵之上海。上海为饷源重地，江浙余烬所萃，商民辐辏，兵籍数万，可恃者不过数千，及今大军一至，可保全之以为东路一面之师，且可筹备水陆粮饷，然势居下游，无险可扼，蕞尔之区，孤悬浮寄，数十里外皆贼，兵勇虽多，或为近地游民，选懦而不能前驱，或为大营溃勇，犷悍而不知循律，虽孙吴复生，亦不能为功。幸贼不大，至视息偷安，日复一日，总非长策。此不能持久者又一也。

由前三者言之，果使大军破金陵而来，即乡团尽散，枪船归贼，内间无闻，不碍其为破竹之势，由后三者言之，则金陵既下，贼且徜徉南徙，自两浙而皖南而西江，绕出上游，甚且蔓延江北，以蹑大军之后，而执事自西北控东南之议不复可行，恐纚风沐雨正无已时，而吴中之果能出水火而登衽席，尚在可知不可知之间也。某等借箸筹之及今三两月之内，可乘者未尽溃散，仅完者未尽决裂，但请奇兵万人，以一勇将领之，间道而来，旬日之间，苏常唾手可得。大军一至，则朽株枯木，亦助声威，大军不至，则铁郭金城将沦灰烬。及今不图，后悔必矣。闻大军以一军围芜湖，以一军趋宁国，上游布置已密，所谓奇兵万人者，宜由江北渡福山，袭常熟，或由长江直薄江阴，以执事之威，挟疾雷迅霆，从天而降之势，各路兵勇民团，人人奋发，内外应合，即一万可抵十万之用，一面檄镇江兵南攻丹阳，西次高资，檄扬州兵截江要击，檄艇师沿江助战，为北路之军；一面檄宝山兵攻嘉定，松江兵攻青浦，为东路之军；一面檄杭州兵，攻嘉兴、湖州，兵由太湖复宜兴以会宁国之师，为西南路之军；同时大举下游，各贼必将自乱自溃。执事堂堂之阵，正正之旗，由芜湖、太平以薄金陵，虽有智者，不能为贼谋矣。肃清江南，在此一举。

昔梁王僧辩败侯景，景奔吴郡，僧辩遣侯瑱追之，景南趋嘉兴，势复炽，幸赵伯超力拒之，乃退奔松江而死。明祖平吴，廖永安先以偏师入福山港，徐达、常遇春自宜兴入太湖，趋湖州，守将李伯升降，嘉兴、松江继降，然后进围平江。二者皆上游进兵殄贼吴地之证，然皆先以下游一军牵制之，如出一辙。《传》所谓譬如捕鹿，晋人角之，戎人掎之，与晋踣之是也。

敬陈刍说，愿执事采择焉。至师行以粮食为先，执事拔营有日，即飞札吴方伯，预为筹备。方伯善筹饷，一以委之，必不贻误，昨已胪陈大略，吁之圣主。其有奏牍所不能尽者，觏缕如右，特遣钱户部鼎铭赍呈，属以包胥秦庭之事，愿听执事无衣之赋。如不得命，江南从此死无日矣。惟执事进退之。

冯桂芬的信，确是大手笔。他没有就上海论上海，也没有泛泛地强调人际关系、个人感情的因素，更没有一把鼻涕一把泪地哭诉上海危难情况，而是把救援上海的问题放在镇压太平军的宏大战略中来论述，从小到大，从虚到实，由近及远，由权及经，从局部到全局，利弊得失，条分缕析，丝丝入扣，见事明、说理透而情真挚。即使纯粹从文学角度看，也是上乘之作。全信谋篇布局，抑扬顿挫，措辞用典，贴切允当。尤其以申包胥哭秦廷之典故,打动对方,企盼早作无衣之赋。①

在策划赴皖乞师的同时,冯桂芬在上海,还为在太平军将士中进行策反、招降活动作过一些努力。上述致曾国藩信中所说的"与送款之贼首熊国荃约盟而壁垒如故,大军一至,必可为邪许之助",就是指在太平军将士中进行策反、招降一事。

咸丰十年太平军占领苏州以后,苏州有些士绅被裹胁参加太平天国活动,但心向清廷;有些人则首鼠两端,与清军、太平军两面都有联系。其中,苏州齐门外东永昌的徐佩瑗,就是表面上归顺太平军、实际上与清政府保持联系的一个乡绅。徐氏一门兄弟五人,为永昌著名富户土豪,其中三人出资捐了监生,跻身缙绅之列。太平军占领苏州以后,徐氏兄弟自组团练,保卫永昌,后归降于太平天国忠王李秀成部下熊万荃。熊万荃为广东人,其父在江苏做过官,本人在江苏生活过,有心归顺清廷。徐、熊遂联为一气。李鸿章率领淮军抵达上海以后,徐佩瑗加强了与上海的联系,特派其弟徐佩瑞常驻上海,与上海清廷官员互通信息,策划接应清军对苏州的进攻。徐佩瑞常常到冯桂芬那里去,或探听消息,或商量对策,冯桂芬则负责代他与李鸿章、薛焕、吴云等人联系。在徐佩瑞致徐佩瑗的信中,多处提到冯桂芬。

其一,同治元年八月初十(1862年9月3日),第五号信:"二马先生处,已往拜两次。玉四叔亦于二马处见过,看他意思尚好。"②"二马"即冯,指冯桂芬。其二,八月二十一日(1862年9月14日)第八号信:"今日去拜二马先生及李蔼翁,得悉湖郡似已攻克。鲍军门从东坝一路统兵东下,浙省有归我之信。"③其三,闰八月十五日(1862年10月8日)第十二号信:"昨晚持函往见二马公,渠意进见时宜云腹地现在空虚,求其派拨舟师,由北方驶入,策应我处,一齐下手,约会外围,直捣中央。否则西取常、阴,以截浒关。否则东略嘉、太,以通沪渎。如蒙印可,再

---

① 春秋末,吴国攻破楚国,楚大夫申包胥乞师秦廷,倚庭墙而哭,七日勺饮不入。秦哀公终被打动,乃赋《无衣》诗,并出兵救楚。楚国遂得救。事见《左传·定公四年》。无衣之赋由此成为出师相援、同仇敌忾的典故。
② 徐佩瑞等:《双鲤编》,苏州博物馆等编:《何桂清等书札》,第266页。
③ 徐佩瑞等:《双鲤编》,苏州博物馆等编:《何桂清等书札》,第269页。

将需办物件,装作尾声,庶几进言不嫌于突,或能动听。"①这是冯桂芬在帮助徐氏兄弟出谋划策,所谓"进见""进言"是指徐佩瑷进见太平军将领。其四,九月初四日(1862年10月26日)第十四号信:"昨往看敬亭先生,得悉中丞之意,既得陇,即思入蜀,为期谅不甚远。大约派长胜军取太仓,黄翼翁下昆新。"②这是在传递李鸿章的信息。其五,十月初五日(1862年11月26日)第十七号信:朱稚兰来沪后,"暂住弟寓,并嘱松轩领往敬亭、子山两先生处······今接冯处来信并程仪五十金,知此老在方伯处代为设法者,信中提及渠与子山不另尽情矣"③。"子山"即顾文彬。

综上所述,冯桂芬在策反、招降的活动中,从为双方传递信息,到出谋划策,是相当努力的,也起到了一定作用。后来,徐佩瑷这一路,因事机泄露,招降失败,徐佩瑷被太平军杀死,但是常熟一路的招降获得成功。

在乞援军救上海过程中,两个人作用至为关键,即冯桂芬与钱鼎铭,两人缺一,此事的结局都将大打折扣。冯、钱两人也由此结下了深厚的友谊。这件事情过后不久,冯桂芬还做了一件与钱鼎铭有关的事情,即为钱鼎铭妹妹做媒,嫁给郭嵩焘为继室④。不过,这件事不算很成功。

郭嵩焘元配陈氏,与郭嵩焘同乡、同年,两人于道光十五年(1835)成婚,以后生育子女多人。咸丰十一年,陈氏病逝。咸丰十二年,冯桂芬与时任苏松粮道的郭嵩焘讨论苏松太道减赋事宜,过从甚密。其时,冯、郭均为李鸿章左右手,同在上海,对苏松太一带减赋事意见一致。冯桂芬、郭嵩焘曾与李鸿章三人一起讨论苏松减赋事宜,李鸿章看到冯桂芬等人所议减赋具体办法时,用手指密圈,连称:"聪明,聪明,是极,

---

① 徐佩瑷等:《双鲤编》,苏州博物馆等编:《何桂清等书札》,第273页。
② 徐佩瑷等:《双鲤编》,苏州博物馆等编:《何桂清等书札》,第276页。
③ 徐佩瑷等:《双鲤编》,苏州博物馆等编:《何桂清等书札》,第283页。
④ 郭嵩焘(1818—1891),字筠仙,号云仙、筠轩,别号玉池山农、玉池老人,湖南湘阴人。道光二十七年(1847)进士,咸丰四年(1854)至咸丰六年(1856)佐曾国藩幕。同治元年(1862),被授为苏松粮储道,旋补两淮盐运使。同治二年(1863)任广东巡抚,同治五年(1866)罢官回籍,在长沙城南书院及思贤讲舍讲学。光绪元年(1875),入总理衙门,不久出任驻英公使,光绪四年(1878)兼任驻法使臣,次年因官场倾轧称病辞归。光绪十七年(1891)病逝。

是极!"并嘱郭、冯等立即拟稿上奏①。此后不久,曾国藩与李鸿章便联名奏请朝廷为苏松太减赋。减赋是萦绕冯桂芬心头已久的大事,一旦有所缓解,自然相当愉悦。郭嵩焘是促成减赋成功的重要人物,冯桂芬对他自然颇为感激。咸丰十三年,郭嵩焘署理广东巡抚。次月赴上海,做赴广州就任的准备。就在上海停留期间,冯桂芬为郭嵩焘提媒,女方即钱鼎铭之妹。郭、钱均为冯桂芬好友。郭嵩焘对女方自然素无所知,但对钱鼎铭很有好感,知道他能力强,人也好,俭约质直,能效忠言,所以,他对冯桂芬表示"不求美,然不可有破像;不求才,然不可有劣性",应允了这门亲事。郭嵩焘很快在上海设宴请客,向社会公布了这门婚事。

熟料,郭嵩焘嗣后对这门婚事大为后悔,说是"此举竟为冯景老所误"。个中原因,据郭记载,钱氏相貌丑陋,脾气乖戾,性格暴躁,毫无修养,"甫入门,则多言狂躁,终日叫咷,有类疯癫,貌更凶戾,眉目皆竖"。在随郭嵩焘赴广州途中,以及到广州之后,钱氏均喧哄不已。无奈,郭嵩焘让她回了上海②。

不过,这些说法,都是郭嵩焘一面之词,有研究者指出,钱氏之所以态度恶劣,关键在于,郭嵩焘没有以继室之礼对待钱氏,没有予钱氏以应有的尊重。钱氏入门之前,郭嵩焘已有一年纪较长之妾在室。钱氏进门时,"其老妾命服相见,为妇堂下坐而妾居上"。到了广州,郭嵩焘没让钱氏以巡抚夫人身份出现,而是让钱氏与郭嵩焘老妾分乘两顶轿子,并列而行。这让大户人家出身、讲究妻妾尊卑地位的钱氏无法容忍。钱氏后来一直生活在上海,没有与郭嵩焘生活在一起。直到光绪十七年(1891)郭嵩焘去世以后,她才去了湖南郭家③。这场婚姻悲剧自非冯桂芬所能逆料,但这事与他直接有关。

① 吴云:《复潘季玉观察论减赋宜从速详办书兼简郭筠仙观察》,《两罍轩尺牍》卷五,第 12 页。
② 郭廷以编定:《郭嵩焘先生年谱》,台湾"中央研究院"近代史研究所专刊,1971 年,第 261—262 页。
③ 谭伯牛:《近代史的明媚与深沉》,山西人民出版社 2016 年版,第 196—199 页。

第五章　倡导西学

第一节　来到浓郁的西学环境

冯桂芬在上海期间，在倡导西学、推动中国向西方学习方面，做出了重要贡献。

冯桂芬什么时候开始知道西方，不得而知。鸦片战争那一年，道光二十年(1840)，他正好考中进士，人在京师。在广东主持禁烟、坚决反对英国侵略的钦差大臣林则徐，是激赏他的老师，也是他衷心服膺、对他思想产生重要影响的人物。冯桂芬考中进士以后，曾专门致信林则徐谢恩，说明那时他们有书信往来。那时，比较了解西方情形的魏源、姚莹，都是冯桂芬有所交往的友人。魏源《海国图志》出版以后，冯桂芬曾写过跋语，对书中一些史实错误提出批评。魏源日后在修订《海国图志》时，接受了冯桂芬的批评。① 以此推想，鸦片战争时期，冯桂芬应该已经开始对西方情况有所注意和了解。

冯桂芬关于西方的知识，主要是从上海获得的。

自道光二十三年开辟为通商口岸、道光二十五年设立租界以后，西人源源而来，上海逐渐成为中西文化交汇的前沿，成为中国输入、传播西学最为重要的城市。这突出表现在以下三个方面：

一是展示西方物质文明与制度文明的场所。上海在 1843 年底开

———————
① 参见本书第三章"有官五品勿卑小"。

辟为通商口岸,当年就有25个英国人来此居住,以后逐年增多。1844年上海有外侨50人。1845年,上海英租界辟设,1848年、1849年又相继辟设法租界与美租界。外国居民持续增多,到1850年有210人,1851年为265人。上海三个租界起初都是华洋分处,仅供外国人居住、经商,中国居民不得在租界内建屋、居住。但是,1853年,小刀会起义爆发,县城被小刀会占领,县城内外大量居民涌入租界,租界遂变为华洋混处,人口急速增长。到冯桂芬寓居上海的1861年,上海租界已是拥有几十万人口的城市。至于上海外国人,1855年为378人,1861年无确切统计,1865年为2757人。如果取1855年与1865年的平均数,则1861年上海外国人有1500多人。早期租界的管理主体是英国人,他们把西方城市的管理制度搬到了上海,包括纳税人会议,租界内重大事务,包括税率调整、经费使用、市政道路建设、社会和文化管理等,均由纳税人会议讨论决定;工部局,即市政府,管理租界内各式行政事务;巡捕,即武装警察,维持社会治安,协助征税、筑路等;领事法庭,行使治外法权的司法机构,英、美、法等国均有;万国商团,由商人志愿组织的维护租界安全的准军事化组织。租界的市政面貌,与中国传统城市大不一样,道路规划严整,宽阔平坦,各种市政、文化设施逐渐兴办,1844年,已有仁济医院,是为上海第一家西医医院。1846年,已有现代意义的新式旅馆。1847年,英商丽如银行设立,为上海有西方银行之始。1848年,西侨建立第一个跑马场。1849年,西侨设立图书馆"书会",后改名"上海图书馆"。1850年,出版英文报纸《北华捷报》,创办了徐汇公学。1852年,建立了城市消防队,始有照相馆。1853年,始有西医药房,即老德记大药房。1854年,设立巡捕房,为近代警察制度之始。1860,始有公共运动场。1861年,大英书信馆、法国书信馆设立。1861年,中文报纸《上海新报》出版。1862年以前,已有缝纫机。1862年,建立了城市交通规则。

二是传播西方学术文化的重要基地。上海开埠以后,伦敦会传教士麦都思等人于1843年来到上海,随后开设新型出版机构墨海书馆,在传播基督教义的同时,也传播诸多西学知识。其中,数学方面有《数学启蒙》(1853)、《续几何原本》(1857)、《代数学》(1859)和《代微积拾级》(1859);物理学方面有《重学浅说》(1858)与《重学》(1859);天文学方面有《谈天》(1859);地理、历史方面有《地理全志》(1853—1854)和《大英国志》(1856);植物学方面有《植物学》(1859);医学与博物学方面有《博物新编》(1855)、《全体新论》(1855)、《西医略论》(1857)、《妇婴新说》(1858)与《内科新说》(1858)。这些西书均采取西译中述的方式,即由西方传教士口译,由中国学者润色成文。墨海书馆在1857—1858年还出版了《六合丛谈》,月刊,共15期。这是近代上海第一份综合性杂志,内容有科学、文学、新闻、宗教、上海进出口货单等。这份杂志虽是传教士所办,但宗教内容并不占主要部分,而大量的是科学知识,也有关于西方历史、文化、风俗的介绍。这些西书与杂志,介绍了西方的数学、物理学、化学、天文学、地理学、植物学、历史学等方面的基础知识,也涉及西方文学、哲学、风俗等方面知识。这些知识与中国传统的相关知识大为异趣,很多可补中国此类知识之短。

三是集聚了一批热心西学的有识之士。其时的上海,以墨海书馆为中心,集聚了一批热心西学的中国有识之士,包括王韬、李善兰、蒋敦复、管嗣复、张福僖等。王韬那时还叫王瀚,字兰卿,于道光二十九年到馆,除了协助麦都思等人翻译《圣经》,还参与一些自然科学书籍的翻译,并参与编辑《六合丛谈》。李善兰于咸丰二年到馆,在馆断续九年,先后与伟烈亚力、艾约瑟、韦廉臣等合译《几何原本》后九卷以及《植物学》《代微积拾级》《代数学》《谈天》《重学》《圆锥曲线说》《奈端数理》等。蒋敦复,约咸丰五年参加译书,协助慕维廉翻译《大英国志》,并自编《英志》,介绍英国历史,撰写《海外两异人传》,介绍恺撒与华盛顿。管嗣复,咸丰三年来到上海,在馆主要与传教医师合信翻译西医著作三种,即《西医略论》《内科新说》和《妇婴新说》,并助裨治文修订《美理哥合省国志略》,于咸丰十一年以《联邦志略》之名重版。张福僖,浙江归安人,曾师从深通西方天文、数学之钦天监博士陈杰习西学,咸丰三年经李善兰介绍入馆,与艾约瑟合译《光论》,咸丰三年译成,当时没有出版,后被江标收入《灵鹣阁丛书》。这些人当中,管嗣复是冯桂芬的学生,为冯提供了很多新颖的西学信息。王韬是冯桂芬同乡,前文述及,曾为冯桂芬参观租界洋行做导游。

冯桂芬的数学、天文学、世界历史地理方面的知识，对于开阔冯桂芬的视野，丰富其学术素养，具有直接的影响。此前，冯桂芬曾让管嗣复向传教士询问关于西方救助贫民、兴办教育等方面情况[①]。在《借兵俄法议》的草稿中，冯桂芬原有"盖尝纵览夷书，博采旁咨于通晓夷情之人"一语，后来发表时被删去，由此可见冯桂芬阅读西书面一定相当广泛。

第二节 "法苟善，虽蛮貊吾师之"

到咸丰十年（1860）写《校邠庐抗议》时，冯桂芬已经有丰富的西学知识，形成了较为完整的对时代、世界和西学的看法。

首先，清醒的变局意识。

鸦片战争以后 20 年，随着中外交往的增多，《海国图志》《瀛寰志略》等书籍的传播，有识之士已经对世界知识有了一定了解，知道中国不等于天下，不是天下之中心，也不是最强大的国家，只是地球上众多国家之一。他们由此而产生了变局意识，王尔敏先生对这种变局意识有透彻的研究：

> 中国人对于中国所处地位"变局"的发现，在十九世纪后半期成为中国先知先觉之士议论中一项重要前提。这些人的共同认识，以为中国正面临数千年来一个巨大的变局，在中国历史上，将产生一个从所未见的创新机运。……至于"变局"的意义，也就是中国政治环境、文化环境、经济环境的大变化，既不同于往古，而所遭遇又非以往经验所能知。但中国局面之巨变亦可视为一新转机。[②]

据研究，自咸丰十年至光绪二十六年（1900）间，申述变局意义者不下 37 人，包括李鸿章、丁日昌、王文韶、王韬、曾纪泽、薛福成等。同治

[①] 冯桂芬称，关于西国收贫民和教育二事，"余又属及门管生嗣复询之夷士，益得其详"。见冯桂芬：《收贫民议》。

[②] 王尔敏：《十九世纪中国士大夫对中西关系之理解及衍生之新观念》，《中国近代思想史论》，台湾商务印书馆 1995 年版，第 14 页。

年间，丁日昌认为中西接触之扩大是千载未有之变局，李鸿章认为西人东来侵略中国是三千年来大变局。光绪年间，曾纪泽认为是五千年来大变局，张之洞亦认为是中国自古以来未见之变局。① 在这些先知先觉之士中，冯桂芬实倡先声。他在《筹国用议》中说，"乃自五口通商，而天下之局大变"，今以合地球九万里为一大天下，中国仅占十五分之一。他在《制洋器议》中也指出，中国为地球上列国之一，其面积居地球十有五分之一也，其余国家有百来个，以俄、英、法、美为大。

其次，赋予新意的列国观念。

冯桂芬将近代世界各国，比喻为春秋战国时期的列国：

> 今海外诸夷，一春秋时之列国也，不特形势同，即风气亦相近焉。势力相高，而言必称理；谲诈相尚，而口必道信。②

以今附古，是中国士大夫习惯思路。将近代世界各国比为古代列国，可以在士大夫意识中建立起对当今世界的解释模式，这有助于理解、适应新的国际形势。但是，时移世易，今日世界毕竟在许多方面不同于古代战国，冯桂芬看到了这点。他在批评魏源"以夷攻夷，以夷款夷"不合时宜时，理由就是现在中国与英、俄等国关系，与战国时相比，虽然形式上相似，但实质大不相同：

> 顾今之天下，非三代之天下比矣。《周髀算经》有四极四和与半年为昼、半年为夜等说，后人不得其解。《周礼》职方疏：神农以上有大九州，后世德薄，止治神州。神州者，东南一州也。驺衍谈天，中国名曰赤县神州，中国外如赤县神州者九，当时疑为荒唐之言。顾氏炎武不知西海，夫西洋即西海，彼时已习于人口。《职方外纪》等书已入中国，顾氏或未见，或见而不信，皆未可知。今则地球九万里，莫非舟车所通，人力所到，周髀、礼疏、驺衍所称，一一实其地。据西人舆图所列，不下百国。③

---

① 王尔敏：《十九世纪中国士大夫对中西关系之理解及衍生之新观念》，《中国近代思想史论》，第15页。
② 冯桂芬：《重专对议》，《校邠庐抗议》，第58页。
③ 冯桂芬：《采西学议》，《校邠庐抗议》，第55页。

列国之间的关系、处理原则也与战国时期很不一样,他们"外睦内猜,互相钳制",各国多为具有千年、数百年历史之旧国,不特兼并难,即臣属亦不易:

> 诸夷意中各有一彼国独强即我国将弱之心,故一国有急难,无论远近辄助之,盖不仅辅车唇齿之说,其识见远出乎秦时六国之上。如土耳其欲并希腊,俄、英、法救之。俄欲并土耳其,西班牙欲并摩洛哥,皆英、法救之,讫归于和。彼于小国犹尔,况敢觊觎一大国哉?[①]

第三,坦承中国落后。

冯桂芬比同时代人少有坦率地承认,中国被打败,是中国人不如人。

> 有天地开辟以来未有之奇愤,凡有心知血气莫不冲冠发上指者,则今日之以广运万里地球中第一大国而受制于小夷也……据英人《地理全志》稽之,我中华幅员八倍于俄,十倍于米,百倍于法,二百倍于英(但就本国言,属部不与)。地之大如是。五洲之内,日用百需,无求于他国而自足者,独有一中华。地之善又如是。虽彼中舆地书,必以中华首列,非畏我,非尊我,直以国最大,天时、地利、物产无不甲于地球而已。而今顾腼然屈于四国之下者,则非天时、地利、物产之不如也,人实不如耳。[②]

这种"不如人",不是中国人天赋不如人,而是后天努力不如人:

> 彼人非魁首重瞳之奇,我人非僬侥三尺之弱,人奚不如?且中华扶舆灵秀,磅礴而郁积,巢、燧、羲、轩数神圣,前民利用所创始,诸夷晚出,何尝不窃我绪余,人又奚不如?则非天赋人以不如也,人自不如耳。天赋人以不如,可耻也,可耻而无可为也;人自不如尤可耻也,然可耻而有可为也。如耻之,莫如自强。夫所谓不如,

① 冯桂芬:《善驭夷议》,《校邠庐抗议》,第53页。
② 冯桂芬:《制洋器议》,《校邠庐抗议》,第48页。

实不如也。①

冯桂芬指出，不怕不如人，就怕不努力，就怕不知道何处不如人。如果找出差距，找出根源，就不怕没有应对之方：

> 忌嫉之无益，文饰之不能，勉强之无庸。向时中国积习长技，俱无所施，道在实知其不如之所在。彼何以小而强？我何以大而弱？必求所以如之，仍亦存乎人而已矣。②

冯桂芬归纳说，中国不如人的地方，集中在六个方面：人无弃材不如夷，地无遗利不如夷，君民不隔不如夷，名实必符不如夷，船坚炮利不如夷，有进无退不如夷。解决前面四个不如夷并不难，"道在反求，惟皇上振刷纪纲，一转移间耳，此无待于夷者也"。至于第六个不如夷，即"有进无退不如夷"，也不是大问题，因为有进无退是个意志、训练的问题，而且中国"北兵亦能有进无退"：

> 夷人练兵首重行步。先较定远近若干丈尺，行若干步，又较定钟表若干分秒，行若干步，千人一律。行军时两胯齐举，其间虽流矢洞穿，无碍阵法之整，实胜于我。然岂我不能为之事乎？《书》曰，不愆于六步七步，乃止齐焉。古法本如是，亦礼失求野之一证。又以《左传》视其辙乱之说言之，则古时车战，虽乘马之步亦齐也。③

因此，中国真正有待于夷者，即需要向夷人学习的，"独船坚炮利一事耳"。

当然，这六不如夷，是冯桂芬在《制洋器议》中集中叙述的，在冯桂芬内心世界，中国不如夷人处，远不止这六项。比如，他在《收贫民议》中提到的救助贫民、兴办教育问题，在《兴水利议》中谈到的水利问题，中国都不如夷人。冯桂芬对西洋机器很感兴趣，曾仿泰西水龙法，制龙尾车、虹吸等器，欲以教农人省力作。据冯芳缉日记，咸丰七年十月二

---

① 冯桂芬：《制洋器议》，《校邠庐抗议》，第48—49 页。
②③ 冯桂芬：《制洋器议》，《校邠庐抗议》，第49 页。

日,冯桂芬曾到永仓试验龙尾车①。

第四,鲜明地提出"法苟善,虽蛮貊吾师之"的口号。

找出差距是为了向西方学习,在当时叫"师夷长技"。这个口号最早是魏源提出来的。他在《海国图志》的叙言中,开宗明义地提出编写此书的目的,就是以夷攻夷,以夷款夷,"师夷之长技以制夷"。对"以夷攻夷,以夷款夷"之说,冯桂芬不以为然,批评魏源"其人生平学术喜自居于纵横家者流,故有此蔽,愚则以为不能自强,徒逞谲诡,适足取败而已",但赞赏其师夷制夷主张,认为"独师夷长技以制夷一语为得之"②。

魏源师夷制夷口号提出以后,如石投海,十多年中无人响应。冯桂芬接其余绪,并且大为拓展。冯桂芬的主张是:"法苟不善,虽古先吾斥之;法苟善,虽蛮貊吾师之。"③所谓"古先",自应包括祖宗成法;所谓"蛮貊",当然包括西法。所谓"善",就是有效、有用,能富国强兵。这是在西方文化涌来之际,勇于反省本国文化、吸收别国文化、充满自信的相当健康的文化心态。这两句话,放到五四时期,没有什么了不起,因为那时候要不要变更祖宗之法、要不要学习西方已经不是问题。放到戊戌维新时期,拥护、赞成者参半,因为对于祖宗之法能不能变、西学能不能学,争论得热火朝天。百日维新当中,群臣对《校邠庐抗议》的签注意见也证明了这点(参见本书第十二章第二节戊戌维新期间的签注)。放到同治初年,洋务运动刚刚开始,那简直是惊世骇俗。内阁学士阔普通武认为这两句话是"全书精粹最妙者",是"千古名论"。④

顺着"法苟善,虽蛮貊吾师之"的思路,冯桂芬提出了"鉴诸国"的变法主张。变法,在传统文化中可资利用的思想资源,有一条叫"法后王",那是荀子、韩非的主张,主张效法晚近圣君明主,与主张效法古先圣王的"法先王"相对。冯桂芬主张,在"法后王"的同时,应该再加上一条"鉴诸国":

---

① 冯芳缉:《冯申之先生日记》第一册。
② 冯桂芬:《制洋器议》,《校邠庐抗议》,第49页。
③ 冯桂芬:《收贫民议》,《校邠庐抗议》,第75页。
④ 李侃、龚书铎:《戊戌变法时期对〈校邠庐抗议〉的一次评论——介绍故宫博物院明清档案部所藏〈校邠庐抗议〉签注本》,《文物》1978年第7期。

夫学问者,经济所从出也。太史公论治曰,"法后王"(本荀子)为其近己而俗变相类,议卑而易行也①。愚以为在今日又宜曰"鉴诸国"。诸国同时并域,独能自致富强,岂非相类而易行之尤大彰明较著者?如以中国之伦常名教为原本,辅以诸国富强之术,不更善之善者哉?②

"法后王"着眼的是时间维度,"鉴诸国"着眼的是空间维度,"法后王"体现的是历史眼光,"鉴诸国"突显的是世界意识。

联系当时社会实际情况,冯桂芬分析学习西方的思想障碍。他认为,洋器不难学,西学不难学,难的是聪明人不肯学,说到底是价值导向、社会风气问题:

夫九州之人,亿万众之心思材力,殚精竭虑于一器,而谓竟无能之者,吾谁欺?惟是输倕之巧至难也,非上知不能为也。圬镘之役至贱也,虽中材不屑为也。愿为者不能为,能为者不屑为,必不合之势矣,此所以让诸夷以独能也。③

现在的对策是,国家应改变对西学人才的使用机制:

重其事,尊其选,特设一科以待能者。宜于通商各口拨款设船炮局,聘夷人数名,招内地善运思者,从受其法,以授众匠,工成与夷制无辨者,赏给举人一体会试。出夷制之上者,赏给进士一体殿试。廪其匠倍蓰,勿令他适。④

他批评科举制度吸引了聪明智巧之士,穷老尽气,消磨于时文、试帖、楷书那些无用之事,这些东西优劣得失无定数,但那些人怎么也不肯改行他就,关键在于国家重视其事。如果国家改变机制,从这些人当中分出一半,让他们从事于制器尚象之途,优则得,劣则失,划然一定,同时仍可以得时文、试帖、楷书之赏,那么,谁不乐于其事呢?假如其人有过人之禀,仍可以余力治文学,讲吏治,那不比捐输所得要好吗?即使与时

① 语出《史记》卷十五,表第三,原文为"传曰法后王,何也?以其近己而俗变相类,议卑而易行也"。
② 冯桂芬:《采西学议》,《校邠庐抗议》,第56—57页。
③ 冯桂芬:《制洋器议》,《校邠庐抗议》,第49—50页。
④ 冯桂芬:《制洋器议》,《校邠庐抗议》,第50页。

文、试帖、楷书比起来，也不是要好得多吗？

冯桂芬的建议中，有一点特别值得注意，就是"特设一科以待能者"。特设一个什么科呢？他在《制洋器议》中没有细论，但是，他在《采西学议》的草稿《设奇材异能科议》中，提出在科举体制中设立一个"奇材异能科"，对于习西学者"三年之后，如有精通奥妙能实见之行事者，由主讲保入奇材异能科，赏给举人"①。这是一个很有创意、很有远见、很是大胆的设想，其特点是在传统的科举体制内加入西学内容，在价值引导机制上为西学输入打开通路。冯桂芬这一创意的高明之处，在于其不打破原有的科举体制，而创辟一新的窗口，为西学的引进、培育、发展提供空间。从社会与文化变革而言，存旧而添新，较之破旧而立新，改革阻力要小得多，成本要低得多。

可惜的是，这一设想后来被他淡化了，在他日后创办的上海同文馆中，也没有付诸实施。此后，光绪元年（1875），礼部奏请考试算学；光绪十年（1884），日后担任浙江学政的进士潘衍桐奏请开设艺学科，所说艺学包括机器、算学、舆图等；光绪十三年（1887），御史陈琇莹奏请开算学科取士；光绪二十三年（1897），贵州学政严修请设经济特科，总理衙门采纳此意见，但没有来得及付诸实施，政变就发生了。到了清末新政时期，光绪二十九年（1903），经济特科终于开设。从光绪元年的算学科，到清末经济特科，其思路都没有超出冯桂芬的"奇材异能科"。

冯桂芬对于采西学的前景非常乐观，他说，中华之聪明智巧，必在诸夷之上，以往因为没有用到这方面，一旦调整过来，上好下甚，风行响应，"当有殊尤异敏，出新意于西法之外者，始则师而法之，继则比而齐之，终则驾而上之。自强之道，实在乎是"。

冯桂芬远举吴国向晋国学习乘车战阵之法然后战胜晋国，赵武灵王改胡服求变法最后战胜胡，近举俄罗斯彼得大帝学习英国，尽得其巧技，国遂勃兴，安南、暹罗等国近来皆能仿造西洋船炮，日本也开始学习西洋，驾火轮船十数遍历西洋，报聘各国，多所要约，诸国知其意，亦许之。冯桂芬感叹说："日本蕞尔国耳，尚知发愤为雄，独我大国，将纳污

---

① 冯桂芬：《设奇材异能科议》，手稿，藏上海社会科学院历史研究所资料室。

含垢以终古哉？"

仿造西洋船炮的主张，并不是冯桂芬的发明，魏源已倡导在前，并有许多具体的建议，丁拱辰还进行了仿造洋枪洋炮的实践①。冯桂芬的贡献在于，他把仿造西洋船炮提到"势"即客观规律来认识：

> 夫世变代嬗，质趋文，拙趋巧，其势然也。时宪之历，钟表、枪炮之器，皆西法也。居今日而据六历以颁朔，修刻漏以稽时，挟弩矢以临戎，曰"吾不用夷礼也"可乎？且用其器，非用其礼也，用之乃所以攘之也。

冯桂芬还说，即使从经费角度来考虑，仿造洋枪洋炮也是合算的：

> 以经费言之，军械之价常十倍，然利钝所分，胜败系之，固当别论。轮船亦然，然彼船则一年而一运，此船则一年而一二十运，移往时盐船、粮船费用改造轮船，即百船已不止千船之用。无事可以运盐转粟，有事可以调兵赴援，呼应奔走无不捷，岂特十倍之利哉？②

冯桂芬批驳了造船不如买船的想法，指出从掌握利器、长远利益考虑，都以仿造洋船为上策：

> 或曰，购船雇人何如？曰，不可。能造、能修、能用，则我之利器也；不能造、不能修、不能用，则仍人之利器也。利器在人手，以之转漕，而一日可令我饥饿；以之运盐，一日可令我食淡；以之涉江海，一日可令我覆溺。仓卒有隙，幡然倒戈，舟中敌国遂为实事。而购值不赀，岁修不赀，赏犒不赀，使令之不便，驾驭之不易，其小焉者也，是尚未如借兵雇船之为愈也。借兵雇船皆暂也，非常也。目前固无隙，故可暂也，日后岂能必无隙？故不可常也。终以自

---

① 丁拱辰（1800—1875），福建晋江（今泉州）人，回族。出身商人家庭。自幼喜兵法，17岁随父赴浙东经商，余时悉心钻研天文。道光十一年（1831）赴阿拉伯、伊朗、菲律宾等地经商，目睹殖民者的罪恶及人民之苦难，毅然弃商，立富国强兵之愿。潜心研究兵器，广收国外先进技艺，著《演炮图说》，仿洋式，自铸大炮40门，献予朝廷，以抗击来犯之英军，深受林则徐、魏源等人赞赏。二十一年（1841），获赐六品官衔，授广东候补县丞。继续从事兵器改进研究，撰《演炮图说辑要》《后编》《西洋军火图编》等军事著作。咸丰年间（1851—1861），奉调制造兵器，授广东知县，仍留原省补用。
② 冯桂芬：《制洋器议》，《校邠庐抗议》，第51页。

造、自修、自用之为无弊也。夫而后内可以荡平区宇,夫而后外可以雄长瀛寰,夫而后可以复本有之强,夫而后可以雪从前之耻,夫而后完然为广运万里地球中第一大国,而正本清源之治,久安长治之规,可从容议也。

最后,冯桂芬把仿造洋器提高到国家安全的战略高度来认识:

> 夫穷兵黩武,非圣人之道,原不必尤而效之。但使我有隐然之威,战可必克也,不战亦可屈人也,而我中华始可自立于天下。不然者,有可自强之道,暴弃之而不知惜;有可雪耻之道,隐忍之而不知所为计。亦不独俄、英、法、米之为虑也,我中华且将为天下万国所鱼肉,何以堪之? 此贾生之所为痛哭流涕者也。

第三节　创办上海同文馆

创办上海同文馆,是冯桂芬在采西学方面所做的最重要工作。

一、倡议设立外语学校

设立外国语言学校,学习外国语言文字,是一个国家自立于世界民族之林的题中应有之义,是任何一个融入世界体系的国家必做之事。但是,近代以前,由于闭关自守,中国虽然有过四译馆(明代称四夷馆),翻译边疆少数民族及邻国语言文字,康熙时候,也曾派人与俄罗斯互习语言文字,但从总体上说,既缺乏这方面的人才,更缺少这方面的机构,特别是对于欧美方面。鸦片战争以后,中国被迫逐渐向世界打开大门。先是广州、厦门、福州、宁波与上海五口通商,然后是沿海北上,沿江西进,通商口岸越开越多,贸易增多,领事设立,租界开辟,内地传教,公使驻京,中外交涉日益纷繁,培养多种外交人才的问题迫切地提了出来。同时,在抵抗外国侵略的过程中,在与外国人的交往中,一些讲求实际的中国官绅也逐步认识到,无论是抵抗外国,还是学习外国,都首先要了解外国,而要了解外国,必须要学习外国语言文字。

还在咸丰九年正月二十四日（1859年2月26日），翰林院编修郭嵩焘就正式向咸丰皇帝提出开设外国语言文字学校的意见。他说，中外交兵议款二十年来，中国情形虚实，外国皆所周知，可是对于外国，中国始终无一人通知夷情，熟悉其语言文字。他认为这很不正常，甚至不如康熙时代。他建议朝廷，饬令两广、两江等地督臣，从其所辖之地，推求通悉外国语言文字之人，资送入京，给之薪米，"使转相传习，亦可以推考诸夷嗜好忌讳"。这是晚清第一次向朝廷提出建立外语学校的主张①。疏上，无下文，当时正值第二次鸦片战争进行之际，朝廷可能还无暇计及于此。

咸丰十年，冯桂芬在《校邠庐抗议》的《采西学议》中，系统提出在广东、上海设立翻译公所的设想。

冯桂芬说，上古三代儒者，未有不博古而兼通今、综上下纵横以为学者也。左史倚相，能读三坟、五典、八索、九丘。九丘就是九州之志。汉代经学家郑康成说，"欲知源流清浊之所处，则循其上下而省之；欲知风化芳臭气泽之所及，则旁行以观之"。孔子作《春秋》，有取于百二十国宝书。这就是说，能读外国语言文字，在古代是很正常的事。现在情况远非三代可比，国与国交往，范围广，速度快，地球九万里，莫非舟车所通、人力所到，而且外国有许多学问，为中国所不知，如算学、重学、视学、光学、化学等，皆得格物至理，舆地书备列百国山川厄塞风土物产，多中人所不及。但是，今儒对外国的了解，远远不够。那班通习西方语言文字的人，无论是通事，还是西方人在中国所办义学培养的学生，在操守、素质方面又太差，不如人意：

> 今之习于夷者曰通事，其人率皆市井佻达游闲，不齿乡里，无所得衣食者始为之。其质鲁，其识浅，其心术又鄙，声色货利之外，不知其他。且其能不过略通夷语，间识夷字，仅知货目数名与俚浅文理而已，安望其留心学问乎？惟彼亦不足于若辈，特设义学，招贫苦童稚，兼习中外文字。不知村童沽竖，颖悟者绝少（余尝于吾乡村塾义塾中物色异敏之士，数十年无所得），而又渐染于夷场习

---

① 台湾"中央研究院"近代史研究所编：《四国新档》，英国档下，1966年，第854页。

气,故所得仍与若辈等。

冯桂芬指出,中外通市 20 年来,西方人学习我语言文字者甚多,特别优异者能读我经史,于我朝章、吏治、舆地、民情类能言之,而中国都护以下之人,对于西方则瞢然无所知,相形之下,能无愧乎?但是,中西往来、交接又是不可避免的,于是乎不得不寄耳目于蠢愚谬妄之通事,以至于词气轻重缓急因转辗传述而失其本指,造成隔阂,以小嫌酿大衅!"驭夷"为今天下第一要政,把国家大事让这些人来经手,"无怪彼己之不知,情伪之不识,议和议战,迄不得其要领,此国家之隐忧也"。

冯桂芬提出,如今欲采西学,宜于广东、上海设一翻译公所,选近郡15 岁以下颖悟文童,倍其廪饩,住院肄业,聘西人课以诸国语言文字,又聘内地名师,课以经史等学,兼习算学。对于学习西学的学生出路,冯桂芬也提出了设想。他说,3 年之后,诸文童于诸国书应口成诵者,许补本学。诸生如有神明变化,能实见之行事者,由通商大臣请赏给举人。这么一来,中国"必有出于夷而转胜于夷者"。这个方法如果行得通,"则习其语言文字者必多,多则必有正人君子通达治体者出其中,然后得其要领而驭之。绥靖边陲,道又在是"。所以,设立翻译公所,实在是国家安危的大事!

在冯桂芬看来,学习西国语言文字,仅仅是向西方学习的第一步,以后可以以此为基础,循序渐进,拾级而上。他说,可以从翻译西书入手,逐步扩展开去,学习西方的有用之学。上海英华书院、墨海书院所藏西书甚多。俄罗斯在道光二十七年送给中国的西书也有千余种,现存放在方略馆,可以"择其有理者译之"。由是而历算之术,而格致之理,而制器尚象之法,兼综条贯,有许多方面。如历法方面,中国现行历法,原本于西方百年前之旧法,而西方已有更精确之新法,现在理应更求新法。机器方面,除了轮船火器,如西人海港刷沙之法,又如农具、织具、百工所需,多用机轮,用力少而成功多,是可资以治生。其他凡有益于国计民生者,都可以取法学习。冯桂芬对海港刷沙之法,特有兴趣,在文章中附笔注明其原理、功用。

这时京师同文馆尚未开办,冯桂芬只是个退职翰林,所提建议既属首创之举，又涉及敏感的中外关系，希求苟安的地方官自然不会采纳。

关于学习西方语言文字的问题，冯桂芬的学生管嗣复比较重视，谈得也比较早。还在咸丰九年正月二十七日，管嗣复就认为：

> 国家之举动设施，每致多左者，由于四裔之情，未能熟悉也。中外语言文字，迥然各别。彼处则设有翻译官员，及教中之教士、神父等，效华言，识汉字，明华之风俗政治，留心中国之山川形胜，勒之成书，以教其国中之民，而中国之能夷言夷字者，类皆无赖、赤贫、愚蠢、寡识之流，于其政事得失、制度沿革，毫不关心。至于中国文士，多鄙之而不与交，于其情性日益隔阂，于其国政民俗，终罔有所知。是以通商十余年来，无一能洞悉其情状，而能发一策以制之。或窥见其弊，而立一说以诋之。询以海外掌故舆地，皆茫然无据。即有一二从其游者，类皆役于饥寒，鲜有远识。于是彼之轻视我中国也日益甚，而中国人士甘为其所藐贱，而莫可如何，则谓中国之无人才也可。

> 西人凡于政事，无论巨细，皆载于新闻纸，诚能得其月报，将所载各条一一译出，月积岁累，渐知其深，则其鬼蜮脏腑无遁情矣。今新约中有以后文移往还，例用英文一条，则此后衙署中办文案者，亦不得不识夷字矣。

> 予以为国家当于西人通商口岸设立译馆数处，凡有士子，愿肄习英文者，听入馆中，以备他日之用。其果精深英文，则令译西国有用之书。西国制造枪炮舟车及测量铅丸所落远近，皆著有专书，苟识其字，则无不可译。诚如此，则夷之性情既悉，夷之技巧亦得矣。将见不十年间，而其效可睹矣。[①]

这段话是管嗣复与王韬说了以后，王韬觉得有价值而记在日记里的。将这段话与冯桂芬《上海设立同文馆议》作一比较，可以看出，《上海设立同文馆议》中的主要意思，在管嗣复这段话中都有了。管嗣复是冯桂芬学生，与冯关系密切，冯在京师、管在上海时，他们信件往来也很

---

① 方行、汤志钧整理：《王韬日记》，第85—86页。

频繁,冯的不少关于西学的信息都是管提供的。由这则资料我们可以悬想,冯桂芬关于设立同文馆的想法,可能在咸丰九年就已经有了,是在管嗣复启发下产生的。

二、筹备建馆

同治元年(1862),总理衙门议设京师同文馆。同年,李鸿章到上海,招聘冯桂芬为幕僚,赞助洋务。冯桂芬写了《上海设立同文馆议》,正式向李鸿章提出了这个建议。

冯桂芬认为,"通商纲领虽在总理衙门,而中外交涉事件则二海口(按指上海和广州)尤多,势不能以八旗学习之人兼顾海口"。他提议,"莫如推广同文馆之法,令上海、广州仿照办理,各为一馆,募近郡年十五岁以下之颖悟诚实文童,聘西人如法教习",以培养适应两大通商海口需要的翻译人才[①]。李鸿章欣然采纳,决定上奏朝廷。从奏折与冯桂芬原撰文基本相似这一点来看,这篇上奏即使不是冯桂芬亲笔草拟的,至少也是以冯的文章作为底本的。

李鸿章的奏折题为《请设外国语言文字学馆折》,写于同治二年正月二十二日。在奏折中,李鸿章详述了在上海设立此类学馆的必要性和具体方案,对学生来源、学习课程、毕业待遇、经费开支等都提出了具体意见。折上,朝廷很快批准[②]。上海同文馆遂破土兴建。

上海同文馆最初拟名是"上海外国语言文字学馆",此名见于李鸿章请设学馆的奏折。其后,在冯桂芬拟定的试办章程中,正式定名为"学习外国语言文字同文馆",简称"上海同文馆"。此名用了四五年,约在同治五年改名"上海广方言馆"[③]。

---

① 冯桂芬:《上海设立同文馆议》,《显志堂稿》卷十,第19页。
② 朝廷在批复中,特地强调所办学校只准学习外国语言文字,"不准西人藉端影射,将天主教暗中传习",要求李鸿章随时稽查,毋令滋弊。见《署南洋通商大臣李札行江海关道》,陈正青整理:《广方言馆全案》,上海古籍出版社1989年版,第109页。
③ 张德彝在《航海述奇》中记载广方言馆:1866年10月8日,"三十日丙辰,阴。应观察约在小东门内广方言馆午酌。此馆系官设,又名贡西文馆,内分三馆。提调额设一员,姓叶名承铣字秋萍;汉教习额设一名;英文教习额设一名,姓黄名达权字平甫,系广东人,能英文,曾往来合众国六载。其肄业生率皆籍隶江南。每月每季皆如北京同文官考试,课卷系道台批阅,皆有奖赏花红。每届三年,择优咨送总署堂考,奏请鼓励"。见张德彝:《航海述奇》,湖南人民出版社1981年版,第145页。

上海同文馆最初设在上海城内旧学宫后，敬业书院之西，总体规划由冯桂芬负责，具体由上海县儒学教谕章安行择地购料，负责筹办。学馆楼阁房廊，制极宏敞。堂中有李鸿章、冯桂芬所书对联。李联是"声教遍中西，六寓同文宣雅化；诵弦宜春秋，四方专对裕通才"。冯联是"九丘能读是良史，一物不知非通儒"①。

上海同文馆开办六年以后（其时已改名上海广方言馆），江海关道涂宗瀛禀准南洋大臣，将学馆移入江南机器制造局。原因是，江南制造局开设翻译馆，与广方言馆事属相类，故归并一处。学馆新址在江南制造局西北隅，同治八年十二月建筑竣工，计楼房、平房共 8 座 74 间，楼上 24 间为翻译馆，楼下及平房 50 间为广方言馆。同治九年初，广方言馆正式迁入新址。这时，冯桂芬早已离开上海，广方言馆的发展已与他没有直接关系了。

上海同文馆设监院一人，后称提调，相当于校长，冯桂芬担任首任监院，其后有章安行、叶承铣等人。学馆设总办董事一人，总管馆中一切事务，三年一换。学馆迁至江南制造局以后，这一职务例由江南制造局总办兼任。馆中设立司事四人，分别管理学生名册、稽查出入、馆中什物和其他杂务。

三、制订章程

上海同文馆创办之初，冯桂芬拟定了《上海初次议设学习外国语言文字同文馆试办章程十二条》。这个章程规定了学馆的办学宗旨、教学方针和教学方法，是上海同文馆的根本法规。这个章程在实际操作过程中，大部分得到落实，也有少量的有所变更。从这些章程中，可以看出冯桂芬的教育思想。现缕述如下：

关于学生来源、人数，章程规定，以年龄在 14 岁以下、资禀颖悟、根器端静之文童充选，自愿住馆肄业，由官绅有品望者保送，取具年貌、籍贯、三代履历，赴监院报名注册，呈送上海道面试，然后择时文之稍通顺者入读。初拟招生 40 人，后来实际上常不满额。同治三年二月开学之

① 《上海格致书院造成》，《万国公报》第 378 卷。

初,仅招到 24 人,到六月,增加到 26 人。

关于教习与教学,章程规定,聘有学问的西人二人为西教习,或住馆或逐日到馆听其自便,每逢房虚星昴日停止。聘近郡举贡生员四人为分教习,分经学、史学、算学、词章四类。学馆原拟聘请一位品学兼优的士绅为总教习,后未果行。章程规定,所有学生,均需学习算学与西文,须逐日讲习。其余经学、史学等,各随其资禀所近分习之,不作硬性规定。西文之重要性自不待言,至于算学,当时人认为它是各门科学的基础,"西人制器尚象之法,皆从算学出,若不通算学,即精熟西文,亦难施之实用"①。同文馆聘请的第一位英文教习是美国人林乐知,系冯桂芬和上海道台应宝时推荐,聘期 6 个月,每星期教 6 个上午,月薪银 125 两。② 6 个月期满后,此教职被留美归国的广东人黄胜取代。首任法文教习是英国人傅兰雅。林乐知系冯桂芬负责聘来。

关于教学、考试方法,章程规定,馆中选派通习西语西文之委员董事四人,常川住馆。每日西教习课读时,四人环坐,传递语言,解释西教习的意思,使学生易于领会。每月初一、十五两天,教习会同考察学生的学习西语西文情况,初八、二十四日课试其他课程,评定次第,三月一送上海道考试,视其优劣,给予奖惩。对西文及所业之文均有进益者,赏银四至八两,以十名为限;对西文茫无通晓者,即行撤换。

关于学生出路,章程规定,肄业学生,三年期满,能一手翻译西书全帙而文理亦斐然成章者,由中西教习知照上海道台,送通商大臣、督抚衙门考验,咨明学政,作为附生。通商、督抚衙门及海关监督需要添设翻译官时,可于其中遴选。其精通西语西文才能出众者,由通商督抚奏保调京考验,授以官职。其不能翻译西书全帙者,作为佾生一体出馆。

关于学生在校待遇及管理,章程规定,学馆向学生提供膏火银每日一钱,以代馆餐。学生住校读书,每月归省不得超过 3 天,病假、事假总共不得超过 100 天,逾期者辞退。馆中供奉大成至圣先师孔子像,每月

①《上海初次议设学习外国语言文字同文馆试办章程十二条》,《广方言馆全案》,第 111 页。
② Knight Biggerstaff:"The Earliest Modern Government Schools in China", *Journal of Modern History*,vol. 36,no. 4(December 1964),p. 160.

朔望,师生全体清晨齐集拈香行礼。

晚清中国共有三所官办外语学校,即京师同文馆、上海广方言馆与广州同文馆,三校之中,无论从外语程度还是造就外交人才来看,均以广方言馆成效最大①,这固然与上海城市特点有关,也与冯桂芬在开创之初就定了很好的章程、有个良好的开端有关。

---

① 见熊月之:《上海广方言馆史略》,唐振常、沈恒春主编:《上海史研究》,学林出版社 1988 年版,第 176—211 页。

第六章　致力减赋

第一节　苏松太重赋由来

由南而北的漕运制度开始于隋唐,北宋、元、明凡首都定在北方的王朝均沿袭其制。清承明制,每年由江苏、浙江、山东、河南、安徽、江西、湖北、湖南征收漕粮和白银,运贮北京、通州各仓,以备皇室食用、王公官员俸米及八旗兵丁口粮之需。其中除白粮外,计漕粮正米 400 万石,耗米 2 352 137 石,合计 6 352 137 石。内除折耗、蠲免、改折、截拨等项外,历年实运到北京、通州的为 300 多万石。① 这些粮食的运输均经南北大运河和专为运输官粮而兴修的漕河,漕运、漕粮之名由此而来。

漕赋包括漕粮与田赋。漕粮与田赋都按亩征税,但是田赋以征银为主,漕粮除例折及因特别事故改折色外,全征实物,大部分征米,小部分征麦豆。田赋普征于各省田亩,漕粮只征于江苏、浙江、山东、河南、安徽、江西、湖北、湖南八省。田赋分上下两忙征收,漕粮则于冬季征收。田赋征收所得,一部分存留地方备用,一部分起运中央,漕粮则起运通州、北京,只在特殊情况下才会截留地方支用。漕粮带征轻赍、席片、竹木等项银两,解交粮道库作为办漕之需。

自南宋以后,特别是明清两代,江南赋税特重。龚自珍诗云:"不论盐铁不筹河,独倚东南涕泪多。国赋三升民一斗,屠牛那不胜栽禾!②"

① 李文治、江太新著:《清代漕运》,中华书局 1995 年版,前言,第 1 页。
② 龚自珍:《己亥杂诗》,《龚自珍全集》,上海人民出版社 1975 年版,第 521 页。

生动地道出了江南赋重的实情。据研究,江南赋重乃系漕粮而非田赋:

> 江浙田赋,无论从科则或征收银饼讲,在长江各省中并不算过重。如再与该地区单位面积产量产值相比,可能比其他地区还轻。漕粮则不然,一是原额科则重,二是加征耗米重。二省漕赋重还表现在全部漕粮中所占的比重。以道光九年征运额计,是年全国额征正米耗米合计 4 522 283 石,其中江南苏松道为 1 579 462 石,占漕运总额的 34.93%;浙江杭嘉湖三府为 860 652 石,占漕运总额的 19.03%。此外有各种附加,有补贴运船的帮费,这种种用费都转加到完漕的粮户身上;加上州县征漕的浮收勒折,粮户完 1 石漕粮要支付 2—4 石米。①

江南各府州县中,又以苏州、松江、太仓所承担的漕赋最重:

> 今天下之不平不均者,莫如苏松太浮赋。上溯之,则比元多三倍,比宋多七倍;旁证之,则比毗连之常州多三倍,比同省之镇江等府多四五倍,比他省多一二十倍不等。以肥硗而论,则江苏一熟不如湖广、江西之再熟,以宽窄而论,则二百四十步为亩有缩无赢,不如他省,或以三百六十步、五百四十步为亩,而赋额独重者,则由于沿袭前代官田租额也。②

苏松太地区的赋税为什么会这么重呢?这是沿袭历史的结果。南宋时,朝廷在太湖区域确定税收,每亩五升,其后籍没蔡京、韩侂胄等庄田为官田。贾似道当国,为增加国家税收,又广买民田为官田。官田租向比民田赋高,有时高出四五倍。官田多则该地区所出赋税必多。明太祖朱元璋平定江南以后,痛恨江南士绅曾经帮助张士诚防守,遂没收一批豪族田地,均按租籍收粮。这又增加了这一地区的赋税总额。明宣德年间,巡抚周忱、知府况钟奏减苏松粮百万石,疏称苏州府秋粮270余万石,其中民粮15余万石,其余均为官粮,可见官粮占了绝大多数。那时,官粮每亩征额有七斗六升,民粮每亩五升,官粮是民粮的十多倍。

---

① 李文治、江太新著:《清代漕运》,前言,第 3 页。
② 李鸿章:《裁减苏松太粮赋浮额折》,顾廷龙、戴逸主编:《李鸿章全集》1,奏议一,安徽教育出版社,2008 年,第 296 页。

嘉靖年间,朝廷令各州县尽括境内官田、民田,衰多益寡,平均分摊定额,苏州府长洲县官田最多,故赋税最重,其他县郡官田递少,故赋税递轻。清代沿袭了这一定额。按照大清户部有关缴纳赋税的规定,官田每亩五升三合五勺,民田每亩三升三合五勺,而到同治年间,长洲等县每亩平均要缴三斗七升,远远超出国家规定的官田赋率。

由此可见,苏松太等地赋税高得出奇,高得极不合理。

第二节　呼吁减赋

自明代以后,这一带地方官不断向朝廷要求减赋。关于裁减漕粮正额,明代江苏巡抚周忱、苏州知府况钟,康熙年间江苏巡抚韩世琦、玛祜、给事中严沆,江宁巡抚慕天颜、汤斌等,都屡次提出,皆格于部议,没有实现。雍正年间,怡贤亲王以"米尚能完、银多逋负",请减银而不及米。乾隆年间,蒋公伊作《流民图》,周梦颜作《苏松财赋考》,皆痛切反映江南重赋问题①。清朝中央政府对于苏松太等地漕粮过重的情况一清二楚,只不过因为事关京师八旗俸米、民食等,难以批准。道光三年(1823),江南发生特大水灾,农业生产遭受严重破坏,此后一直很难恢复,粮户对那么重的漕赋根本无力全完,地方官遂以捏造灾害方式求得减缓,以后逐渐成为惯例,中央政府对此也心知肚明,眼开眼闭。同治以前,江浙地方政府一直这么干,实际上已在暗行减征。②

冯桂芬自称"生长田间",对于因漕赋过重而给苏松太百姓带来的苦难,深有感受。他的母亲家在太仓,即为催科所破。冯母曾对冯桂芬说:"汝他日有言责,此第一事也。"③冯桂芬平时读书之余,特别留心漕赋,当官时凡涉及漕赋者,必求其详,手录成帙,民间苦累,纤悉周知,条议说帖,岁有所作,不下数万言,盖怀欲陈者三十余年④。咸丰三年(1853),他曾就均赋问题一再致书署江苏巡抚许乃钊。

①③ 冯桂芬:《江苏减赋记》,《显志堂稿》卷四,第 6 页。
② 参见李文治、江太新著:《清代漕运》,第 419 页。
④ 冯芳缉、冯芳植:《冯景亭行状》。

冯桂芬在信中称,江苏漕务到咸丰二年,已经岌岌可危,"粤匪内犯,民心稍稍动矣。即如去年,吾苏属江、震二邑,佃户齐心不还租,官无如之何。粮户大半不纳赋,官仍无如之何"。松江府更为厉害,青浦聚众拒捕殴官,南汇火烧仓库,华亭焚烧官船,上海捣毁公廨。考其原因,很重要一点,是此地赋税太重,杂费太多,淋尖、踢斛、样盘米、贴米、水脚费、花户费、验米费、灰印费、筛搧费、廒门费、廒差费,名目繁多,总须实际缴米二石五六斗才能完成一石的指标。那些办漕的刁生劣监、丁胥差役,包完包欠,中饱私囊,为非作歹,"今日发串若干,惟其所取,明日收银若干,惟其所与。今日比某差,明日拘某户,今日具某禀,明日出某示,惟其所使,州县俯首听命,虽上司有所不畏矣"①。漕务当中种种黑幕,"虽神仙不可测识"。冯桂芬建议,整顿漕务,用刑宜峻而立法宜宽。

第三节　减赋成功

咸丰十年(1860)避地上海以后,冯桂芬以减赋事上书曾国藩,得曾首肯。同治元年(1862)春,李鸿章率师到上海,请冯桂芬入幕。冯再提减赋事,称"减赋则关系我桑梓者甚大,福星在上,千载一时,机无可失"②。同治二年,松江知府方传书也提出减赋问题。他向两江总督曾国藩、江苏巡抚李鸿章呈报:兵燹余生,地多荆棘,江左数郡,所载丘墟,"与其借灾暗减,徒开影射之门,不如核实明蠲,庶免冒荒之弊"③。一直留心漕赋问题的吴云,也写信给潘曾玮等人,对苏、松二府漕赋中各种弊端详加陈述。敢于任事的李鸿章,觉得他们所说在理,乃将减赋之事情托给冯桂芬和粮道郭嵩焘办理。

冯桂芬代曾国藩、李鸿章,起草了《请减苏松太浮粮疏》。冯桂芬对此斟酌再三,反复推敲,数易其稿,参考了周梦颜《苏松财赋考》等资料,

---

① 冯桂芬:《与许抚部书》,《显志堂稿》卷五,第36页。
② 冯桂芬:《再启李宫保》,《显志堂稿》卷五,第10页。
③ 李文治、江太新著:《清代漕运》,第419页。

写了十来天才完成,并博访通人,征求了当时在上海的李友琴、邹雨平等人的意见,吴云等人也提供了意见。同治二年五月十二日,曾、李会衔上奏,二十四日抵京。此前,太常寺卿潘祖荫、御使周寿昌等亦先后上疏请减苏松漕粮,朝廷均下部未复,待曾、李等人奏折到京,朝廷当天即颁布上谕,令曾、李二人督饬布政司和粮道设局办理,查明各州县情形,折中议减,并将二人原折和潘祖荫等人的奏折一并交户部核议。

冯桂芬代曾、李所拟疏中,陈述了苏松太赋重的前因后果,强调了减赋的重要性、必要性。疏称,赋税重,如果能完成,那也罢了,但是,现在江南粮户根本无法完成这么重的赋税。一般说来,课吏以催征六七分为上,但是,到明代结束没有人能征至八九分者。康熙十二年(1673),江宁巡抚慕天颜在疏中称“无一官曾经征足,无一县可以完全,无一岁偶能及额”,说的全是事实。其后,承平百余年,海内殷富,为旷古所罕有,故乾隆中年以后办全漕者数十年。到道光三年(1823)大水,元气顿耗,商利减而农利亦减,于是,人民逐渐由富而贫。到道光十三年大水以后,无岁不荒,无县不缓,以国家蠲免旷典,遂为年例。对于州府捏灾,上下皆知,但是,圣主不加斥,户部不加驳,廷臣科道不加纠,为什么呢?“诚以赋重民穷,有不能支持之势。部臣职在守法,自宜一切不问,坚持不减之名,疆臣职在安民,实因万不得已,为此暗减之术”。从道光十一年到咸丰十年,30 年间,除了官垫民欠,得正额高的为七八成,低的仅四成,且呈递减趋势。奏疏称:成案如是,民力如是,积弊之后,大难之余,催科一事,棘手尤倍。疏称:

> 臣等蒿目时艰,悉心筹画,上体宵旰忧民之切,下维军国待用之殷,于万难偏重之中,求两不相妨之道,似宜用以与为取、以损为益之一法,比较历来征收各数,酌近十年之通,改定赋额,不许捏灾,不许挪垫,于虚额则大减,于实征则无减,穷变通久,于此时为正办[①]。

奏疏请求朝廷,“俯准减定苏松太三属粮额,由臣等督饬司道设局,分别

---

① 冯桂芬:《请减苏松太浮粮疏》,《显志堂稿》卷九,第 6 页。

查明各州县情形，以咸丰中较多之七年为准，折中定数，总期与旧额本轻毋庸议减之常、镇二属通融核计，仍得每年起运交仓漕白正耗米一百万石以下，九十万石以上，着为定额。南米丁漕，照例减成办理"。

曾国藩、李鸿章裁减漕粮办法，斟酌最近十年内人民纳税情形，更定新税制。苏松太三府州漕粮原额为 1 458 459 石，请减为 90 万—100 万石。旋经户部议减三分之一，共减米 486 045 石，减后仍征 972 414 石。常、镇二府漕额较轻，李鸿章起初主张不减，后复奏常州、镇江减赋十分之一，户部亦同意。那时，郭嵩焘已调任广东，江苏减赋局的事情由江苏布政使刘郇膏负责，刘的意见与冯桂芬不合，二人在减赋具体意见上争执不下。这一争端，直到同治四年始由曾国藩奏定。经中央核定的减征办法，关于地丁漕项银，不减定额，而减浮收；关于漕粮，苏松太减少三分之一，系按轻重分别递减，原额重者多减，原额轻者少减。李文治先生等据《江苏减赋全案》等资料研究，原征本色漕米，苏州府各县平均减征 37.2%，松江府平均减征 27.3%，太仓州平均减征 33.3%。其中减征比例最高的是长州、元和二县，分别达 43.1% 与 43.6%。[①]

关于冯桂芬与刘郇膏在减赋问题上的分歧，事颇琐细，但从中可以看出冯桂芬在这件事情上付出的心血，也可以看出冯性格中顽强执着的一面。

刘郇膏(1821—1867)，河南泰康人，字松岩，道光二十七年进士，咸丰元年署江苏娄县知县，咸丰八年调任上海知县，同治元年署江苏布政使，三年实授，四年署江苏巡抚，五年以母病故，回籍守制。他以善筹饷著名，在江苏布政使任上，每月要为湘、淮军筹饷银 20 万两。刘郇膏身在官位，职在筹饷，冯桂芬身在乡里，志在纾解民困，因此，在减赋问题上，二人的立场、情感、考虑问题的视角差异很大，屡有分歧。主要有以下三个方面：

其一，在减赋范围、额度上打折扣。按照议定章程，苏松太减赋三分之一，常镇减赋十分之一。当时，江南遭受严重兵燹，经济凋敝，冯桂芬觉得这个幅度还不够，因为在太平天国战争以前的承平年代，苏松太

① 参见李文治、江太新著：《清代漕运》，第 423 页。

每年实际上也不过缴纳七八十万石,现在要缴纳之数超过以前,势不可行,因此,他请求再减去十分之一。他从早到晚反复与李鸿章说,李觉得有理,曾国藩亦以为然,希望速办。刘郇膏作为布政使,在实际操作时,"尽翻原议",从中作梗。他提出,常镇之赋不能减,请求收回成命,苏松太赋不要再减,还有其他一些抵制性的意见。他把自己的意见上报曾国藩、李鸿章,二人皆不以为然,压住不予上报。几个月后,李鸿章带兵到苏州,嘱幕僚处理有关减赋方面的事情,刘郇膏赶到苏州,"争之力,辨之疾,要必诺乃归"。李鸿章"嬉笑怒骂,开说万端,不为动"①。到同治四年,曾国藩采取折中办法,否定了刘的所谓常镇之赋不能减的意见,但同意了刘的其他要求。因此,冯桂芬的苏松太再减赋十分之一的要求没有成功。

其二,清丈问题。赋税是按照土地面积计算的,土地面积的清丈准确与否,直接关系赋税的多少。其时,中国各地土地面积丈量的量具、计算颇不统一。以江南而论,有的土地丈量用的是旧弓,以六尺为一步;有的用的是部颁新弓(简称部弓),以五尺为一步。同一块土地,用旧弓则亩数少,用部弓则亩数多。同治三年,刘郇膏听说民间有人隐瞒土地面积,想通过清丈把隐瞒的土地查出来,以增加赋税。他通过李鸿章让冯桂芬到松江府川沙厅去负责清丈土地。冯桂芬遂赴川沙办理此事。在冯桂芬看来,清丈土地之后,可以核实赋税,潜弭争讼,绝豪强之兼并。因此,他很认真地去办理此事,专门培训了十多名清丈好手。按照《大清会典》户部则例,丈量旧有田亩可以用旧弓,丈量新涨沙田用部弓。从不加重田主负担出发,冯桂芬就用旧弓丈量旧有田亩。谁知,丈量不到一半,刘郇膏突然通知停止,下令撤销清丈机构。原来,他想通过清丈,多算面积,多征赋税,没想到这么一来,不但没多,有的土地经过丈量登记面积比原来还少。

其三,津贴问题。为了多征赋,刘郇膏曾规定无论大小户每石津贴运费钱一千、杂费钱一千。冯桂芬刚刚为减赋事忙得有点眉目,现在凭空又来新的浮收勒折,自然非常愤怒。他与潘遵祁、顾文彬等苏州士

① 冯桂芬:《江苏减赋记》,《显志堂稿》卷四,第9页。

绅,联名致函减赋局员陈庆溥,严厉斥责乱加津贴是"奏加津贴,秕政流毒"。刘郁膏怒不可遏,找到冯桂芬门上,大吵一通。后经李鸿章调停,津贴追加遂中止。①

冯桂芬自称对于减赋之事,心力交瘁。当然,对于朝廷最终批准苏松太减赋以后,冯桂芬还是非常欣慰,对儿子冯芳缉等说:"平生宏誓大愿,于是始了,可慰吾母于地下矣。"②对于此事,十多年后,李鸿章仍给予很高评价:

> 吴中田赋,兵燹之后,民力不支,该绅留心漕赋三十余年,条议说帖,戋然成帙。同治二年,臣等办理苏属减赋,延请该绅参议章程,除绝浮费,务使实惠及民,又议三县租额,请奏定清丈田亩布弓,此数端于朝廷为大政事,于江苏为大利害,该绅精心擘画,次第举行。③

李鸿章并以此事为"吴民至今称道不衰",请求朝廷准许苏州地方为冯桂芬捐建专祠。

李鸿章所说不错,江南人确实记得冯桂芬在减赋方面的功德。比如,光绪十年(1884),苏州人陶煦在《租覈》一书中写道:"吴冯氏桂芬所撰《显志堂集》,其均赋诸篇,暨潘黻庭寿序,有慨乎其言之,盖欲取当时大小户不均之赋而使均,诚厚民之盛心也,乃世顾不道其均赋之善而独以减赋事啧啧不去口何哉?冯氏之拟疏减赋也,反复较计,情词恳恻,得以乞朝廷汪濊之恩,三分减一,皆疏之功也。④"

对于冯桂芬在江南减赋方面所取得的成就,社会评价颇不一致。章太炎曾认为,冯桂芬的努力,好处都被富家大族得去了,而贫苦佃户,并没有得到实际益处。他说:

> 昔者余在苏州,过冯桂芬祠堂,人言同治时,桂芬为郡人减赋,功德甚盛。

---

① 关于清丈土地和反对津贴事,冯桂芬多处述及,见《江苏减赋记》,《显志堂稿》卷四;《再启李宫保》《三启李宫保》《启肃毅伯李公论清丈书》,《显志堂稿》卷五。
② 冯芳缉、冯芳植:《冯景亭行状》。
③ 李鸿章:《冯桂芬建祠片》,《李鸿章全集》第二册,第834页。
④ 陶煦:《租覈》,清光绪二十一年活字印本。

余尝闻:苏州围田皆在世族,大者连阡陌。农夫占田寡,而为佣耕。其收租税,亩钱三千以上。有阙乏,即束缚诣吏,榜笞与逋赋等。桂芬特为世族减赋,顾勿为农人减租,其泽格矣。

荀悦言汉世田制:"官收百一之税,而民输豪强太半之赋。官家之惠优于三代,豪强之暴酷于亡秦。是以惠不下通,而威福分于豪民。今不正其本,务言复除,适足以资富强也。"

桂芬于苏州,仕宦为达,诸世族皆姻娅,通门籍。编户百万,号呼之声,未彻于耳,将厚薄殊邪? 其闻立祠堂,宦学者为请之。农夫入其庭庑,而后知报功也。[1]

章太炎所说不无道理,因为普遍减赋的结果,其首先获益的必然是富家大族,土地越多获益必然越多。但是,如果说贫民、佃户完全得不到益处,也不尽然,更不合乎逻辑。按照本书前文所述及的均赋的情况看,赋税越重,贫民、佃户负担就越重,因为富家大族能够想到的避税、逃税的办法比较多,而贫民、佃户则无处可避可逃。普遍减赋,贫民、佃户还是可以分享到减赋的益处的。当然,尽管减赋,贫富差别依然存在,并不是说减赋的益处都能落到贫民、佃户的身上。

---

① 章太炎:《定版籍》,朱维铮、姜义华编注:《章太炎选集》(注释本),上海人民出版社 1981 年版,第269 页。

第七章　苏州:晚岁余辉

第一节　修废举坠

同治二年(1863)冬,清政府恢复在苏州的统治。翌年秋,冯桂芬从上海回到苏州。①

新桥巷的老宅,因久无人住,庭院里已是苔痕满阶,野蒿遍地,室内的家具倒还是旧时模样。逃难四年期间,冯桂芬四个孙子死了两个,相依为命的妻子黄氏也在客居上海的时候去世了。风物依旧,人事已非,冯桂芬不胜唏嘘。

冯桂芬本来身体就不太好,因均赋问题遭人诬陷以后,心情抑郁,身体越发不好。他回到苏州以后,主要在家读书、养身,也适当参加一些社会活动。这时,他的好友顾文彬、潘遵祁、潘曾玮等人也相继回到苏州,吴云也移居苏州,键户养疴。诸人或老或病或忙,相聚机会不是很多,但或有故友路经苏州,或因有事相商,也会偶尔一聚。

同治五年冬,冯桂芬以风疾频作,城中酬应烦苦,遂买屋灵岩山下木渎镇,挈家居住那里。

木渎是江南著名古镇,已有两千多年历史。相传春秋末年,吴王夫差为美女西施在挺拔秀逸的灵岩山顶造馆,"三年聚材,五年乃成"。当时运输以水路为主,大批木材源源而至,堵塞了这一带的河流港渎,"积

---

① 冯桂芬返回苏州的时间,据冯桂芬《六烈祠记》内云,庚申年离开苏州后,"越四年,苏州复,余返城",《显志堂稿》卷三,第24页。

木塞渎",木渎由此得名。三国时期,木渎已沿胥江两岸形成集镇。北宋时设木渎镇,成为苏州城西各乡镇的中心。至明代,木渎已是三吴重镇,为吴西群山和太湖的门户,清康熙皇帝南巡和乾隆皇帝六下江南,这里是必临之所。清人徐扬绘有《盛世滋生图》,反映当时姑苏繁华风貌,木渎部分约占全卷的二分之一,由此可见木渎作为苏州阊门外最大商埠的盛况。胥江和香溪,贯穿木渎镇。胥江,吴越春秋时伍子胥率兵开凿,是一条人工运河,全长四百多里。香溪,相传西施常在此洗妆沐浴使满河生香而名。英雄与美人的故事,令这两条小河平添许多人文意蕴,使两岸的山塘、下塘、西街、中市街等木渎老街,笼上了一袭历史的轻纱,显得幽雅而神秘。民宅或临街,或枕河,一派安恬静谧的气象。清代诗人徐永龄有诗咏道:

> 满塘榆荫密葱茏,似锁溪桥路不通。门后青山门外水,人家都在绿荫中。①

木渎古镇地灵人杰,历代名人层出不穷。自宋代大中祥符八年至清末,共出进士 23 名,举人 20 名。在冯桂芬以前,在这里出生或在这里活动过的历史名人有范仲淹、袁遇昌、朱碧山、陆子冈、吴宽、汪琬、叶燮、沈德潜、毕沅。冯桂芬晚年选择木渎,就是看中这里的幽静雅致,有丰富的文化历史。

在木渎,冯桂芬购得乾隆年间著名诗人沈德潜旧宅,易名为"校邠庐"②。此宅风景极为清幽,沈德潜曾有诗咏之:

> 白云护山村,红叶隐茅屋。门前跨板桥,户后罗修竹。牛闲扎道旁,磨痒向古木。是时秋风高,霜重粳稻熟。老农颜色喜,早晚食新谷。惟苦欠文墨,举动成鄙俗。

晚年在苏州,冯桂芬多次被人举荐,朝廷也有意发挥他的作用,都被他婉言谢绝。同治四年,安徽巡抚乔松年荐举冯桂芬,谓其性情方正,不为苟同,品学兼优,才堪干济,若内而试以卿寺,外而试以两

① 徐永龄:《香溪杂咏山塘榆荫》,周菊坤:《木渎》,古吴轩出版社 1998 年版,第 149 页。
② 潘起苍:《近代改革家冯桂芬》,政协江苏省吴县文史资料征集整理委员会编:《吴县文史资料》二,1985 年。

司,必能卓越寻常,有所建树。李鸿章也力荐冯桂芬,谓其识略宏通,学有本源,在江苏绅士固不多得,即近时词臣,似亦罕有。冯桂芬均辞不就。

在苏州期间,冯桂芬不断得到朝廷加封赏赐。同治六年,李鸿章以苏松太三属办团练善后出力人员保奏,冯桂芬被加四品衔。同治九年,经李鸿章片奏,冯桂芬被破格赏三品衔。同治十一年,冯桂芬被朝廷加一级纪录三次。冯曾以不获追封三代为憾,得赏加三品衔以后,冯欣然对儿子冯芳缉等说"此愿庶可偿矣",于是循例加级,三代皆受一品封。

在苏州期间,冯桂芬作为地方著名士绅,力所能及地为乡里做了些公益之事。

兵燹之后的苏州,满目凄凉,城破、路坏、人穷,社会秩序混乱,修废举坠,事事孔亟,苏州知府及同郡诸绅,很多事情都来询问冯桂芬。冯虽衰病,但力任其事,包括疏浚河道、修葺祠宇、减租积谷、恤嫠等。

其一,重修苏州府学。苏州府学,创建于宋代,为范仲淹所创,以后屡毁屡建,乾隆时修葺一新。咸丰十年太平军占领苏州以后,府学仅存大成殿栋梁,其余均被毁。重修工作由冯桂芬、潘曾玮、顾文彬等负责,历时五年完成。①

其二,修建苏州试院。苏州试院是科举考试的地方。江南平定以后,流散到上海等地的士绅陆续回到原地,科举考试的事情又受到重视。苏州府试院的事,让冯桂芬、薛君书负责。冯等相地,得定慧寺东旧址,已有民居两百多椽。同治三年七月动工,十月落成。为屋共一百六十余椽,费钱一万八千缗。新修好的试院,门庭、堂寝、廪庖,高低、广狭、多寡一准松江式样,惟东西庑为七十椽,考试用桌仍旧时尺寸,只是改十二人坐为八人坐。苏州以前科举考试,曾因院小人多,而要考生自带桌凳,经此修建,大胜于前,考生再也不用自带桌凳了。②

其三,主讲正谊书院。同治三年,冯桂芬担任正谊书院山长。

正谊书院是苏州著名书院之一,冯桂芬先前在这里读过书。太平天国军队占领苏州后被毁。咸丰十年,苏州建有沧浪讲舍,原定延请冯

① 丁日昌:《重修苏州府学后记》,冯桂芬纂:《苏州府志》卷二十五,学校一。
② 李鸿章:《苏州试院记》,《李鸿章全集》第九册,海南出版社 1997 年版,第 4747—4751 页。

桂芬主持,落成以后,即将开张,太平军战火烧到苏州,事遂中止。战争结束以后,便将沧浪讲舍改为正谊书院,改课经解古学。江苏巡抚李鸿章通知有关部门筹银 12 000 两,以 10 000 两置田,以田地之岁租为修脯膏火来源,其余款项用于购屋、置办家具。书院由顾文彬董理,讲席由冯桂芬主持。其法损益金陵惜阴书舍旧章,参用湖南岳麓、城南等书院的办法,招学生住院肄业,以年龄较大者一人为斋长,帮助管理学生。① 冯桂芬主持正谊书院三年,其学生有吴大澂、王颂蔚、叶昌炽、袁宝璜等著名人物。其中,吴大澂为同治七年进士,后为清流派翘楚,著名学者。洪钧是同治七年状元,名满天下。王颂蔚、叶昌炽、袁宝璜三人均中了进士,有"苏州三才子"之誉。②

　　冯桂芬在正谊书院教书时,还培育了一名私淑弟子何镛。何镛(1841—1894),字桂笙,别署高昌寒食生。浙江绍兴人。幼年时有神童之誉,曾考取秀才。青年时代遭逢太平天国起义,为避战祸而颠沛流离。清同治九年起,在苏州担任家庭教师,授课之余,曾参与正谊书院课艺,得到冯桂芬的热情指点。他日后在上海参与《申报》笔政,一度实际担任总编辑,为上海著名报人。著有《劫火纪焚》《红楼梦题名录》《齿录》等。何镛记述:

　　　　镛于先生私淑者盖已有年,庚午辛未壬申癸酉馆于苏者四年,于苏城书院皆曾肄业。时先生为正谊书院掌教,专考经古杂作,镛因是蒙先生青睐,有所疑,辄就缴卷时,附寸纸请问,先生无不裁答,而且雅爱殷拳,见乎楮墨。卒以所居窎远,不得一见颜色,而书问之往来,则此四年中,靡月不有。虽不一往,先生终不见屏也。③

　　何镛对于冯桂芬怀有深深的感激之情,所以,在《显志堂文集》出版后,专门撰文,刊于《申报》,予以誉扬。他认为,"夫先生学问上达九重,下垂百世,以第二人登第,叠主文衡,比其身后,请建专祠,入祀乡贤,均经绅者禀,谓督抚奏陈,奉旨允准,馨香奕世,俎豆千秋,其所以食报于

① 冯桂芬:《改建正谊书院记(代)》,《显志堂稿》卷三,第 11 页。《李鸿章全集》第九册,海南出版社 1997 年版,第 4753—4757 页。
② 参见周菊坤:《冯桂芬传》,第 139 页。
③ 何镛:《跋〈显志堂文集〉》,《申报》1891 年 1 月 5 日,第 1 版。

稽古中者,且不足深异"。①

其四,修六烈祠。六烈祠是为纪念苏州被太平军占领以后自杀身亡的六个女人而修建的。祠在冯桂芬家新桥巷之西迤北,清净庵旧址,北临柳贞浜。六人为比丘尼慧修,慧修的徒弟志远、通喜、银福、金福,信仰佛教的民妇曹氏。咸丰十年四月,太平军占领苏州以后,居住在清净庵的六人以担心受辱,依年龄长幼,最大的 60 岁,最小的 7 岁,从容投水而死,至为壮烈。同治三年,冯桂芬从上海回到苏州,听邻居说起此事,很为感动,称赞他们成仁取义、当机能断、临难从容、大义凛然。冯桂芬请求有关当局予以旌典,并从自己所筹划的安节局经费中,拿出 212 缗钱,将已屋坍墙倾的清净庵改建为六烈祠,供奉栗主,又集合同志捐钱 1200 缗,购地建屋 20 楹,收养那些生活无助的寡妇。②

此外,冯桂芬偶尔也会从木渎到苏州城里,参与一些公务和私人事宜。同治九年正月十六日,冯桂芬进苏州城,至育婴堂,与顾文彬会晤③。同治十年正月廿二日,冯桂芬从木渎至胥门,会晤顾文彬④。

第二节　主纂《苏州府志》

编修《苏州府志》,是冯桂芬晚年一项重要工作。

同治八年(1869),苏州知府李铭皖延请冯桂芬编修《苏州府志》⑤。聘请地方有名望的大儒领衔编修地方志,是传统时代惯例。冯桂芬文名满天下,又与苏州知府李铭皖为同年进士,因此,李聘冯主其事,是再合适不过的。

---

① 何镛:《跋〈显志堂文集〉》,《申报》1891 年 1 月 5 日,第 1 版。

② 冯桂芬:《六烈祠记》,《显志堂稿》卷三,第 24—25 页。

③ 顾文彬:《过云楼日记》(点校本),苏州市档案局(馆)、苏州市过云楼文化研究会编,文汇出版社 2015 年版,第 297 页。

④ 顾文彬:《过云楼日记》(点校本),苏州市档案局(馆)、苏州市过云楼文化研究会编,第 93 页。

⑤ 李铭皖(1815—1879),字薇生,河南夏邑人,道光十五年中举,道光二十年中进士,历任刑部广西司主事、江苏松江府、苏州府知府、湖北安襄郧荆道等职,卒于任内。

当时,冯桂芬体弱多病,因此,他对此书的贡献,主要是指导性的。

其一,制定体例。此前,苏州地方志已修过多部,自从南宋范成大的《吴郡志》、明代卢熊的《苏州府志》、王鏊的《姑苏志》后,惟乾隆时郡守所修为最善,所以,冯修志体例悉遵乾隆志。苏州志分150卷,33门,人物不强判标题,而分县排列,人物传记以正史为主,参考其他资料,田赋科则,统排为表,使阅者一目了然,艺文、冢墓,必加以考证,贞孝节烈则广为搜罗。旧志所附之图,粗存大略方位,但不精确,咸丰初年曾用新法履地实测,成九邑全图,现在用新图的缩图。旧志将寺观分为二门,此志将其合并,以就简要。道光志在艺文之外,别列集文、集诗,此志将其分系各门之下,不再单列。"凡此皆审慎精严,独具手眼,诚足以匡文体、翊史裁,媲美于范、卢、王三志者也"①。

其二,聘请编修人选。冯桂芬自任总纂,李铭皖等前后四任苏州知府为提调,聘请叶昌炽、管礼耕、王颂蔚、潘锡爵、钱荣高、柳商贤、徐敦仁、赵钧、胡元瀗、雷浚、张瑛、熊其英、施绍书、李龄涛、郭文标、徐诵芬、廷栋等17人为分纂;并有采访11人,柳商贤、府晋蕃、施绍书、张瑛、沈清范、黄礼让、袁宝璜、管礼耕、潘世淞、周询卿、叶昌炽,其中叶昌炽、管礼耕、柳商贤、张瑛、施绍书五人同时兼任分纂与采访之责。分纂中相当一部分人如柳商贤、叶昌炽等,都是冯桂芬的弟子。②

其三,对志书内容求真务实。叶昌炽记载,修志过程中,冯桂芬特别要求编写人员下乡采访,进行实地调查,所采访的内容,包括道里、桥梁、坛庙、寺观、坊表、金石等,靡不一一考证。他们根据采访、调查所得的资料,与旧志进行对照、研究。在对照过程中,冯桂芬发现,新的资料与旧志星纪图岁差度数不合,要求叶昌炽等人对志书相关数据进行修正,以新的资料为准。然而,关于仪象岁差之类知识,恰为叶昌炽等人知识短板,一头雾水,难以刊正。冯桂芬只得"亲自校正"。年轻人的知识反而不及老一辈渊博,叶昌炽深感惭愧,"一物不知,儒者之耻,能无汗颜"。③

① 李铭皖:《重修苏州府志序》,冯桂芬纂:《苏州府志》前附。
② 叶昌炽:《缘督庐日记抄》,辛未年,王季烈辑,上海蟫隐庐1933年石印本,第7页。
③ 叶昌炽:《缘督庐日记抄》,辛未年孟夏二十六日,第9页。

修志工作于同治八年开局,十三年夏志稿粗具时,冯桂芬病逝,剩下的工作由各位分纂继续完成。冯桂芬儿子芳缉、芳植主持其事,两年后完成,光绪九年(1883)出版。

第三节　死备哀荣

冯桂芬是身体单薄之人,自幼多病,青年时代好些,中年以后又时常生病,自咸丰十年离乱以后,颠沛流离,气血渐亏,旧疾时作。医家谓思虑伤脾所致,不宜用心,但冯桂芬素喜操劳,以修订郡志,竭虑殚心,又月校书院课艺,公私往来书翰,多出手裁,几于日不暇给。身体终于难以支撑。从同治十三年二月开始,病势逐渐沉重,先是偶患腹泻,旋即平复。到三月中旬,又患吐泻,胸膈时时隐隐作痛,饮食递减,然犹坐起如常,不废笔墨。四月五日,喘促陡作,进人参及养阴之品,喘得渐止。

同治十三年四月十三日(1874年5月28日),凌晨,冯桂芬去世,享年66岁。

同治十三年十一月二十一日,冯桂芬与其妻黄氏合葬于吴县二十一都八图阳甲字圩北祝坞。

冯桂芬的墓志铭由直隶总督、武英殿大学士李鸿章撰写,其铭最后综合评价冯桂芬:

> 江南文献,先帝儒臣,众望是资。均赋治河,运筹决胜,条变画奇,舒古琳今,龄谋晦断,一身兼之。不荣于禄,而富于书,浩博无涯,我铭藏幽,君书在世,其传奚疑。①

冯桂芬是苏州名人,是培养了许多学生的一方大儒,是学术渊博、思想深邃的思想家,是为江南减赋建有奇勋的大功臣。对于他的去世,

---

① 李鸿章:《三品衔詹事府右春坊右中允冯君墓志铭》,《李鸿章全集》第九册,海南出版社1997年版,第4643—4649页。龄谋晦断,成语,唐太宗时,名相房玄龄多谋,杜如晦善断,两人同心济谋,传为美谈。语出《旧唐书·房玄龄杜如晦传论》。这里称赞冯桂芬既善谋划又善决断。

他的家人、学生、朋友，熟悉他的士绅、百姓，都很悲痛。人们以多种形式纪念他。

获悉冯桂芬逝世的信息，他的好友、时任浙江宁绍台道的顾文彬，特地从宁波寄上挽联，表达哀思。联云：

> 文社共驰驱，邀我同居，赁庑曾经三度约；
> 交情深患难，附君不朽，乞师嘱草万言书。[1]

他在日记中解释这副挽联的含义："余与林一三次同居，第一次在申衙前孙宅，第二次在铁瓶巷，第三次在京师西河沿，上联指此；同治元年，余与林一同避兵上海，余首创乞师于曾文正之议，嘱林一代草信稿，下联指此。余与林一交情一言难尽，此特举其大者言之耳。"[2]

冯桂芬的好友、曾任苏州紫阳书院山长的俞樾亦以挽联寄托哀思：

> 官允以庚子第二人及第，迁中允后即乞归，优游林下，潜心著述，物望甚隆，又善治生。今年夏以老病终，时方修《苏州府志》未竟，深为三吴文献惜之。

> 富贵寿考重以科名算海内知交都无此福；
> 儒林文艺兼之经济叹吴中耆旧顿失斯人。[3]

与冯桂芬一同致力减赋、一同南奔北走、一同借洋兵、乞援兵的潘曾玮，更是悲痛莫名，其挽联云：

> 通家交谊最情亲卅五年之久端赖师资长期寿世寿身南面百城拥万卷，
> 翰院文章推杰出十六科以来罕有伦比特举公才公望西平一表足千秋。[4]

他的一位姓潘的学生的挽联，概括了冯桂芬的一生事功与学问：

> 耆宿重东南，十年来，建策迎师上书减赋，息议治河，薄海尽蒙

① 顾文彬：《过云楼日记》（点校本），苏州市档案局（馆）、苏州市过云楼文化研究会编，第 297 页。
② 顾文彬：《过云楼日记》（点校本），苏州市档案局（馆）、苏州市过云楼文化研究会编，第 298 页。
③ 俞樾：《春在堂楹联录存》一，文海出版社 1982 年版，第 18 页。
④ 潘曾玮：《自镜斋文钞》，光绪十三年木刻本，第 16 页。

麻,论圣世中兴端合元勋归国老;

斯文绵纯绪,一室内,羽翼经传乐育人材,扶持名教,高风谁继起,仰大儒硕望不须私谥定门生。①

同年十一月十二日,李鸿章应苏州士绅潘遵祁等人之求,奏请在苏州为冯桂芬建立专祠,折中缕列冯桂芬的功绩:

力学砥行,洞贯古今,清介自持,尤究心经世之学,由进士授职编修,升授中允,因病乞归。旋值粤匪窜陷苏省,东南大局全恃沪渎一隅。贼氛近逼,屡濒危险,该绅先谋设会防局,襄筹防剿,继定入皖乞援之策,手草函稿数千言,沥陈危急情形与用兵先后机宜。迫臣统军来沪,复襄筹军务,多所赞决。吴中田赋,兵燹之后,民力不支,该绅留心漕赋三十余年,条议说帖,哀然成帙。同治二年,臣等办理苏属减赋,延请该绅参议章程,除绝浮费,务使实惠及民,又议三县租额,请奏定清丈田亩布弓,此数端于朝廷为大政事,于江苏为大利害,该绅精心擘画,次第举行。至若兴水利,端士习,掩埋栖流,积谷恤嫠诸务,苏垣新复,皆赖经营。凡民间利病,知无不言,心力交瘁,叠经保荐,以衰病不能赴召。本年四月在籍病故,不特绅等咨嗟愧惜,即合城士民,亦无不同声伤悼。②

所请获得朝廷批准。

冯桂芬祠位于临顿路史家巷。光绪三年四月二十五日(1877 年 6 月 6 日),冯桂芬正式入祠,"是日从而瞻拜者,皆跄跄济济颇形热闹,于以知先生之德泽长矣"③。堂内有左宗棠撰并书《中允冯君景庭家传》碑。内云:

士之有意用世者,盖欲行其志焉,而行之有难易,成之有迟速,则时为之。使君于大臣论荐时,遘膺重寄,固宜大有设施,然时会未值,议论或足以害其成,未可知也。观君所为,如雷霆之乘风载

① 《挽联佳句》,《申报》1876 年 6 月 7 日,第 4 版。
② 李鸿章:《冯桂芬建祠片》,《李鸿章全集》第二册,海南出版社 1997 年版,第 834 页。
③ 《乡贤入祠》,《申报》1877 年 6 月 12 日,第 2 版。

响,霖雨之因云洒润也,事成而神功亦敛如此。语曰:识时务者在于俊杰,谅哉!①

这是一个有事功者对有识见者的评价,也是一个担当大任者对未担大任者的惋惜。

---

① 左宗棠:《中允冯君景庭家传》,载冯桂芬:《显志堂稿》前附。

第八章 治学、治生与为人

第一节 渊博学问

冯桂芬学问渊博，除了世人熟知的经世之学，他在小学、数学、天文学诸方面，均很有造诣。

小学方面，他曾想就字书体例，逐字广列古训为一书，搜辑数载，拟编《本字考》，未成。曾得影宋本徐锴《说文解字韵谱》[①]，大喜过望，与同乡顾瑞清、江宁龚丙孙等作校勘记，尚未完成而太平军事起，稿失其大半。

冯桂芬在小学方面最重要的贡献是作《说文解字段注考正》。

《说文解字》是东汉学者许慎的名著，凡 15 卷，今本每卷各分上下，共 30 卷，收篆文字头 9 353 字，另收重文 1 163 字，书中据形系联，分别部居，搜讨字原，析其结构，溯其本义，被公认为中国最早的有系统的文字学著作。以后历唐宋元明几乎两千

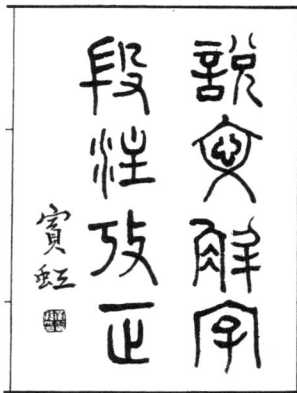

《说文解字段注考正》题名页

---

① 徐锴（920—974），字楚金，广陵人。仕南唐，为秘书累官内史舍人。自幼聪颖，酷嗜读书，博闻强识，精研小学，与其兄徐铉皆名重于江东，世称"二徐"。徐锴著有《系传》《说文解字韵谱》等。

年，少有羽翼发明耳目之作，到了清代，小学大受重视，《说文解字》注家蜂起，臻于极盛。丁福保纂《说文诂林》700 卷①，收关于说文的书 160 余种，其中清代学者的著作占了十分之九。在众多的说文著作中，段玉裁的《说文解字》注，体大思精，征引浩博，成就最高，影响最广。但是，在冯桂芬看来，此书也还存在不少瑕疵，实有加以考求、订正的必要，因此写了《说文解字段注考正》。书成，冯桂芬不知什么原因没有发表，而是藏诸家中。冯桂芬去世半个世纪以后，其曾孙冯泽涵将书稿拿出，由马适斋、高燮、高潜庐、丁福保、姚石子等相助，于 1928 年影印出版。

《说文解字段注考正》（以下简称《考正》）凡 15 卷 531 页，正文分为甲、乙、丙、丁、戊、己、庚、辛八册，封面标为金、石、丝、竹、匏、土、革、木八册，前有冯泽涵好友高燮序言②，介绍了此书的出版缘起，后有冯泽涵跋语。《考正》各卷所考正字的顺序，一依段注。

细察《考正》，冯桂芬的学术贡献主要有五：

其一，考订段注所引许书版本，厘清大小徐本。许慎《说文解字》在东汉书成以后，以写本流传于世，至唐肃宗乾元年间，赵郡人李阳冰刊定《说文解字》为 30 卷，将许慎文字多有篡改，而许慎原书已不可见。南唐时，广陵人徐锴作《说文解字系传》40 卷，仍主许说而反对李说，世称"小徐本"，前 30 卷对《说文解字》作了通释，这是《说文解字》第一个注释本。五代宋太宗雍熙三年（986），徐锴之兄徐铉等人奉诏校订《说文解字》，纠正了一些脱误，加了 402 个见于其他典籍而许慎未收的字，书成，世称"大徐本"。段玉裁之书，引用许慎原书文字，大半依据大徐本，间或引用小徐本，也有引用其他书而未注明者，冯桂芬一一予以考

① 丁福保（1874—1952 年），近代著名学者，字仲祜，号畴隐居士。江苏无锡人，光绪二十一年（1895）肄业于江阴南菁书院，次年考取秀才，后随华蘅芳学数学，编撰《算学书目提要》。鉴于自己身体多病，改习医学，创办丁氏医院、医学书局，先后编译出版近 80 种国内外医学书籍，合称《丁氏医学丛书》。他学术研究领域极广，精研佛学，编有《佛学大辞典》。钻研《说文解字》，历时 30 年，汇集众多注释和研究《说文解字》的著作，以许慎的原书次序为纲，编辑成《说文解字诂林》，具有查阅一字而各家论说齐备的功用，于 1928 年出版。后继续汇集有关《说文解字》的其他 46 种论述，于 1931 年编印《说文解字诂林补遗》，并编写了《六书正义》《说文钥》等数种文字学的著作。
② 高燮（1878—1958），江苏金山人，名燮，字时若、吹万，又号寒隐、志攘、黄天等。室名吹万楼。南社成员。早年勤于治学，受业于同邑名儒顾莲芳。1903 年起，在金山出版《觉民》月刊，宣传民族主义思想。1906 年，与柳亚子、田桐等创办《复报》月刊。曾主持国学商兑会和寒隐社，刊行《国学丛选》。著有《诗经目录》《感旧漫录》《思治集》《国学丛选》等。

订、补注。比如，卷一上"一"字，《说文解字》正文解释"惟初大极，道立于一"，段注对此未加说明，冯桂芬在《考正》中指出，"极"，铉作"始"，此从错。说明段注在此处的文字，依据的不是大徐本，而是小徐本。再如，卷三上"千"字，《说文解字》正文解释"十百也，从十，人声"。冯桂芬在《考正》指出，"人声"，铉作"从人"，此从错。卷七上"精"字，《说文解字》正文解释"择米也"。《考正》说明：小徐本原作"精，择也"，段注依据的是大徐本。这样，《考正》便将《段注》所依据的大、小徐本一一考订清楚了。

其二，详考、注明段文引用资料出处。段玉裁之书，征引书籍时，均不注卷数、篇名。《考正》一一予以考证、补注。比如，"一"字，段玉裁在注文中写道："《汉书》曰：元元本本，数始于一。"段注没有注明是《汉书》哪一篇，这不便于学者查考原书。《考正》则注明，此语见《叙传述律历志第一》。再如，卷三上"讷"字，段注"《论语》：君子欲讷于言而敏于行"，没有注明是《论语》哪一篇，《考正》则注明，此字见于《论语》的《里仁》篇。

其三，订正段注在引别书时的删节、改窜之处。段注在征引别书时，间有删节、改窜之处，冯桂芬认为不妥，一一予以订正。比如，卷十三上"蜃"字，段注为：罗氏愿曰，《月令》九月雀入大水为蛤，十月雉入大水为蜃。冯桂芬《考正》说，罗愿这段话出于《尔雅翼》卷三十一释鱼四，其原文是"雀入淮为蛤，雉入海为蜃"，罗氏的出处是《夏小正》，而在《夏小正》中，"淮""海"二字因为传写而讹，段玉裁又据讹而强改，因此造成错误。冯桂芬在《考正》中列出其所依据的文献资料，包括《礼记》《国语》等，都有"雀入淮为蛤，雉入海为蜃"的出典。

其四，补充段注的释文。这部分内容，占《考正》一书相当大的篇幅。如卷九下"豸"字，段注征引了《上林赋》《西京赋》等出处，冯桂芬又补充了《左传》《方言》等书中用到"豸"的详细情况。

其五，段书在征引别书告一段落时，无终止符号，再接着叙述，往往会导致讹误。冯创一间隔符号"乁"，予以隔开，以清眉目。

冯桂芬撰《说文解字段注考正》，是研究段注《说文解字》的重要著作，他自己没有说明花了多少年的时间，但是，从其征引之广博，考证之仔细，几乎每字必校，每字必考，每字必补，在那还没有索引、引得之类工具书出现之前，那要耗费多少精力！清代说文学的研究成果，相当繁富，有毕沅的《说文旧音》，姚文田、严可均的《说文校议》，钱大昕答、薛传均疏证的《说文答问疏证》，钮匪石的《段氏说文注订》，徐谢山著《说文段注匡谬》，王绍兰著《说文段注订补》，桂馥《说文解字义证》，王筠《说文释例》，朱骏声《说文通训定声》，冯桂芬在这起点极高的领域，不畏艰难，字校句考，广征博引，成此巨著，实属难得。

冯泽涵跋语称冯桂芬《说文解字段注考正》，对冯桂芬来说"尤为心力所萃，所见盖有出于钮、徐诸家之外者，实许氏之功臣而段氏之诤友也"①。

《说文解字》是读书人治学解字的重要工具书，但部首过多，难查难检，于是出现了多部关于《说文解字》的部首韵语的书，诸如章太炎的《说文部首均语》、李天根的《说文部首韵语》等。冯桂芬的《说文部首歌》是其中较早且有代表性的一部。

《说文部首歌》以《说文解字》14 卷 540 个部首原文为基础，不改变其顺序，以七言句式添加衬字，编为韵语，成为部首助记歌诀。② 全歌朗朗上口，容易记诵与检寻。比如，开头六句③：

一上示三王玉同，

珏气士丨居其中。

屮艸蓐茻一下全，

小八采半牛犛逢。

告口凵吅哭走从，

止癶步此相追踪。

前两句所收部首，在一上部，凡十部，其顺序是一、上、示、三、王、玉、珏、气、士、丨；第三句所收部首在一下部，分四部，即屮、艸、蓐、茻；第四、五、六句所收，都在二上部，小、八、采、半、牛、犛、告、口、凵、吅、哭、走、止、癶、步、此，是部首名称与顺序。第二、四、六句押韵，六句合

① 冯泽涵：《说文解字段注考正》跋语，《说文解字段注考正》，1928 年影印本。
② 李隼：《榘斅集》，《李隼文集》第一编，辽宁大学出版社 2017 年版，第 410 页。
③ 冯桂芬：《说文部首歌》，《说文部首歌一卷》，校邠庐逸笺本。

起来就是一首诗。记住这六句诗,《说文解字》的一上、一下与二上部的部首名称与顺序,就背出来了。这为检索字义提供了方便。其中,丄,读 shàng,同上;丨,读 gǔn,意为上下相通;屮,读 chè,意为草木刚长出来;艸,读 cǎo,同草;茻,读 mǎng,丛草;釆,读 biàn,"辨"的古字,象形字,模拟兽爪留下的印迹,引申为分辨,此字不是采。凵,读 kǎn,同"坎";吅,读 xuān,同"喧";癶,读 bō,意为两足分张相背,行走不顺。

《说文部首歌》出版时,冯桂芬之孙冯世澂在不同韵文段落后面,加了比较详细的按语,解释韵文的意思,颇有助于对部首歌的理解。

冯桂芬在说文学方面,上承其业师朱兰坡,朱有《说文假借义证》等著作行世,下启其学生吴大澂、叶昌炽,他们都在文字学方面有很高造诣。

冯桂芬爱好数学、天文学,曾向江南数学家李锐学习数学,编有《弧矢算术细草图解》《西算新法直解》两书。《弧矢算术细草图解》,系图解清代数学家李锐的《弧矢算术细草》一书[①],完成于道光十九年。冯桂芬自述此书编写经过:

> 蒙幼学算,稍涉猎于中西两家言。岁癸巳,假馆江阴县廨,校阅暨阳书院官课卷,以时艺识宋君冕之,君精是术,时就君相质。既又交同年徐钧卿农部于都门……比者代人作记室,所居无一书,箧中偶携同郡李尚之先生《弧矢算术细草》一卷,会有及门以此见质者,辄为图解,用代口语,凡一十九日而竟,薄植如蒙,又率而成之,知无当于大雅,惟意浅语详,或亦有裨初学。[②]

此书内容有矢弧求径、矢弧求弦、弦径求矢、矢径求弧、矢弧求弦、弦弧求矢、径弧求矢、矢残周求弦、弦残周求矢、矢弦求积、矢积求弦、弦积求矢、径积求矢等,附有开平方式、开立方式,属于平面几何范围。

《西算新法直解》是冯桂芬在咸丰九年、十年期间,与其弟子陈玚合

---

① 李锐(1769—1817),字尚之,号四香,江苏元和(今苏州)人。数学家、天文学家。曾受业于钱大昕门下,后入阮元幕府,整理数学典籍。所著除了《弧矢算术细草》,还有《勾股算术细草》《方程新术草》,阐发中国古代数学的精粹。

② 冯桂芬识语,见李锐草、冯桂芬解:《弧矢算术细草图解》抄本,藏上海图书馆。

作而成。此书是为解释《代微积拾级》而作。《代微积拾级》，上海墨海书馆咸丰九年出版，凡 298 页，由伟烈亚力与李善兰合译。原书为美国数学家罗密士（Elias Loomis，1811—1889）所撰，名《解析几何与微积分初步》，1850 年出版，分 18 卷，1—9 卷述代数、几何，10—16 卷述微分学，17、18 卷述积分学。译著所以取名《代微积拾级》，李善兰在序言中解释道："是书先代数，次微分，次积分，由易而难，若阶级之易升。译既竣，即名之曰《代微积拾级》。"这是近代输入中国的第一部高等数学著作。李善兰与伟烈亚力在翻译此书时，创立了许多译名，如系数、函数、椭圆、级数、常数、变数、微分、积分等，被中国数学界一直沿用下来。此书刚出版，冯桂芬就对它发生了兴趣，并与陈玚将其浅释出来。冯桂芬自述其经过：

> 岁己未，余引疾归，同年徐钧卿方抚吴，曩在都门，同治算学者也。先是，余以大小户均赋事，触奁壬所忌，中蜚语，甫白，绝口不挂时事，至即与钧卿约，非数学不谈。适见李壬叔所译《代微积拾级》一书，以疑义相质。钧卿曰："是法，壬叔外鲜能通晓，书中文义语气，多仍西人之旧，奥涩不可读，惟图式可据，宜以意紬绎图式，其理自见。余公冗，未遑卒业，君颇闲，其有意乎？"余如钧卿言，读之，渐有所得，偶以示陈子瑝，则随读随通如夙习，因与之商榷凡例，条分缕析，疏通而证明之，成第一卷，钧卿来，见之则大喜，曰"此吾志也，愿速成之"。①

徐钧卿即徐有壬（1800—1860），字君青，别字钧卿，浙江归安人，道光九年进士，历任户部主事、湖南布政使，咸丰八年任江苏巡抚，他爱好数学、天文，有《四元算式》《椭圆正术》《弧三角拾遗》等多种著作问世。他在京师任户部主事时，冯桂芬即与他有来往，一起讨论数学问题。他到苏州担任江苏巡抚时，冯桂芬恰好因病回籍，所以，两人又有了切磋数学的机会。徐有壬表示愿意资助出版冯桂芬浅释之书。不料此后不久，徐有壬就因苏州被太平军占领而自杀。苏州被占后，冯桂芬避地太湖冲山，邀陈玚同行，朝夕从事，四个月完成至第四卷，再因战乱而停，

---

① 冯桂芬：《西算新法直解序》，《显志堂外集》卷一，稿本，无页码。

冯离开,陈留在冲山,独任其事。又过了一年,冯桂芬在上海遇到陈玚,书已编成。

《代微积拾级》在同治、光绪年间,是有名的难懂之书,一般人均望而生畏,连徐有壬这样著名数学家都认为要读懂此书殊为不易。此书出版30多年后,梁启超对其评价还是两个字:"难读!"由此可见,冯桂芬数学素养很好,有很高的悟性,可以无师而自学新翻译的微积分著作。冯桂芬评价中西数学特点说:"夫代数胜于四元,中人不能讳也。亦犹四元胜于借根,西人不能讳也。学问之道择其善者而从之,中西奚别焉!"①

对于冯桂芬在数学方面的成就,华世芳有专门评价:

> 吴县冯景亭桂芬,著《弧矢算术细草图解》一卷,本李四香十三题,而详演天元加减乘除开方各式,意浅语详,有裨初学,刻入《昭代丛书》中。咸丰之季,西人新术初入中土,通其法者鲜,而李壬叔所译《代微积拾级》一书,尤为难读,因取其书逐节疏解,与上元陈子俊玚同撰《西算新法直解》一书,惟轻改其所记之号、所代之字,此正如戴东原之变易旧名,转足以疑误后学也。又有《中星表》,按咸丰辛亥天正冬至星度立算。②

天文学方面,冯桂芬曾修订李兆洛所绘制的恒星图。李兆洛(1769—1841),江苏武进人,字申耆,嘉庆进士,翰林院编修,长于地理学、天文学,为嘉道年间著名科学家,主讲江阴暨阳书院将近20年,冯桂芬曾经在江阴与其相处③,向他学习天文学。李兆洛门人钱维樾刻有《道光甲午岁差赤道恒星图》,经过战乱,图版毁坏得很厉害。道光二十四年(1844),经门徒请求,冯桂芬将此版修订一新。其修订办法,根据道光十四年以后《钦定仪象考成续编》星数星等增损升降情况,将新的信息补充进去,成为新图,即《甲辰新宪赤道恒星图》④。冯桂芬晚年

① 冯桂芬:《西算新法直解序》,《显志堂外集》卷一,稿本,无页码。
② 华世芳:《近代畴人著述记》,《中华大典》工作委员会、《中华大典》编纂委员会编纂:《中华大典　理化典　中西会通分典》1,山东教育出版社2018年版,第374页。
③ 冯桂芬:《杨菊仙时艺序》,《显志堂外集》卷一,稿本,无页码。
④ 冯桂芬:《甲辰新宪赤道恒星图跋》,《显志堂稿》卷十二,第14页。

主修《苏州府志》时，曾发现旧志星纪图岁差度数不合，让叶昌炽刊正，而叶不懂这方面的学问，冯桂芬只好亲自校正。叶昌炽在日记中写道："仪象诸书夙未流览，茫然不辨是否，师为亲自校正，炽惟承口授数语，签出而已。一物不知，儒者之耻，能无汗颜！"①能够修订恒星图，说明冯桂芬天文学的造诣已经达到了比较高的水准。

冯对民间宗教有深刻见解。他曾经读《易》，当读到"圣人以神道设教而天下服"一语时，心想天降下民，作之民，作之师，教也者君师之责也，何藉乎神，神又怎么能教民？既见琳宫绀宇满都邑，贩夫走卒、村竖里妪汲汲焉顶礼膜拜，争先恐后，必信必虔，不特乞灵邀福，也因惧怕冥诛而恶念为之衰息，由此想到，三代以后，人心不古，黄老、浮屠之说迭兴，未始不足以济君师教民之权之穷，而补其所未逮。他认为，大抵圣人之施教有常，而神与佛之施教不测，故愚民敬畏圣人之心每不如敬畏神与佛；佛之教广大慈悲，神之教威灵显赫，故愚民敬畏诸佛之心每不如其敬畏诸神。②冯桂芬的见解相当全面、辩证，深合民情。清代钱泳亦有类似看法："天地能生人而不能教人，因生圣人以教之。圣人之所不能教者，又生释、道以教之。故儒、释、道三教并行不悖，无非教人同归于善而已。孔子曰：中人以上可以语上也，中人以下不可以语上也。盖圣人之教但能教中人以上之人，释、道不能教也。释、道之教但能教中人以下之人，圣人亦不能教也。"③

冯桂芬懂堪舆之学。他父母亲的墓地，均由他自己选定。他还代同乡殷兆镛选定其夫人程氏的墓地。当他的意见与专司其事的炼师即道士相左时，殷兆镛家最后还是听从冯桂芬的意见。于此可见，冯桂芬在堪舆方面，颇受人重视。殷兆镛记其事：

> （同治十年，二月）二十四、二十五，程夫人治丧，请冯景亭宫允题主。或言黄杨滨葬大吉。三月朔至木渎访景亭。十三，邀景亭偕虞莲溪炼师相地，佥云黄杨滨无足取，鸭头湾众水归堂，形止气蓄，去水亦得经所谓"悠扬顾我"之意，上地也，距祖茔西北四丈余。

① 叶昌炽：《缘督庐日记抄》，辛未年孟夏二十六日，第 9 页。
② 参见冯桂芬：《关帝觉世真经阐化编序》，《显志堂稿》卷一，第 29 页。
③ 钱泳：《履园丛话·杂记上·三教》卷三十三，中华书局 1979 年版，第 601 页。

按巽水乾龙立癸山丁，向较艮坤尤胜，再兼子午二度，收贪巨式辅弼五吉，可用勿疑。或以酉戌煞方，本年不利尼之，景亭力主岁官交承权法，遂定议。①

同治元年十二月二十五日（1863年2月12日），冯桂芬在上海为郭嵩焘的住宅看过风水，郭嵩焘在日记中特记此事。②

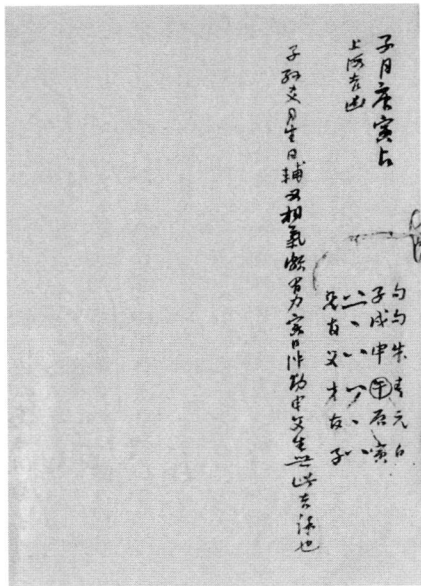

冯桂芬为上海占卜记录

冯桂芬还会占卦。咸丰十一年，他在起草了《与曾大帅书》（即《公启曾协揆》）以后，为上海命运卜了一卦，并将占卜的过程、结果记在信稿的末尾，上段写"子月庚寅占上海吉凶"，当中记的是一些符号，最后结论是"此吉课也"③。

冯桂芬对道教也有涉猎，曾为陈小舫《合刻太上感应篇》作序，曾代林则徐写过《太上感应篇图说序》。《文昌帝君阴骘文》，简称《阴骘文》，是道教劝善书之一种，以通俗形式，劝人行善积阴德，久久必将得到神

---

① 殷兆镛：《殷谱经侍郎自叙年谱》，第132页。
② 郭嵩焘记此事："廿五日。冯景亭前辈相予住宅，宜西后房。"郭嵩焘著、梁小进主编：《郭嵩焘全集》八，岳麓书社，2018年，第579页。
③ 见冯桂芬：《与曾大帅书》后，草稿，藏上海社会科学院历史研究所资料室。

灵赐福。阴骘，即阴功。抄写、印刷、传播《阴骘文》，是道教劝人断恶修善的一项重要活动。冯桂芬晚年在苏州，曾应苏州一位署名"自省居士"实际姓彭之请，书写《阴骘文》，由画家任阜长配画云鹤之图，印成条幅，每幅售价 280 文①。

　　文学方面，冯桂芬幼时为骈偶文、古近体诗，已自有风格，人称冯桂芬之诗，"观其深窈之思，清雄之气，沈郁顿挫之笔，言近旨远，寄托遥深，迥非庸手所能梦见。即小小结构，亦必别开生面，不落酬应恒蹊"①。中年以后，肆力古文，寝馈于《左传》《战国策》及周秦诸子，于唐宗韩愈、柳宗元，于宋则宗欧阳修、苏轼。有所作必数易稿而后定。冯桂芬文字古朴老到，从其制艺《子曰述而不作》可以看出其思虑之缜密、论述之周全，从其名篇《公启曾协揆》可以看出其谋篇布局之精巧、说理之透彻、文字运用之玄妙。

　　至于文字风格，冯桂芬主张突破桐城派的樊篱。他在《复庄卫生书》中表示，自己为文"不信义法之说"，并针对桐城派所标榜的孔、孟、程、朱的"道统"，指出文虽载道，"道非必天命、率性之谓，举凡典章制度、名物象数，无一非道之所寄，即无不可著之于文，有能理而董之，阐而明之，探其奥赜，发其精英，斯谓之佳文"。他针对桐城派标榜的韩、柳、欧、苏的"文统"，指出"长于经济者，论事之文必佳，宣公奏议，未必不胜韩、柳；长于考据者，论古之文必佳，贵与考序，未必不胜欧、苏"②。冯桂芬认为文章应"称心而言"，扩大散文的思想内容，解放散文的语言形式。他认为桐城义法是束缚散文创作之"例"，反对"周规折矩，尺步绳趋"，体现了要求打破桐城枷锁的进步潮流。

---

① 《申报》所刊售卖条幅云："自省居士敬刻，文昌帝君阴骘文、百字铭等，均镂板刷印条幅，悬挂劝世。窃思吴中风俗，聚人之处莫广乎茶室酒铺，会友商事游玩叙谈，咸集于此，将所刻条幅，悬诸高壁，举首便见，恭诵问心，如当面劝化，游玩者或开善念，争论者可除恶意，其中开化多人，日增善良。不亦善乎！是以余曾经敬送城乡茶室，愧乎力薄，憾难普遍，欲广传流，不得不稍取纸墨印费，拟半送半售，以冀久远。此举不敢独行，愿善与人同，惟望乐善君子，发心共好，能使四方信行，户户悬挂，人人瞻仰，时刻警戒，以劝天下诸人，咸归于善，则余之所厚望焉。阴骘文冯景亭先生法书，任阜长法绘云鹤边。科举纸加朱丝，二百八十文。"《申报》1872 年 10 月 9 日第 5 版、10 月 11 日第 6 版、11 月 1 日第 5 版连续刊载。《申报》1872 年 8 月 31 日第 2 版，有广告《姑苏刊印劝善屏幅》，文字与此略有不同，但意思完全一致，并说明这些条幅曾送到苏州各个乡镇，悬挂茶室，以寓醒世觉迷之意。
① 蒋德馨：《梦奈诗存》序，《梦奈诗存》，卷首。
② 冯桂芬：《复庄卫生书》，《显志堂稿》卷五，第 52 页。

经学方面,冯桂芬解经宗汉儒说,而亦不废宋儒。《显志堂稿》卷一《宗法论》《释鹑》,所用方法主要是汉儒训诂的一套,这与他在文字训诂学方面功夫特深有关。

史学方面,冯桂芬曾作《汉书集疏》《历代职官考》①,可惜没有完成。

对于冯桂芬的文学与经学成就,曾任《申报》主笔的何镛有很高评价:

> 先生之文分数等,讲经术则合汉宋为一家,而皆去其附会浮夸之弊,制志表则燕许手笔,大无以过。即随意所之,偶涉笔作,一记一赋,往往不与人同,入人意中,而仍若出人意外,直令学者无从窥其浩瀚。论者谓生龙活虎,不可捉摸,犹未足以尽其形容也。②

冯桂芬书法宗欧阳询,年轻时跟随同郡闻过庭先生学过书法,而不囿于师傅。篆隶及行草,具有古法。其私淑弟子何镛称,"先生之书法,逼真率更"③。

对于冯桂芬的学术成就,晚清学者诸可宝有一概括④,认为冯的学问既精且博,"夫绘地用算,良法不刊。年丈既创于前,南海邹氏擅长于后。道不相谋,理皆暗合。第窥曲艺之能,足征神智之用已"。⑤ 徐世昌在《清儒学案》中,专作《校邠学案》,称冯桂芬"平生于书无所不读。说经宗汉儒,亦不废宋。凡天文、舆地、兵制、刑法、盐铁、河渠、钱漕、食货诸书,靡不穷思极虑,推究其本原,隐然有拨乱澄清之志。作《抗议》40篇,关系民生国命。精小学、算学"⑥。

---

① 冯桂芬:《五十初度小影》,《梦奈诗存》,第 28 页。

② 何镛:《跋〈显志堂文集〉》,《申报》1891 年 1 月 5 日,第 1 版。"燕许手笔",指唐代作家张说、苏颋那样的大手笔,张说封燕国公,苏颋封许国公,二人均以文章名世,故合称"燕许"。二人均主张"崇雅黜浮",以矫正陈、隋以来的浮丽风气,讲究实用,重视风骨。

③ 何镛:《跋〈显志堂文集〉》,《申报》1891 年 1 月 5 日,第 1 版。欧阳询(557—641),唐代书法家,太子率更令,故别称欧阳率更。

④ 诸可宝(1845—1903),字迟菊,号璞斋,浙江钱塘(今杭州)人。同治六年举人,官江苏昆山知县。其兄弟多人通数学,因此自幼爱好数学,颇有造诣。善书法,工山水画。著有《捶琴词》《璞斋诗集》《续畴人传三编》《江苏全省舆图》等。

⑤ 诸可宝:《畴人传三编》,阮元:《畴人传》下,第 808—809 页。

⑥ 徐世昌等编:《清儒学案》卷 173,《冯先生桂芬》,中华书局 2008 年版,第 17 册,第 6658 页。

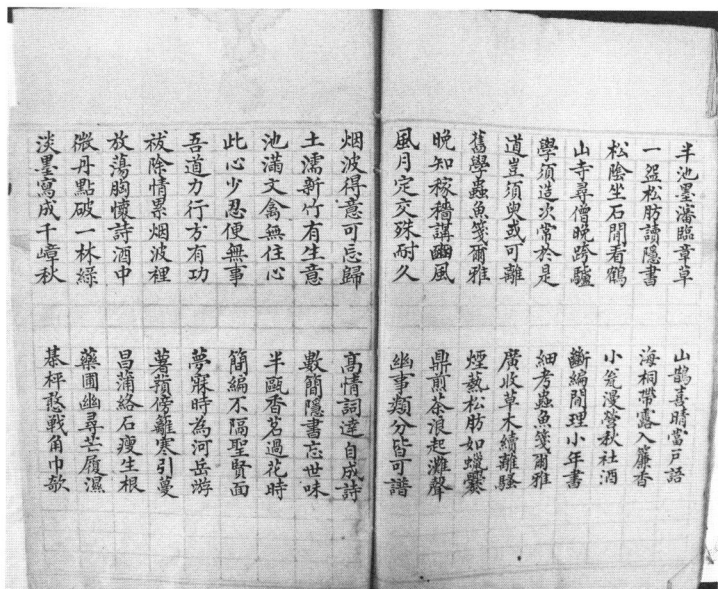

《显志堂楹联》底稿

第二节　善于治生

　　冯桂芬出生在商人家庭，其父亲比较能干，做典当生意，放高利贷，虽然家里遭过几次火灾，但从总体上说，经济情况不错。冯桂芬 50 岁时，自述家有田 10 顷。从康熙年间到光绪初年，苏州府农民每户耕田 10 亩左右[1]。所以，冯家在苏州府有那么多田，毫无疑问属于大地主。咸丰三年冯桂芬在致力于均赋时，也曾说自己家里"列于大户"[2]。冯桂芬晚年有书 20 架，那是个不小的数字。叶昌炽记载，同治十二年十二月二十一日（1874 年 2 月 7 日），他与申季、伯渊共三人帮助冯桂芬整理图书，书约 20 架，分经史子集四部，"自朝之暮，仅得小半功夫，然已不胜其惫矣"[3]。在那个时代，书多就意味着钱多。

　　冯家的财富，来源于两方面，一是祖传的，包括冯桂芬父亲积累的，

---

① ［日］百濑弘：《冯桂芬及其著述》，岚涛译，《中和月刊》第三卷第三期，1942 年 1 月。
② 冯桂芬：《与赵抚部书》《显志堂稿》卷五，第 45 页。
③ 叶昌炽：《缘督庐日记抄》，癸酉年季冬廿一日，第 19 页。

二是冯桂芬自己创造的。冯桂芬继承了父亲在生意方面精明的特点，以"善治生"出名①。冯桂芬本人对此也不讳言。他在《五十自讼文》中写道：

> 承先人遗业，薄田十顷，衣食仅给，米盐靡密，辄亲为之，或以善治生为非，顾将不衣食乎？抑不求诸此转求诸彼，如世之铸横财者为是乎？其不然又明也。②

冯桂芬本人的经济来源有三，一是田租，二是官俸，三是润笔。清代官俸并不多，冯桂芬做的都是清闲之官，最高的做到右中允，为正五品，年俸银也不过 80 两，如果光靠此钱，上不足以存体面，下不敷以养家眷，必须举债才能维持生活。田租收入应是冯家经济来源的大宗，润笔也应该是一笔不小的收入。冯桂芬写过许多应酬文章，包括寿序、墓志铭、墓表、家传，在那个时代，以冯桂芬榜眼、翰林的身份，其润笔规格应该相当可观。冯芳缉日记里就记载过他与人谈定"寿序润笔"的事情③。

冯桂芬也写过许多字，包括楹联、条幅。复旦大学图书馆藏有一册《显志堂楹联》，为冯桂芬所作，800 多副，分五言、六言、七言、八言等。内容来自《文选》《易林》《乐府》等著作，还有选自苏舜钦、陆游、范成大等名人的著作，内以摘自陆游的内容最多，全部为应酬性联语。其中有一部分是按类编排，诸如贺寿类、婚庆类等，更多的只是按照字数多少编排。就内容而言，有修身养性的，如"福谦在纯约，赏心惟良知"，"情深意弥重，心远地自偏"，"冠众善而贻操，坦万虑以存诚"，"挥翰墨以奋藻，指烟霞而问乡"；有欣赏风景的，如"白云抱幽石，绿水扬洪波"，"气与三山壮，赏逐四时移"，"诗书敦夙好，山水含清辉"，"阳叶春青阴条秋绿，桂深冬燠松疏夏寒"，"云润星晖风扬月至，晨烟暮霭春煦秋阴"；有的使用范围较广，富含哲理，如"积德累仁弥世长久，养贤致礼美风盛隆"，"坐立欢门富饶丰衍，生长嘉国通利明光"，"琼英朱草福善上

---

① 俞樾在挽冯桂芬联时就称冯"善治生"，见《春在堂楹联录存》一，文海出版社 1982 年版，第 18 页。
② 冯桂芬：《五十自讼文》，《显志堂稿》卷十二，第 8 页。
③ 咸丰十一年六月十日，在上海，"出新北门，访值三于善昌行，为鹤翁谈定寿序润笔"，见冯芳缉：《冯申之先生日记》第二册。

堂,苍龙把衡朱雀导引"。《显志堂楹联》是誊清稿,内有冯桂芬手书批语,有的注明资料来源,有的对文字有修改。这些楹联,当是冯桂芬为别人写楹联的资料库。现在文物拍卖市场上,还时常有冯桂芬当年为人写的楹联拍卖,可以想见他当年为人写的不少,由此可以推想,他这方面的收入必然可观。

冯桂芬好友刘秉璋的儿子刘声木①,曾记述冯桂芬善于治生的事迹:

> 吴县冯敬亭官允桂芬少年巍科,中年解组,尽力于治生,以善治生鸣一时,其家大富。先文庄公与官允友善,素闻其名,尝请其术,官允谓"不外知人审事而已"。先文庄公谓:"千古治天下,岂能越此四字,以之治生,可谓小用之矣。"官允大悦。小之可治生,大之则治天下,岂有二术,官允所见远矣。②

文中称冯桂芬"其家大富",说明冯桂芬确实治生有道。

第三节　恬淡人生

冯桂芬善治生,但不贪财,一辈子过的是恬淡生活,也乐善好施。

冯桂芬事亲至孝,遇父母讳日,终身屏酒肉,谢宾客。冯氏族中人丁稀少,冯祖父一辈,有兄弟 21 人,子孙散处各地,无谱系可考,冯的父亲让冯桂芬远近访求,辑族谱成帙,建宗祠,立义庄,规模粗具。冯桂芬同胞五人,两兄一弟俱先于冯桂芬去世,仅有一姊,嫁王埙,有外甥王锡禄,幼孤,冯抚之如子,教养成长。同治十一年(1872)冯姊卒,身后事冯桂芬一力承担,并予地一区,名锡禄营葬。

冯桂芬生性恬淡,不当官以后,徜徉山水,萧然自得③。每至春秋佳

---

① 刘声木(1876—1959),字十枝,原名体信,字述之。为刘秉璋第三子。安徽庐江人。光绪末,分省补用知府,历官山东、湖南学务。民国后居上海,1950 年任上海文史馆馆员。

② 刘声木:《苌楚斋随笔》卷五。文庄公,即刘秉璋,谥文庄。

③ 李鸿章:《三品衔詹事府右春坊右中允冯君墓志铭》,《李鸿章全集》第九册,海南出版社 1997 年版,第 4648 页。

日，或买舟，或乘肩舆，作山水游，尤喜邓尉梅，每到梅花绽放时必去赏梅，自号邓尉山人。

冯桂芬自奉俭约，不喜鲜衣华食，爱习静，旁无姬侍。自同治元年其妻去世以后，服侍他的只有一二童仆。同人或折简相招，非公宴及文酒社不赴。苏州是出唐伯虎等风流才子的地方，但冯桂芬对此道没有兴趣，从来不参加那些征歌选胜之事。沃丘仲子评论①："桂芬峻整清严，嫉恶如仇，敬隐逸，薄显官，吴人仕京朝者素柔和，桂芬独激昂慷慨，有幽并间气，当世不多觏也。"

对于天赋聪慧、有培养前途的学生，冯桂芬钟爱有加，一出至诚。其学生只要稍有特长，他就留心引掖。对于那些贫穷学生，不但免其学费，有时还设法帮衬。批阅学生课艺，极其认真，反复斟酌，评其优劣。他所选刻的《惜阴书院课艺》，海内奉为圭臬，流传甚广。

冯桂芬对于贫穷之人，怀有强烈的同情心。他在《校邠庐抗议》中所提出来的变法思想，诸如救济穷人，每每充满对弱者的同情。他致力于减赋事宜，从他个人、家庭利益而言，是有损无益，但他矢志不渝，努力从事。咸丰三年，金陵被太平军占领，冯桂芬设法收养逃出来的难民。同治初年，江南战争激烈，难民多，冯在上海，请李鸿章设抚恤局，捐资备船，随大营后，专办掩埋及栖流事宜，又与秀水王亨谦倡立保息、安节等局。清政府恢复在苏州的统治以后，冯桂芬在苏州设立善堂，救济穷人，经理女普济、锡类两堂，樽节经费，营建堂屋，安置无家可归的妇女。

---

① 沃丘仲子，即费行简(1871—1954)，字敬仲，沃丘仲子是其笔名，江苏武进人(一说为浙江湖州人)。少时居于四川，为王闿运弟子，曾任上海仓圣明智大学教务长。解放后被聘为上海文史馆馆员。著有《慈禧传信录》《近代名人小传》《观堂先生别传》等。

第九章 《校邠庐抗议》:稿本、抄本与出版

第一节 书名释义

《校邠庐抗议》完成于咸丰十一年(1861)。其时,冯桂芬在上海,并无多少具体事做,身体又不太好,时常生病,因此,便将平时思虑所得,条理成文,又检阅旧稿,略作修改,衰集成书。冯桂芬自述其时精神状态:

> (在京)得肝阳上升之疾,乃归,疾或间月作,或月间作,作则耳不聪、目不明,百事俱废。今年才五十有四,而鬓斑须白,精神记忆减曩时十之七,颓然如七十。韦世康云:霜早梧楸,风先蒲柳,年不待暮,有疾便辞。窃自念脚靴手板,则夙愿不及,抽毫进牍,则目力不胜,内外无一可出山之志,长此已矣。①

初稿本42篇,40篇写在咸丰十年至十一年,另外两篇是旧作,其中,《用钱不废银议》作于咸丰二年,《以工巧为币议》作于咸丰五年。

"抗议",冯桂芬自称是沿用《后汉书·赵壹传》语,"即位卑言高之意"②。查《后汉书·赵壹传》,并无"抗议"一词,只有"抗论",原为赵壹致友人信中话:"以贵下贱,握发垂接,高可敷玩坟典,起发圣意,下则抗

---

① 冯桂芬:《与曾揆帅书》,《显志堂稿》卷五,第30页。
② 冯桂芬:《校邠庐抗议》自序。

论当世,消弭时灾。"①冯桂芬借用此词,表示自己虽然位卑但仍言高,"明知有不能行者,有不可行者。夫不能行则非言者之过,而千虑一得,多言或中,又何至无一可行!存之以质同志云尔"②。赵壹是才华出众、品德高洁而又困顿不遇的人,受到乡里小人攻击,几乎致死,尽管后来受到朝廷大臣赏识,但他不满朝政,拒绝征辟,隐居不出。这种个性和遭遇,与冯桂芬颇为相似。冯桂芬对东汉历史研究有素,他以"抗议"为书名,并揭明典故出于赵壹传,多少有些以赵壹自况的意思。

冯桂芬对"抗议"二字有说明,但对"校邠庐"三字没有交代。这三个字连用,前无典故,是冯桂芬首创。"庐"字无别解,指简陋的房舍。"校"为"校正"之意。"邠",为商、周时代邑名,在今陕西旬邑县西南。西周时期,"大王亶父"即周文王之祖居住在邠。

那么,"校邠庐"是什么意思呢?关键是如何理解"邠"字内涵。

《庄子》《孟子》《吕氏春秋》《史记》《汉书》等书,对于"邠"的内涵,或曰周文王在邠地的行事风格,都有较为一致的解读,即周文王是因爱民而对入侵之狄人实行恕道,避开狄人的锋芒,最后得到了人民的爱戴,保全了国家,也保住了个人的生命。

比如《庄子》记载:

> 大王亶父居邠,狄人攻之。事之以皮帛而不受,事之以犬马而不受,事之以珠玉而不受。狄人之所求者土地也。大王亶父曰:"与人之兄居而杀其弟,与人之父居而杀其子,吾不忍也。子皆勉居矣!为吾臣与为狄人臣奚以异!且吾闻之,不以所用养害所养。"因杖策而去之。民相连而从之。遂成国于岐山之下。夫大王

① 事见《后汉书·赵壹传》。赵壹,元叔,东汉时汉阳西县人。恃才倨傲,为乡党所摈,后屡获罪,几乎至死,得友人救而获免。赵壹怀才不遇,作《穷鸟赋》以明志,内云:"有一穷鸟,戢翼原野。毕网加上,机阱在下,前见苍隼,后见驱者,缴弹张右,羿弓彀左,飞丸激矢,交集于我。思飞不得,欲鸣不可,举头畏触,摇足恐堕,内独怖急,乍冰乍火。"形容自己壮志难酬,动辄得咎。某年到京师,其杰出才华受到司徒袁逢、河南尹羊陟赏识,被联名推荐给皇上,一时名动京师。一次,赵壹路过太守皇甫规府第,守门人没有及时通报,他便愤而遁去。皇甫规得报后大惊,急忙追书表示万分道歉,请赵原谅,语极恳挚,内云:"傥可原察,追修前好,则何福如之!谨遣主簿奉书。下笔气结,汗流竟趾。"赵壹复信,内称希望仁兄"以贵下贱,握发垂接,高可敷玩坟典,起发圣意,下则抗论当世,消弭时灾"。赵壹不满时政,归隐乡里,先后十次拒绝朝廷征辟。
② 冯桂芬:《校邠庐抗议》自序。

亶父,可谓能尊生矣。能尊生者,虽贵富不以养伤身,虽贫贱不以利累形。今世之人居高官尊爵者,皆重失之。见利轻亡其身,岂不惑哉!①

《孟子》记载:

> 滕文公问曰:"滕,小国也。竭力以事大国,则不得免焉。如之何则可?"孟子对曰:"昔者大王居邠,狄人侵之。事之以皮币,不得免焉;事之以犬马,不得免焉;事之以珠玉,不得免焉。乃属其耆老而告之曰:'狄人之所欲者,吾土地也。吾闻之也:君子不以其所以养人者害人。二三子何患乎无君?我将去之。'去邠,逾梁山,邑于岐山之下居焉。邠人曰:'仁人也,不可失也。'从之者如归市。"

冯桂芬写定《校邠庐抗议》时,正是中国在第二次鸦片战争中战败,《北京条约》签订以后。《北京条约》包含增开通商口岸、外国使臣驻京、赔偿巨款、传教士传教自由等众多条款,是中国对外被迫妥协、丧失大量主权的不平等条约。冯桂芬以"校邠"为"庐"名,以《校邠庐抗议》为书名,似含有对清廷一味妥协外交政策的不满之意。②

对于《校邠庐抗议》书名释义,2019 年吴柱有专文予以辨析,对于理解"校邠庐"内涵,颇有助益。③

根据吴柱论文胪列,对于"校邠庐"的释义,除了笔者与德国学者冯凯(已见上述),学术界还有另外两种,即阎中恒与《中国书名释义大辞典》的解释。阎中恒认为,"邠"即"文采","文风很盛","校邠庐"体现了文人雅士之风④。《中国书名释义大辞典》提出"校邠"即效法西方之国,"邠"为西周始祖所居之地,邠地相对于中原而言,属于西方之国,冯桂芬是用"邠"来指代西洋欧美国家。《校邠庐抗议》中明确提出了变革中法而效仿西学的主张,遂将"校"字训为效法,将"校邠"理解为效法西方

----

① 《庄子》卷九下第二十八,《让王》。
② 对"校邠庐"的含义,德国学者冯凯(Kai Vogelsang)亦作此解释。笔者曾就此与冯凯讨论过。
③ 吴柱:《〈校邠庐抗议〉名义新证与校邠庐变迁史——兼证〈校邠庐抗议〉的成书时间》,《史林》2019年第 5 期。
④ 阎中恒:《〈校邠庐抗议〉考》,《江西图书馆学刊》1991 年第 1 期。

国家。①

诸说之外，吴柱提出一个新解。他认为，"校邠"典故出于清初名士厉鹗的一首隐居诗《葺屋》："倦游今亦厌飞扬，始葺城隅破草堂。检校豳诗小经济，蹉跎寒事旧林塘。晴天免缩参军首，雨夜休移杜老床。更乞山僧安隐法，净名图畔自烧香。"②厉鹗（1692—1752），浙江钱塘人，康熙五十九年（1720）中举，以后两次参加会试不第，遂绝意仕途，潜心著述，工诗词，有《宋诗纪事》一百卷等多种。诗中所言"豳诗"，即《诗经·国风》之一《豳风》的别称，或写作"邠诗"。"检校豳诗小经济"的字面意思，相当于"研究《豳风》的小学问、小才能"，甘于退守书斋，潜心读书著述，与首联"倦游今亦厌飞扬，始葺城隅破草堂"的归隐之意一脉相承。冯桂芬的"校邠"，即源于厉鹗之诗，泛指读书稽古，也是归隐思想的代名词，它体现为一种象征义。

支撑吴柱此说的，有两条重要资料，一是据《中国藏书家通典》记载，冯桂芬家有"一仁堂""耕渔轩"藏书楼，有专人负责管理，藏书印有"检校邠诗小经济""校邠庐"等。③ 二是冯桂芬的亲炙弟子叶昌炽曾作《七夕词》一组，其中一首云："检校邠诗是本师，金风七月火流时。衣冠优孟沾沾喜，乞得孙郎笔一枝。（自注）儿时弄笔，受知于林一先生。"④这两条资料，便将冯桂芬的"校邠"与厉鹗《葺屋》诗的联系坐实了。吴柱的综合意见是，"校邠庐"之名反映的是冯桂芬退隐书斋的人生追求，与当时清政府的内政、外交无关，也与冯氏的政治主张无关。⑤

冯桂芬本人并没有对"校邠庐"留下确切解释，而《校邠庐抗议》又是那么重要的著作，这使得后之研究者不得不做出种种猜谜语似的自以为是的解读。这种解读是否符合冯桂芬本义，这是一回事；这种解读本身也是有价值的，它反映了研究者对冯桂芬思想的某种理解。上述各种解释中，我以为从内证、外证两方面作综合考虑，吴柱此说堪称稳

---

① 赵传仁、鲍延毅、葛增福主编：《中国书名释义大辞典》，山东友谊出版社 2007 年版，第 873 页。

② 厉鹗著、董兆熊注，陈九思标校：《樊榭山房集》，卷 3，上海古籍出版社 1992 年版，第 265 页。

③ 李玉安、黄正雨编著：《中国藏书家通典》，中国国际文化出版社 2005 年版，第 590 页。

④ 叶昌炽：《奇觚庼诗集》卷中，《续修四库全书·集部》第 1575 册，第 184—185 页。

⑤ 吴柱：《〈校邠庐抗议〉名义新证与校邠庐变迁史——兼证〈校邠庐抗议〉的成书时间》，《史林》2019 年第 5 期。

当。这可视为冯桂芬研究一个具有实质性意义的进步。

吴柱此说，对于解读"校邠庐"的本义，有一重要价值，即从邠诗而不是邠地的角度，来阐释"邠"的内涵。"校邠庐"作为书斋名，源自厉鹗"检校豳诗小经济"，已无疑义。那么，冯桂芬为什么要以"校邠庐"作为书斋名？或者说，用"校邠庐"有何用意呢？我以为，综合分析邠诗或曰豳诗的特点，可以看出冯的心迹。

豳诗，凡7首，全部作于西周时期，目前学术界一般认为是《诗经》十五国风中产生最早的诗（顾炎武不这么认为，冯桂芬可能也不这么认为，见下文）。豳地原为周人祖先所居之地，周人一向重视农业，所以，豳诗多关农家生活。豳地相对于王畿而言，带有浓厚的地方色彩，豳诗多与基层社会有关。所以，豳诗被诗学研究者公认为中国最早的关于农家的诗①，也是描写基层社会的诗。比如，北宋王安石曾写到对于豳诗的理解：

> 余读豳诗："以其妇子，馌彼南亩，田畯至喜。"嗟乎！豳之人帅其家人勠力以听吏，吏推其意以相民，何其至也！夫喜者非自外至，乃其中心固有以然也。既叹其吏之能民，又思其君之所以待吏，则亦欲善之心出于至诚而已，盖不独法度有以驱之也。以赏罚用天下，而先王之俗废。有士于此，能以豳之吏自为，而不苟于其民，岂非所谓有志者邪？②

文中讲到民与吏的关系、吏与君的关系、风俗与法度的关系，民与吏、吏与君的关系，是那样出于至诚的和谐，这正是冯桂芬心目中所期待的吏民、君臣关系。

再如，南宋大诗人陆游有《读豳诗》：

> 我读豳风七月篇，圣贤事事在陈编。岂惟王业方兴日，要是淳风未散前。
>
> 屈宋遗音今尚绝，咸韶古奏更谁传？吾曹所学非章句，白发青

---

① "豳地原为周祖先公刘所居，周人一向重视农业，所以豳诗多与农桑稼穑相关"。《传统国学典藏》编委会编著：《传统国学典藏 诗经》，中国画报出版社2012年版，第132页。

② 王安石：《通州海门兴利记》，《王安石集》，中国戏剧出版社2002年版，第305页。

灯一泫然。①

也是说的社会治理问题。

顾炎武《日知录》中，有多篇述及豳诗的文章②。在《四诗》篇中，顾炎武认为，豳诗是诗的一种，但不是如今人所说的是国风的一种。他认为，诗分四类，即南、豳、雅、颂："《周南》《召南》，南也，非风也。《豳》谓之豳诗，亦谓之雅，亦谓之颂，据《周礼》《籥章》，而非风也。《南》《豳》《雅》《颂》为四诗，而列国之风附焉。此《诗》之本序也。"他专作《豳》篇，申论这一观点。他明确指出，"自《周南》至《豳》，统谓之国风，此先儒之误，程泰之辨之详矣。豳诗不属于国风。周世之国无豳，此非太师所采"③。顾炎武还特别指出，"豳"字改为"邠"的历史，始于唐代，《唐书》言：邠州故作豳州，开元十三年以豳字类幽，改为邠。今惟《孟子》书用"邠"字④。顾炎武是冯桂芬最景仰的学者，如果要说"校邠"，则顾炎武是"校邠"即校正对于"邠"的解读的先驱。

豳诗与豳地本不可分，豳诗所述都是关于豳地之事，其核心则是基层与社会，是国计民生。冯桂芬《校邠庐抗议》中许多思想资源来自顾炎武，"校邠庐"的本义，很可能就来自上述顾炎武在《日知录》中对邠的解读。

显然，检校邠诗，不是为了归隐，而是要关心基层，关心农民，关心社会，关心国计民生，这与冯桂芬当时关注江南减赋、均赋问题，关心舆地、兵刑、盐铁、河漕等国家一系列改革问题，完全相符。

第二节　曾国藩婉辞作序

《校邠庐抗议》写成以后，冯桂芬抄录一份，寄呈曾国藩，请为作序。

---

① 钱忠联、马亚中主编，钱忠联校注：《陆游全集校注》7，浙江教育出版社 2011 年版，第 359 页。

② 顾炎武《日知录》述及豳诗的篇目有《诗有人乐不人乐之分》《四诗》《王》《豳》《王正月》《大宰》《去兵去食》《孟子字样》《府》与《纺织之利》。

③ 顾炎武：《日知录·豳》，《顾炎武全集》第 18 册，上海古籍出版社 2011 年版，第 141 页。

④ 顾炎武：《日知录·孟子字样》，《顾炎武全集》第 18 册，第 335 页。

信称：

> 长夏养疴，检校劫余旧稿，将拙议四十首，缮成两帙，邮呈是正。筹笔余闲，抚览及之，如不以为巨谬，敢乞赐之弁言，托青云而显，附骥尾而彰，荣幸多矣！①

曾国藩对此稿颇为赞赏，在同治元年九月十七日（1862 年 11 月 8 日）的日记中写道："冯敬亭名桂芬，寄《校邠庐初稿》二册，共议四十二篇……粗读十数篇，虽多难见之施行，然自是名儒之论。"但是，对于冯桂芬请其作序之事，则踟蹰久之，既未允诺，也未推却。对于做事一向沉稳的曾国藩来说，为此书作序并非小事，《校邠庐抗议》书中述及诸多方面的变革设计，他都要涉及并有所表态，而这些，都牵连到当时国家大政方针，也牵连到朝中政治走向，其中颇多未知因素。

但是，曾国藩并非将冯桂芬之托置诸脑后，而是时萦心头。两年之后，同治三年九月五日，在从安庆驶往南京的途中，暂宿芜湖的曾国藩致信冯桂芬，既高度评价了《校邠庐抗议》，也解释了为何没能作序、拖到现在才复信的原因。信中写道：

> 辛酉岁接奉惠书，猥以诗人所称，方召盛轨，远辱勖勉，被饰逾量，非所敢承。又蒙示以校邠庐大论四十首，属为序跋。细诵再四，便如聆叶水心、马贵与一辈人议论，足以通难解之结，释古今之纷。至其拊心外患，究极世变，则又敷天义士所切齿而不得一当者，一旦昭若发蒙，游刃有地，岂胜快慰？顾如国藩之陋，奚足弁言简端？是以操笔辄止，不克报命，亦遂不复以一笺相酬答。盖始则过于矜慎，继则益之内疚，冀有道者能亮之也。自大著珍藏敝斋，传钞日广，京师暨长沙均有友人写去副本。天下之大，岂无贤哲窥见阁下苦心，而思所以竟厥功绪？尊论必为世所取法，盖无疑义。②

曾国藩所说"始则过于矜慎，继则益之内疚"，当是他心路历程的真

① 冯桂芬：《与曾撰帅书》，《显志堂稿》卷五，第 30 页。
② 曾国藩：《致冯桂芬》，《曾国藩全集》28，岳麓书社 2011 年版，第 152—153 页。

实写照。矜慎二字，表明曾国藩对于是否作序一事考虑确实很多；内疚二字，说明他对冯桂芬思想主张的肯定、认可与钦敬。他说"尊论必为世所取法，盖无疑义"，这应是他的真情流露，而非自谦。

此后一个多月，大概是接了曾国藩信件以后，冯桂芬直接来到南京，面见曾国藩。那时，太平天国已被镇压下去，曾国藩作为两江总督，坐镇南京。据曾国藩日记，同治三年十月卅日（1864年11月28日），早饭后，"见客，坐见者五次，冯景亭、晏彤甫坐最久"①。冯桂芬是谈话时间最长的两个人之一，两人谈了些什么，没有记载，但是，可以认为《校邠庐抗议》是议题之一。四天之后，即十一月初四，曾国藩至冯桂芬住所，回拜，"久谈"②。十一月十二日，冯桂芬又应曾国藩之邀，到曾国藩住所吃午饭③。短短半个月内，曾、冯至少见了三次，《校邠庐抗议》必是重要话题。

此后，曾国藩在向朝廷推荐《校邠庐抗议》方面，做了一些切实的努力。他曾将《校邠庐抗议》推荐给比自己权位更高的军机大臣李棠阶。

李棠阶（1798—1865），河南河内（今沁阳）人，字树南，号文园，道光二年进士，选庶吉士，授翰林院编修，五迁至侍读。咸丰三年太平军北伐时，李在河南组织团练阻击，以功加四品卿衔。同治元年授大理寺卿，连擢侍郎、御史、署户部尚书，任军机大臣。同治初年，两宫当政时，李棠阶是京官中最受慈禧太后器重的大臣之一。李棠阶与曾国藩均信奉理学，两人关系亲近，并曾互相举荐。咸丰初年曾国藩向朝廷举荐过李棠阶，同治四年李棠阶向慈禧太后举荐过曾国藩。

大概在与冯桂芬晤面后不久，曾国藩将《校邠庐抗议》推荐给李棠阶，请他代为转呈④。李对此书颇为重视，抽空翻阅，认为冯的主张"多可采，其说夷务，尤裨时用"⑤，"虽不尽可行，而留心时事，讲求实用"⑥。

---

① 曾国藩：《曾国藩日记》，《曾国藩全集》18，第105页。
② 曾国藩：《曾国藩日记》，《曾国藩全集》18，第107页。
③ 曾国藩：《曾国藩日记》，《曾国藩全集》18，第109页。
④ 曾国藩推荐《校邠庐抗议》的具体时间不详。李棠阶阅读《校邠庐抗议》的时间，都是同治四年四、五月，由此推测，似在同治四年春。
⑤《李文清公日记》，同治四年，五月二十一、二十二、二十三日，岳麓书社2010年版，第1106页。
⑥《李文清公日记》，同治四年，五月二十五日，第1106页。

对于《校邠庐抗议》书中有些内容,李棠阶不是完全看懂,在日记中表示,《抗议》所述"丈量勾股法不能解"①。他还曾将《校邠庐抗议》借给他人去看②。最能引起其内心共鸣的,是淘汰胥吏的意见。李对衙门胥吏横行早已相当不满,遂有荐书之意。可惜的是,就在同治十年十一月,李棠阶病逝,呈递《校邠庐抗议》一事也就没能实现。

第三节 从稿本到抄本

《抗议》到光绪九年(1883)才正式刊行,但是,此前已广泛流传。

冯桂芬在世时,书稿即有抄本流传。开始流传的范围是友人之间。

冯桂芬将《校邠庐抗议》书稿寄请曾国藩作序后,书稿便在曾国藩幕僚、同僚中传播开来,赵烈文借阅过,马恩溥、窦埏抄有副本。赵烈文日记中有借还《校邠庐初稿》的记载。曾国藩在致冯桂芬信中说:"自大著珍藏敝斋,传抄日广,京师暨长沙均有友人写去副本。"③曾国藩命人录一副本,题识云:

> 同治元年十月,曾国藩敬读,录一副本,与皖中学者共观,叹为嘉道以来治国闻者所不及,厥后马学使恩溥、窦侍郎埏各录一副以去。似应刊刻,以贶百尔。三年冬月国藩识④。

此外,《校邠庐抗议》还有从冯桂芬家藏稿本传抄出去的。吴县潘霨在任湖北巡抚时曾有一抄本⑤;福建闽县林寿图有一抄本⑥,并写有

① 《李文清公日记》,同治四年五月二十五日,第 1106 页。
② 《李文清公日记》,同治四年四月二十六日,第 1103 页。
③ 《曾文正公复冯宫允书》,《校邠庐抗议》前附,光绪丁酉年石印版。
④ 《校邠庐抗议》谢章铤抄本,藏厦门图书馆。
⑤ 潘霨(1826—1894),初字燕山,后改伟如,一作霨如,号铧园,晚号心岸,江苏吴县(今苏州)人。由监生捐输经费,保奏以从九品分发,咸丰年间历任署天津县知县、知州,1862 年升天津府知府,以后历任山东盐运使、山东按察使、福建按察使、福建布政使。1877 年任湖北布政使,翌年任湖北巡抚。1882 年任江西巡抚,1884 年任贵州巡抚。1891 年离职归里,1894 年在苏州病逝。
⑥ 林寿图(1809—1885),字恭三,福建闽县(今福州市)人。1845 年进士,历任工部主事、山东道监察御史、浙江道监察御史、顺天府尹、陕西布政使、山西布政使等职。晚年主讲福州鳌峰书院。

评语;福建长乐人谢章铤又据冯氏家藏本与林寿图抄本雠校①,誊了另一抄本,连同林氏评语一道录入。另据德国学者冯凯告知,巴黎图书馆还藏有一个抄本,不知由何途径流传到那里。

由此可见,《抗议》在正式刊行以前,已经在相当广泛的范围内流传。

《校邠庐抗议》最初只称"校邠庐初稿"。曾国藩看到的书稿名就是"校邠庐初稿",赵烈文在日记中,亦记为"校邠庐初稿":"十三日,雨,读冯景亭学士《校邠庐初稿》上卷。"谢章铤的抄本,即名《校邠庐初稿》。

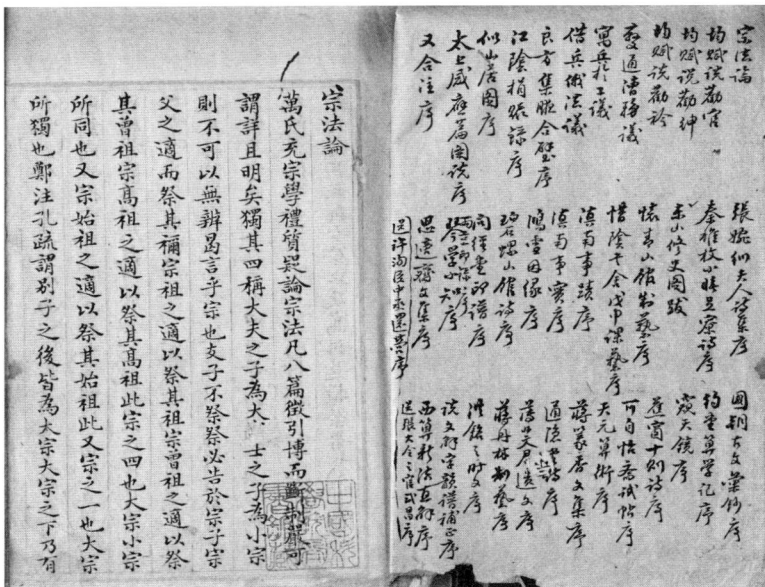

《显志堂稿》初稿

冯桂芬在世时,就对《抗议》稿有所改易,其誊清稿后来收藏在上海图书馆(以下简称"誊清稿"),其草稿后来收藏在上海社会科学院历史研究所(以下简称"草稿")。比较稿本、各种抄本,对于研究《抗议》成书

---

① 谢章铤(1820—1903):字枚如,号药阶退叟,福建长乐人。勤奋力学,以教书卖字为生。咸丰年间,受聘漳州丹霞、芝山书院主讲。1864年,乡试中举后,到各地游历、讲学。1876年中进士,官内阁中书。第二年,未参加殿试而离京南归。1884年,应江西提学使陈宝琛之邀,到庐山白鹿洞书院主持讲席。1887年,受聘福州致用书院山长,长达16年。在福州筑赌棋山庄,自书联语"青山自是吾家物,老树不忘天下春",极有情致。有《赌棋山庄集》传于世。

过程、冯桂芬思想变化，很有价值。

比如，从谢章铤抄本可以看出，在初稿序言末，冯桂芬原注明"咸丰十一年夏六月吴县冯桂芬自序"①，上海社会科学院历史研究所收藏的冯桂芬著作初稿，内有《抗议》目录，署"咸丰十一年秋九月吴县冯桂芬识"②，而现在通行的《抗议》，落款是"咸丰十一年冬十月吴县冯桂芬自序"，由此可见初稿完成的时间是咸丰十一年夏天，而后从夏到冬，又不断修改。再如，自序草稿中最后一段，有"重以衰病逡巡，无用世之望，惧遂泯没，爰以避地暇日，窃附罪言之义，笔之于书"一段话，正式刊行时，"窃附罪言之义"六个字被删去了③，这反映了冯桂芬担心遭人非议的心理。

《采西学议》在草稿中，作《设奇材异能科议》，文字亦有所不同。如誊清稿"《职方外纪》等书已入中国，顾氏或未见"，草稿作"《职方外纪》《万国地理全图》等书已入中国，顾氏或未见"。誊清稿述西学学科时为"算学、重学、视学、光学、化学"，草稿为"算学、视学、光学、重学"，无"化学"之名。誊清稿提议在广东、上海设立的西学机构为"翻译公所"，草稿为"翻译书院"。在选择译书人选时，草稿提议"特简博学多闻、年力方壮如光泽何刑部秋涛者一人为主讲"，誊清稿将此句删去。对于习西学人的出路，草稿提议在科举体制中设立一个"奇材异能科"，对于习西学者"三年之后，如有精通奥妙能实见之行事者，由主讲保入奇材异能科，赏给举人"，誊清稿将设立"奇材异能科"的设想全部删除，只说"由通商大臣请赏给举人"。

《重专对议》，草稿作《举专对才议》。《善驭夷议》草稿作《察夷情议》。《制洋器议》，草稿作《造西洋船炮议》，草稿中有"四者道在反求，惟皇上振刷纪纲，率先臣下，勿狃积习，勿尚具文，一转移间耳"，誊清稿则删去了"率先臣下，勿狃积习，勿尚具文"三句，变成"四者道在反求，惟皇上振刷纪纲，一转移间耳"，批评色彩温和了许多。《借兵俄法议》的草稿中，有"盖尝纵览夷书，博采旁咨于通晓夷情之人，而知诸夷不能

---

① 见《校邠庐抗议》谢章铤抄本，藏厦门图书馆。此条资料为德国学者冯凯提供。
②《校邠庐抗议》目录草稿，藏上海社会科学院历史研究所。
③《校邠庐抗议》草稿，藏上海社会科学院历史研究所。

无异志"，透露出冯桂芬相当留心洋务，通晓外国情况，在誊清稿中，这段话前两句被删除，只剩下"夫诸夷不能无异志"一句。

誊清稿原来收藏在上海图书馆，20世纪60年代初，陈旭麓先生曾经看过并作了摘录，但是，不知何故现在无法找到①。下面，依据陈旭麓先生《关于〈校邠庐抗议〉一书——兼论冯桂芬的思想》一文，对誊清稿作一介绍。此稿分上下两卷，装订四册，上卷篇次：《公黜陟议》《汰冗员议》《免回避议》《厚养廉议》《许自陈议》《复乡职议》《省则例议》《易吏胥议》《变捐例议》《绘地图议》《均赋税议》《稽旱潦议》《兴水利议》《改河道议》《劝树桑议》《壹权量议》《稽户口议》《折南漕议》《利淮鹾议》《改土贡议》《罢关征议》。下卷篇次：《筹国用议》《节经费议》《重酒酤议》《杜亏空议》《收贫民议》《崇节俭议》《复陈诗议》《复宗法议》《重儒官议》《变科举议》《改会试议》《广取士议》《停武试议》《减兵额议》《严盗课议》《制洋器议》《善驭夷议》《采西学议》《重专对议》。附录两篇，《以工巧为币议》《用钱不废银议》，冯桂芬有眉批："删，可另入文集。"誊清稿为条格纸，每面九行，是别人誊录的，冯桂芬又有删改。从删改的字句中，可以窥知冯桂芬思想的某些侧面。例如，《公黜陟议》末段删去的几行字是："及见诸夷书，米利坚以总统领治国，传贤不传子，由百姓各以所推姓名投柜中，视所推最多者立之，其余小统领皆然。国以富强，其势骎骎凌俄英法之上，谁谓夷狄无人哉！"冯桂芬另加浮签批注："末行似不足为典。"又把"传贤不传子"一语的"贤"和"子"字涂抹得辨认不出来。②

第四节　断续问世

冯桂芬写《校邠庐抗议》，旨在立言，其请曾国藩作序，也是为了刊行。曾国藩等人也希望书稿早日面世。从书稿写就，到冯桂芬去世，有

---

① 2017年某日，我应邀去鉴定一收藏家所藏文献，其一即为《校邠庐抗议》手稿，稿中圈点、改动内容，一如陈旭麓先生文章所描述，似即从上海图书馆流出之稿本。至于此稿流转路线，不得而知。

② 陈旭麓：《关于〈校邠庐抗议〉一书——兼论冯桂芬的思想》，《近代史思辨录》，广东人民出版社1984年版，第222页。

十多年时间，那么，冯桂芬为什么没有将其刊行呢？吴云在《显志堂稿》序言中说明此事：

> 在沪时，蒿目时艰，著《抗议》四十篇，关系民生国命，而旁及于西人格致之学。稿成，示余曰：子能直言，试为我平，毋隐。余受读之，紬绎至再，窃叹先生抱负之宏，与学术之邃，亭林所谓"若果见之行事，不难跻斯世于治古之隆"，此四十篇，实足当之。顾先生悲悯在抱，愤世嫉俗之心，时流露于笔墨间，故立言不免稍激，余复书，引苏子瞻发策之词、黄鲁直承天院记为言，先生笑而颔之。后曾文正公索观稿本，击节叹赏，同人咸促锓版，先生卒秘匿不出，且以余书附《抗议》稿后，其虚衷纳善如此。①

吴云是冯桂芬晚年最亲密的朋友，他的话符合冯桂芬的想法，切实可信。查吴云《两罍轩尺牍》，有两封劝冯桂芬当心时忌、不要轻易刊行的信。第一封信，写于吴云收到《校邠庐初稿》不久，尚未读完，信中赞扬冯的著作在经世致用方面已超过顾炎武，但同时指出，有些议论太过激烈：

> 前日奉手毕，尚未裁答，昨承枉顾，又失倒屣，罪甚罪甚！辱示大著，已披读十数篇，为经世大文，救时良药，恐亭林先生亦当让席，余子无论矣。韩子曰：用功深者收名也远，可为大著决之。惟间有语涉太激、过触忌讳处，俟读竣再申鄙说，以尽一得之愚。②

第二封信写在读完全稿以后。吴云高度肯定冯著价值，同时恳切地劝说冯桂芬，如要发表，务必谨慎，不要以言贾祸：

> 连日伏读大著，综贯经史，旁采百家，文止四十篇，而天文、地理、官制、田赋、水利、河渠、盐漕、军旅，以及柔远之方，自强之术，凡关民生国命者，莫不溯本穷源，详考得失，而又志在匡时，心蕲实用，忧天闵人之意，忠君爱国之忱，溢然流露于字里行间。此通儒之学，抑亦王佐之才也。苟能上达朝廷，见之行事，举当世之秕政，

---

① 吴云：《显志堂稿》序，《显志堂稿》前附。
② 吴云：《致冯林一宫允》，《两罍轩尺牍》卷二，第2页。

斟酌而变通之，拯溺扶衰，洵非小补。如汰冗员、免回避、许自陈、复乡职、变捐例、利淮鹾、收贫民、复宗法、重儒官、广取士、制洋器、善驭夷诸篇，皆按时势以立言，虑周识远，意美法良，非迂阔难行者比。拨乱世而反之正，是在当局者之善采其说也。云梼昧不学，乌足以定兄文，迺辱知爱过深，忘其固陋，属为商榷，不敢自外，谨将尊著篇目，重缮别纸，间有瞽见，附注于篇目之下。涓水纤尘，断无补于海岱，仍请厘正，幸甚幸甚！

抑再有陈者，从来忠愤郁结于中，矢词每多切直。贾生之当汉文时，尚不免痛哭流涕，处今日而论时事，言之过激，固有不及自检者。间尝浏观载籍，昌黎眉山，千古大儒，皆以文字召谤，祸几不测。黄鲁直《承天寺塔记》，初无幸灾讽刺之词，乃为陈举所讦，羁菅宜州。今朝政清明，贤辅在位，求言正切，原无忌讳，惟兄学行文章，士林宗仰，韩子曰：名之所存，谤之所归，似宜远鉴前贤，引以自慎。况此经世鸿文，有志匡济者必来取法。或触时忌，恐致格于上陈，转负作者苦心。此一得之愚，不能已于言者也。①

吴云很懂世故，意见很实在。吴、冯都在官场上受过挫折，惺惺相惜，吴的话冯容易听得进。所以，吴云说"先生笑而颔之"，接受了他的意见。既想济世，又有顾忌，那么，就听其在士大夫中间流传，影响士林，而又不正式刊行。这是冯桂芬在世时《抗议》有许多抄本而没有刻本的根本原因。

同治十三年（1874）冯桂芬去世以后，其子芳缉、芳植编辑冯桂芬文集《显志堂稿》，于光绪二年（1876）刊行，内收《抗议》文章 14 篇，诸如《变捐例议》《绘地图议》《均赋税议》《稽旱潦议》等，而将那些言辞比较激烈或不合时宜的文章舍去，诸如《公黜陟议》《汰冗员议》《许自陈议》《复乡职议》等（详见附表）。用今天的眼光看，关于经济改革方面的文章大多保留，关于政治体制改革方面的文章一概删去。吴云说，这种做法，符合冯桂芬本人的想法，"今嗣君申之比部、培之中翰袞刻先生文

---

① 吴云：《致冯林一宫允》，《两罍轩尺牍》卷二，第 2 页。

集,而《抗议》四十篇不全录者,实体先生意也"①。陈宝琛在《抗议》序言中亦称:"先生自定其《显志堂集》,取此议登其半,以有所避忌,存录其半于家。"②

《校邠庐抗议》40 篇中收入与未收入《显志堂稿》目录

收入《显志堂稿》目录			
变捐例议	绘地图议	均赋税议	稽旱潦议
兴水利议	改河道议	劝树桑议	壹权量议
稽户口议	重酒酤议	收贫民议	崇节俭议
复宗法议	重儒官议		
未收入《显志堂稿》目录			
公黜陟议	汰冗员议	免回避议	厚养廉议
许自陈议	复乡职议	省则例议	易吏胥议
折南漕议	利淮鹾议	改土贡议	罢关征议
节经费议	筹国用议	杜亏空议	复陈诗议
变科举议	改会试议	广取士议	停武试议
减兵额议	严盗课议	制洋器议	善驭夷议
采西学议	重专对议		

《抗议》正式刊行,是在成书 22 年以后。

光绪九年(1883),天津广仁堂刻行《校邠庐抗议》,是为《抗议》最早刻本。其稿似为冯芳缉提供。

光绪十年(1884),有江西刻本问世,署"光绪十年雕于豫章",故世称"豫章"本。豫章为江西别称,其时,冯桂芬次子冯芳植正在江西饶州府署知府,其稿由冯芳植提供。两种版本文字互有不同,冯芳植称这两种版本都是根据冯桂芬自己的稿子,"各有所本,而非意为增损也"③。

光绪十八年(1892),有潘氏敏德堂刻本。

光绪二十三年(1897),有丰城余氏刻本、王韬的"弢园老民"石印

---

① 吴云:《显志堂稿》序,《显志堂稿》前附。申之比部,即冯桂芬长子冯芳缉,字申之,曾任刑部主事,比部指刑部主事;培之中翰,即冯桂芬次子冯芳植,字培之,有内阁中书衔,中翰指内阁中书。

② 陈宝琛:《校邠庐抗议》序,《校邠庐抗议》,光绪十年豫章刻本,前附。

③ 冯芳植:《校邠庐抗议》跋语,《校邠庐抗议》,光绪十年豫章刻本,后附。

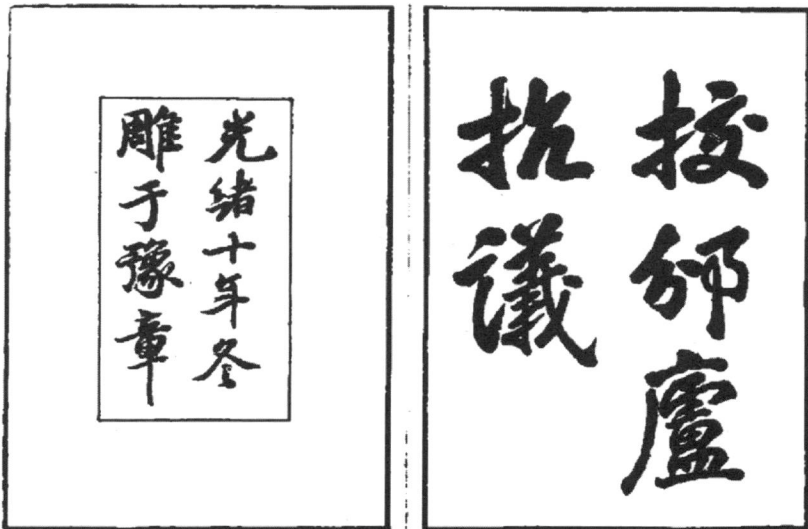

《校邠庐抗议》光绪十年豫章刻本

本、文瑞楼石印本、聚丰坊校刻本。

光绪二十四年（1898），有冯桂芬孙冯世澂的家刻本；"北洋石印官书局印"本，即光绪皇帝命北洋总督刷印发给大臣签注的版本；上海石印本。

光绪三十年（1904），有甘肃官书局刻本。

这些版本，所收篇目有所不同，有的为 40 篇，有的为 42 篇，有的为 47 篇；篇次有所不同，如《采西学议》有的列为第 25 篇，有的列为第 38 篇或 39 篇；所收序言、附录也不相同①。

---

① 参见陈旭麓：《关于〈校邠庐抗议〉一书——兼论冯桂芬的思想》，《近代史思辨录》，第 225 页。

第十章 变革思想:政治·军事·外交

冯桂芬是视野开阔的思想家,举凡国家的重大问题,政治、经济、社会、教育、外交,他都留心并加以思考。在政治和军事方面,他深入探究传统政治和军事体制弊端,提出一系列改良方案。

第一节 政治变革思想

冯桂芬的政治变革思想,包括以公黜陟改善官僚升降机制,以复陈诗改善民意上达机制,以汰冗员压缩官僚编制,以省则例、免回避提高行政效率,以广取士、许自陈、变捐例、易胥吏提高官吏素质,以厚养廉遏制官吏贪污,以复乡职加强基层建设。

一、以公黜陟改善官僚升降机制

冯桂芬在《抗议》中,提出著名的六不如夷说[①],其中,"君民不隔不如夷",就是说的中国政治体制方面的弊病。

冯桂芬认为,上与下的关系,包括君与臣的关系、中央与地方的关系、统治者与被统治者的关系,应当保持在一个比较融洽、通畅的水平上,一不能狎,二不能隔。特别是隔阂,君臣隔阂,中央与地方隔阂,上级与下级隔阂,官僚与百姓隔阂,政府与民间隔阂,到头来生出许多

---

① 冯桂芬:《制洋器议》,《校邠庐抗议》,第49页。

祸乱：

上与下不宜狎，狎则主权不尊，太阿倒持而乱生。上与下又不宜隔，隔则民隐不闻，蒙气乘辟而乱又生。三代以下，召乱之源，不外两端。下所甚苦之政，而上例行之，甚者雷厉风行以督之；下所甚恶之人，而上例用之，甚者推心置腹以任之。于是乎鸾鸱可以不分，鹿马可以妄指，沸羹可以为清宴，嗷鸣可以为嵩呼。五尺童子皆以为不然，而上犹以为然。不特此也，今世部院大臣，习与京朝官处，绝不知外省情事；大吏习与僚属处，绝不知民间情事；甚至州县习与幕吏丁役处，亦绝不知民间情事。蒙生平愚直，间为大吏及州县，纵言民间疾苦，多愕然谓闻所未闻者，此上下不通之弊也。①

冯桂芬看上去是不偏不倚，狎、隔两方面都说，其实，他要批评的就是"隔"的问题，因为从清初到他所处的咸丰朝，根本不存在上下相狎、主权不尊的问题。冯桂芬指出，自汉代以来，中国用人制度有严重缺陷，无论荐举、科举，"要不外试之以文字，举之以数大臣"，这样，既不知其人之能力，也不知众人之看法，只凭几个人之私见。而且，官场用人，还有一个陋习，就是凭印象、面相，"士大夫平居论说，从不闻曰某德可大贵，某才可大贵，但闻曰某命某相可大贵"，而这种东西是极不可靠的。

改革之法，一言以蔽之：公黜陟，即官员的进退，一听公议。

道在以明会推之法广而用之，又以今保举之法反而用之。会推必重臣之贵，今广之于庶僚，保举为长吏之权，今移之于下位，责成京官，自中书以上皆岁举六部九卿一人，翰詹科道一人，外省知府以上一人，吏部籍之。以得举多少为先后，遇应升缺列上，其无举者不得列。又令岁举部院司官一人，吏部交各堂官，有应升缺，用其举多者。若用举少者，则必言其故，候钦定。外官则令在籍在京在外各绅，及诸生、各乡正副董耆老，岁举同知以下巡检以上一人，上之郡，郡核其得举最多者，上之大吏，大吏博采舆论折中之，

---

① 冯桂芬：《复陈诗议》，《校邠庐抗议》，第35页。

许删不许增,造册奏闻。有缺以次保升,不与上司以权,而参劾之权则与之。夫乡人皆好恶之,未可就平人言之也。至于官则未有乡人皆好,而非好官者,即未有乡人皆恶而非劣员者,故此法至当不易。至各官考绩,宜首以所举得人与否为功罪,以重其事。所谓取才取德取千百人之公论者如此。

另外,"考官学政皆由公举,即无庸考试差。他知诗文传播,脍炙人口者,宜词苑;风裁峻整,胆识兼优者,宜谏垣;文笔敏捷,记识无遗者,宜枢廷;通达治化,机警绝人者,宜外任。皆可随事分举,公论所在,岂不胜于一日之试哉?"冯桂芬认为,这种方法,中国古代就有,孔子、孟子都有这方面的思想。孟子说:"国人皆曰贤,然后察之,见贤焉然后用之。"

二、以复陈诗改善民意上达机制

冯桂芬认为,"诗者,民风升降之龟鉴,政治张弛之本原也"。古代圣人担心上下之情之不通,而以诗通之。男女有所怨恨,相从而歌,饥者歌其食,劳者歌其事。男年六十、女年五十无子者,官衣食之,使之民间求诗。乡移于邑,邑移于国,国以闻于天子,"故王者不出牖户,尽知天下所苦,不下堂而知四方,无非求所以通上下之情,而言者无罪,闻者足戒,微而显,婉而讽,莫善于诗"。后来的统治者以此为迂阔而废之。

> 今议复陈诗之法,宜令郡县举贡生监,平日有学有行者,作为竹枝词、新乐府之类,钞送山长,择其尤,椟藏其原本,录副隐名,送学政进呈。国学由祭酒进呈,候皇上采择施行。有效者下祭酒、学政,上其名而赏之,无效者无罚。诗中关系重大,而祭酒、学政不录者,有罚。九州之大,万口之众,果有甚苦之政、甚恶之人,宜必有长言咏叹以及之者矣。夫文人结习,感时触事,莫或使之,犹将矢口成吟。今有赏以动其奋兴,无罚以绝其顾忌,不显主名,使无丛怨之虑;不讳姓名,使无告密之嫌,导之使言。如是有不明目张胆直言无讳乎?[①]

---

① 冯桂芬:《复陈诗议》,《校邠庐抗议》,第35页。

所谓陈诗,就是提倡、鼓励百姓说老实话,下情上达,沟通被统治者与统治者的联系。

冯桂芬进一步论述说,按照现在的制度,老百姓有冤,也允许叩阍上控,到上级衙门叫冤,但是,"愿民不敢为,骜民不知为,大率奸民始为之,故虚者十之九,实者十之一。迨交原审衙门复谳,则并其一而虚之,坐诬而已,加等而已,而沉冤遂以终古"。这样,达不到下情上达的目的。于是,由一人一家之冤,逐渐演变为一乡之冤,再而演变为一境之冤,走到极端,则骜民倡,奸民从,愿民为所胁,而大乱以作。陈诗之法实行以后,即使有一人一家之冤,断无一乡一境之冤。冯桂芬说,这件事看上去似迂而实切,似闲实要,似小而实大者。

三、以汰冗员压缩官僚编制

冯桂芬认为,国家多一冗员,不但多一靡费廪禄之人,多一消耗民脂民膏之人,甚且多一败坏国是之人。现在国家冗员太多,"不冗于小冗于大,不冗于闲冗于要,不冗于一二冗于十百"。

冯桂芬举例说,漕运衙门为一最大冗官。那些富商大贾运输货物,挟数百万之资,致数千里之远,逾山涉渊,艰难险阻,有数倍于漕运者,但是,他们不假尺寸之势,不用什伍之卫,而不患不达。国家运送区区三百余万石漕粮,哪有必要设立专门衙门?漕运经过之地,有郡县,有营汛,有河员,有朝廷设立的各种机构,莫非那些王臣都会袖手旁观而听任漕粮到不了京城?朝廷之力难道还不如那些富商大贾?现在,"漕督以少司马领行台,开府握兵符,控制七行省,岂不巍然大官哉?夷考其职,不知何所为也"。漕运总督所辖卫弁三百,标兵二千,暖衣饱食,安坐无事,既不能约束水手,也不能预防、缉拿强盗。现在,运河淤塞,漕粮改走海路,河运不可恢复,漕督粮道更无所用,那些督粮同知、管粮通判、主簿之类,皆坐食漕规,不与漕务。所以,漕督以下一切官弁兵丁之必宜全裁。

河务衙门为另一大冗官。黄河、淮河岁修五百万两白银,实用不过十之一二,其余皆河道总督以至兵夫,瓜剖而豆分之。据说那些比较老实的河员也仅仅用经费的十分之三来办公,贪冒之徒所用来办公的经费递减，甚有非抢险不使一钱者。既然空有其名而不办公事，自以并归地方为便。至于河兵之制，是本朝新创，初设时那些河兵皆谙熟水性，持土石与波涛争胜，在治河工程中作用不可替代，故办工不调民夫。到了现在，河兵已毫无所用。因此，河道总督以下一切官弁兵丁也应全裁。其他各关监督、盐务衙门、督抚司道等，多有可裁之冗员。

京官中，东宫已经不设，但是东宫之属官詹事府还设，完全没有必要，可以将詹事府并归翰林院，以副名实。科道今制 80 人，可以裁去一半，其余闲曹，亦减其半，内务府裁其大半。王公将军都统之外，提督 13 人，总兵 62 人，也是大官太多。又如准格尔部、回部、新疆各官，亦太多，率多养尊处优，恶劳好逸，"宜无论大小皆减其半"。

晚清冗员问题之突出，只要稍微留心行政事务的人，都可以强烈地感受到。因此，冯桂芬汰冗员的主张，得到众多改良派的赞同。郑观应在《盛世危言》中有《汰冗》一篇，引录了冯桂芬《汰冗员议》大部分文字，只是自己另加了一头一尾。王韬在《除弊》一文中，列举当除的六大弊端，第二条就是冗员。其文字基本上引自《校邠庐抗议》①。陈炽在《乡官》一文中，完全赞同冯桂芬汰冗员的意见，只不过他提出的汰冗的幅度、力度都比冯桂芬还要大。在历代改革中，汰冗员都是难度最大的一项，因为汰冗的结果，就是直接敲掉许多人的饭碗，这势必引起利益受损群体极大的反弹。戊戌维新所以失败，人事上的一个原因，就是裁减机构、裁汰冗员引起官僚阶层震动，受到利益受损群体的抵制和反对。

四、以省则例、免回避提高行政效率

省则例指废弃官场中不合时宜的陈规陋制。冯桂芬指出，在现在官场中，存在着许多完全不合情理的规章制度，极大地影响行政效率，亟应废除。以吏部而言，对于官员丁忧服阕，按理说，只需稽核月日，看其何时丁忧即知其何时应当服阕，现在呢，不相信命官自己的说法，而要丁忧之人的里邻出具证明；对于本官身至之不信，仍待之置驿之文。刘文清服阕到京，命署缺，吏部竟以原籍文未到而驳之，这是典型的只

---

① 王韬：《除弊》，《弢园文录外编》，上海书店出版社 2002 年版，第 34 页。

信条文不信事实，真是岂有此理！一个人丁忧三年回来复职，按理说，三年时间人一般不会骤然变老，不会辨认不出来，但是现在竟要验看：

> 犹是人也，三年中非骤能衰老，若谓哀毁灭性，举动改常，设有其人，曾闵之流也，方将旌之以风厉天下，而验看何为者？如有甄别，岂非冤抑？既无甄别，曷取具文？①

冯桂芬指出，之所以会出现这种怪事，就在于吏治腐败，为吏者以例治事，不看实情，"例之大纲，尚不失治天下宗旨，至于条目，愈勘愈细，其始若离若合，其继风马牛不相及，其终则郑声谵语，不知所云，遂于宗旨大相背谬，偶一道破，无不哑然失笑者"。

对于不合情理的陈规陋例，冯桂芬列举了一批，诸如因为丁忧而开去实缺、对于需照顾的官员父母年岁的规定、官场文书之繁冗与啰唆，都有许多不合情理之处：

> 蒙则以为以礼去官，正宜优加体恤，实缺勿开缺，候补勿扣资，服阕赴官，自递亲供，即任事如常，惟逾限期年不至者，开缺扣资，其余繁文，一切可删。又如亲老告近是也。顾亲年六十五以上准告近，则年六十四之亲，不向隅乎？家无次丁准告近，则有次丁，而或笃疾，或远出，或不慧，虽有如无者，不向隅乎？而且迎养在寓有别，迎亲送亲假有别，告养告近而服阕者有别，剖析可谓精矣。而于人情动多窒碍，惟有一切以欺应之，始可无事。

造成这些不合情理事情发生的原因，都是吏治不修、则例繁琐。他主张，对此大加改革：

> 吏之病根安在？在例案太繁而已。若是者，非一编管一秉秆拉杂摧烧之，则天下不治，宜简谙习吏事大小员数人，绅绎《会典》《则例》等书，揽存其要，名之曰简明则例。凡《则例》等书关涉银钱者，尤如牛毛茧丝，令人不可猝了，此皆舞弊之经传也。每部不得逾二十万言，旧册存之。旧例旧案无论远近，一切毁之，以新例颁发大小官员惟遍，戒自今非新例不得援引，小事两可者，卿贰

---

① 冯桂芬：《省则例议》，《校邠庐抗议》，第15页。

督抚以理断之。《传》曰：用人勿疑。卿贰督抚大官，而必束之以例案，且束之以无一定之例案，是疑大臣而转信吏也，颠孰甚焉。①

至于官场的咨移详札，讲实际内容的无可简略，但是，其首尾复述套语都应该删除。冯桂芬主张颁布统一格式，无论上下行文书呈状，规定纸长阔若干寸，格长阔若干寸，叶若干行，行若干字，令可装为一帙。"照例知照事月一报，一类为一册，按行续写，文从极简，以不能损一字为准，连叶用骑缝印，板心署年月日。又各署皆创一公事表，仿诸史表式，别类分门，事经月纬，如目录然，使易于稽考"。对于户部、工部记录银钱之书，也应该加以改革，但著某县田若干亩，一亩之税，米若干，银若干，以大目通晓为主，一目了然，他可类推。

所谓回避，是指清朝关于官员任职回避本省的规定。冯桂芬说，三代之时，无论世家还是草泽，俱任于其国。汉代、唐代、宋代，官员也没有回避本省的规定，汉之朱买臣、元魏之毕安敬、唐之张汉周、宋之范仲淹，都在本郡担任行政长官。明代始有南北选之例，后遂定为回避本省，一直延续下来。对于官员回避本省的一些理由，冯桂芬作了批驳。回避论说："官于本地，关说之径路熟，恩怨之嫌疑多，囊橐之取携便而已。"冯桂芬说，这一说法是片面的，"不知营私固易，举发亦倍易。阿比固多，责备亦倍多。祖宗丘墓之所在，子孙室家之所托，立身一败，万事瓦裂，非一官传舍之比，乡评之可畏甚于舆论。愚则以为官于本地，较之他乡倍宜自爱自重，亦人情也"。冯桂芬指出，回避的结果增加了为官成本，加大了行政的难度：

> 舟车驴马人夫之费，其给之也，非斥产即揭债；其偿之也，非国帑即民膏。到官之后，言语之不通，风土之不谙，利弊则咨访无从，狱讼则词听无术，不得不倚奸胥为耳目，循宿弊以步趋，于国计民生损乎，益乎？况乎关说之径路难通，则转多因缘之辈矣。恩怨之嫌疑不涉，则弥无忌惮之心矣。囊橐之取携不易，则更益赍送之费矣。人果贤耶，不可待之以不肖；人果不肖耶，仍无以禁其不肖。

① 冯桂芬：《省则例议》，《校邠庐抗议》，第15页。

无益于国,有损于民,莫此为甚。①

冯桂芬批评官员回避本省之例,"显背三代圣人之制,酿民生无形之害,开胥吏无穷之利"。

地方官的地域回避,是中国传统政治制度中一大传统,起源甚早。西汉时已规定地方各级监官长吏不得任用本籍人,其后在隋、唐、宋、元等朝代,除了东汉末年以后地方豪强坐大难以贯彻,这一原则基本延续。明代实行更严,规定南北更调,北人南用,南人北用,除学官外不得任官本省。清沿明制,除了同省回避,还在距离上加以限制,康熙以后规定五百里以内也需回避。就制度设计而言,这种打破官员籍贯地与任职地之间联系的办法,对于避免或减少任职官员受原籍亲属的影响,维持政务公正,具有明显的积极意义。但一项用意不错的制度一旦被推向极端以后,弊病就会出来。明末清初顾炎武对此便有批评,他指出,回避原籍的制度,在执行过程中,已被推到了极不合理的一端。宋朝规定"知县注选,虽甚远,无过三十驿",所谓三十驿者,九百里也,那已经是够远的了。"今之选人,动涉数千里,风土不谙,语音不晓,而赴任宁家之费复不可量,是率天下而路也。欲除铨政之弊,岂必如此而后为至公邪?"②康雍时期,陕西学者王心敬曾撰《答问选举》一文,对籍贯回避问题提出系统批评。他认为,本省人不得官本省之例,存在十个弊端:一是籍贯地与任职地距离遥远,以极南之人遇极北缺,极西之人遇极东缺,路途甚有在七八千里外者,拖家带口,往返费用极高,于官于家于国,均极不利;二是离亲独往,难以侍候父母,有违孝道;三是一选远地,语言不通,情况不明,必然要倚赖积年供役之侍吏,易受蒙蔽;四是南北风气迥殊,起居不宜,不利于健康;五是路途遥远,行程淹滞时日,废职旷业;六是新旧官员交接,中间必加一署书之员,地方百姓必隐受其弊;七是长途跋涉,劳而无益;八是本衙役胥有远接虚耗之费;九是大吏夫马骚扰之费;十是地境一远,一切事情,素不能知,必然花费很多时

① 冯桂芬:《免回避议》,《校邠庐抗议》,第6页。
② 顾炎武:《日知录·选补》,《顾炎武全集》第18册,第367页。

间去了解,而边官升转周期又短,极不利于边官履职。① 此文被收入魏源代贺长龄所编《皇朝经世文编》。乾隆年间,翰林院侍读学士杨椿、太常寺正卿陶正靖等,都从节省费用、通晓民情、迎养老亲等角度,批评异地任职的弊端。② 由此可见,到了清代中前期,地域回避的弊端已为一批有识之士所认知。

冯桂芬吸纳了顾炎武等人的见解,并提出了变革意见。他主张对回避之法进行变通,大吏特简者不论外,府厅州县各官,用宋朝官僚"无过三十驿之法",无论有亲无亲,皆选近省,县丞以下不出省。这样,于国于民,均有益处。

冯桂芬是官场过来之人,他的主张,自有其合情合理之处,赵烈文、陈鼎等都认为此议可行。

五、以广取士、许自陈、变捐例、易胥吏提高官吏素质

广取士是指扩大用人途径。冯桂芬评论明初用人之法,以科目、吏员、荐举三途并用,途径较广,可惜的是方法未能尽善,"专重时文,用科举之未善也;流品不别,用吏员之未善也;至于荐举之权,宜用众不宜用独,宜用下不宜用上"。至于清代,用人之途更窄、更独。他认为,历代用人,都是上级举下级,宰相举百僚,长官举属吏。宰相以一人之耳目,收天下之贤才,遗漏固然十之八九,所用之人中不称职的又十之二三。至于用属吏,则所选范围相当狭隘,例保之而例用之,更不容易获得真正优秀人才。

在冯桂芬思想深处,有一个从众、从下的原则。他认为以一人选众人,一人定众人,总有局限,魏立九品官人之法,郡县各置大中正,似乎已经用众、用下了,但是,"以一人而定千百人之品,依然独也;大中正不得纠举,依然上也"。其结果,还是不公不明。为此,他建议于科举之外,推广取士之法,令各州县在籍、在京、在外各绅及诸生,各乡正副董,各举荐一些人,包括才德出众者,聪慧努力而考试不遇、公论称屈者,才

---

① 王心敬:《答问选举》,载《皇朝经世文编》,《魏源全集》第 14 册,岳麓书社 2004 年版,第 100—101 页。
② 胡恒、陈路:《清代地域回避之争的脉络及其分析》,《史林》2019 年第 4 期。

德上上、文学中下者,还有那些无心仕途、岩处隐沦、从不应试者,奇材异能别有绝技者。民间推荐以后,州县核其得举最多者一二人上报大吏,大吏会同学政、山长,博采舆论,选其优异者,列入荐牍,然后诸生赏举人,举人赏贡士,让他们一体参加会试、殿试,三年一行。这样,则荐举之权用众不用独,用下不用上,所荐之人亦可十得八九。①

许自陈即允许官员自我推荐。冯桂芬说,人知不如自知之明,自己最明白自己的能力。古代人不避自荐,后世动以私意度人,遂不许人自择官,这不符合三代圣人开诚布公之道。他以为,国家如果要想用得其人、用人之长,在任用官员时,就应该允许官员自我陈明宜于何职,不宜何职,"窃以为进士引见之先,愿就京职者,宜听其陈明,而删去改归班之例"。在鼓励毛遂自荐的同时,应制止遇事避让、无疾称疾的行为,因为,"无疾称疾,古人所有,不以为欺罔也。即承平扬历数十年,一旦有事,引疾而去,在其人为负国家,而自国家言之,则此等恇怯阘茸之徒,正宜屏逐之,使避贤者路,安用束缚驰骤,坐令竭蹶偾事哉?"对待这种人,让其"冠带闲住,不复叙用足矣"②。

捐官自古即有,入赀补吏,创于汉武帝,东汉及晋,捐纳更滥,唐、宋、元三朝,绵延不绝。明代情况稍有不同,景泰年间,始命输纳者可给冠带,二年令世袭武职,四年令生员纳粟补国子生,而不给实职。

冯桂芬的同年安徽人朱凤鸣,在道光年间曾写过《任官惟贤》一文,痛陈捐纳之害,受到道光皇帝表扬,传诵一时。朱凤鸣批评捐纳的弊端,有很多妙论,诸如"国家用科目,君子小人参半也,用捐班则专用小人矣"。又曰,"上以急公好义为招,特假以为名,下以利市三倍为券,将务求其赏"。又曰,"捐班逢迎必工,贿赂必厚,交结必广,趋避必熟,上司必爱悦,部吏必护持"。又曰,"与其开捐,不如勒派。富民百十家之勒派,其害偏;开捐则将为贫民亿万家之勒派,其害普。与其开捐,不如加赋。有形有限之加赋,其害近;开捐则将为无形无限之加赋,其害远"。对于朱凤鸣的议论,冯桂芬很是赞赏,以为"抉开捐之弊,可谓至矣"。当然,冯桂芬对捐例的利弊得失也有具体分析。他说,平心论之,

---

① 冯桂芬:《广取士议》,《校邠庐抗议》,第41页。
② 冯桂芬:《许自陈议》,《校邠庐抗议》,第10页。

捐纳中也不是全无人才，不能说"专用小人"，但是，捐班中人才所占比例极低，大抵千百中之一二。

太平天国战争爆发以后，清朝政府因为财政支绌，大开捐纳，捐班流品更杂，吏治更坏，世变更亟，动乱更多，经费更紧，恶性循环。冯桂芬此时适在北京，感受尤甚，"近十年来，捐途多而吏治益坏，吏治坏而世变益亟，世变亟而度支益蹙，度支蹙而捐途益多，是以乱召乱之道也"。他主张，"居今日而论治，诚以停止捐输为第一义"。

开捐例是政府敛聚民间财力、弥补财政的重要手段，捐例一停，那么大一个财政漏洞怎么补上？冯桂芬建议，作为权宜之计，可以改卖官为鬻爵。鬻爵一事，战国时商鞅就实行过，贫者可将其原来爵位卖掉，西汉晁错也实行过。西方国家也有这套，对于买爵之人，只给荣誉，不给实权，也不给特权，"彼诸夷以利为国，富商辄与大酋敌体，而绝无入仕之路。一犯法则朝为坐上客，夕为阶下囚，故富商倍重犯法，此亦抗礼无弊之一证。其实职升衔加级及贡监一切停止"。对于已经通过捐纳获得官位的，冯桂芬主张区别对待，"现任有政绩者，上司特疏保留，改其籍曰荐举，其余无论实缺、候补、候选，皆视原输银数改入民爵，以示大信，且令天下晓然，知非往时甫停复开之比。捐班中果有才士，无所冀幸，无所需待，将群然淬厉鼓舞于正途，斯官方可以澄叙，人材可以奋兴矣"。①

捐纳问题是晚清许多有识之士激烈批评的对象。王韬有《停捐纳》、郑观应有《捐纳》、陈炽有《停捐》，都继承和发挥了冯桂芬的思想。王涛在《停捐纳》一文中，吸收了冯桂芬关于捐纳引起吏治腐败、道德败坏的意见，痛切指出，"捐纳一途，万不可不停"②。

易吏胥即改变吏胥的结构。吏是这么一个复杂的群体：流品贱而权势贵，"后世流品，莫贱于吏，至今日而等于奴隶矣。后世权势，又莫贵于吏，至今日而驾于公卿矣"。冯桂芬说，自唐以来，吏就是低贱的一类，唐朝规定如果担任过州府小吏的，不得申送进士，与不守礼教品德有亏者一例看待，明太祖更明确规定，吏胥心术已坏，不许参加科举考

① 冯桂芬：《变捐例议》，《校邠庐抗议》，第61页。
② 王韬：《停捐纳》，《弢园文录外编》，第42页。

试。到了清代，吏的流品更贱，权势更贵：

> 至近日，江苏州县，漕书阍人，更迭为之，衣冠不与齿，其贱也如彼。而权势之盛，则又莫盛于今日。州县曰可，吏曰不可，斯不可矣。犹其小者也，卿贰督抚曰可，吏部曰不可，斯不可矣。犹其小者也，天子曰可，吏部曰不可，其不可者亦半焉。于是乎其权遂出于宰相大臣之上，其贵也又如此。①

胥吏为什么要如此专权呢？这当然是政治体制决定的，也是他们借以牟利的手段，钱到则可，不到则否：

> 夫所谓可不可者，部费之到不到也。《汉书》云，所欲生则与生比，所欲死则与死比，专指廷尉言，今则转于吏、户、兵、工四部为甚，无他，利之所在耳。每部不下千人，其渠数十人，车马、宫室、衣服、妻妾之奉，埒于王侯，内外交结，隐语邮书，往来旁午，辇金暮夜，踪迹诡秘，莫能得其赃私都数。尝与一绍兴人拟议，吏部四司，岁约三百万，兵部官少而费更巨；户部有监漕，工部有河工，计四部岁不下千万。外省大小衙门，人数尤众，婪赃更多，更不啻千万。究银所从来，国家之帑藏居其三，吾民之脂膏居其七。

冯桂芬认为，吏是现在天下之乱的祸根，"今天下之乱，谁为之？亦官与吏耳，而吏视官为甚。顾氏炎武谓之养百万虎狼族民间者是也。虎狼何知？但知搏噬，噬民不已，继以噬国。无足怪，独怪国家之必养此虎狼何居？正名定罪，非尽杀不可，然非一杀之而即已也，杀一虎狼，复养一虎狼，其噬人自若，是今之吏之不可复用也明矣"。吏之流品如此低下，并不是自古皆然，而是有个演变过程。在西周时候，吏与士同列，并非贱役。汉武帝时，卒史皆用通一艺以上者，其流品也还不差。唐代以后，吏中也有人通经，元代也有吏做到大官的。明代中叶以后，"始贱吏不用"，吏的地位开始低下，"自士大夫之于吏，以奴隶使之，盗贼待之，而吏遂无所用"。

对于吏，既不能不用，其流品又那么低贱，那么怎么办呢？冯桂芬

---

① 冯桂芬：《易吏胥议》，《校邠庐抗议》，第16页。

主张,变革之法,可以减少吏务,现行案牍减去大半,有些事情并入幕僚工作,而名之曰幕职,同时给以入仕之途,不得以游闲之人为之,由郡县学山长择诸生中有才有行而文学中平、历三试不中式者,送郡县充选,兼准应试。如果九年无过,叙丞簿官候选,始脱试籍。丞倅佐贰等官,于郡县分聘一人,大吏及部院皆由郡县择其特别优秀者为之。冯桂芬举例说,按照现在制度,只有军机处不设吏,以章京治文书,苏拉仅供奔走之役,故流弊较少。依此类推,部院也可以幕职代书吏。幕职一途,与科目、荐举二途并用,对他们的出路要与科目、举荐有所区别,规定其不得入翰林及为大学士,其余在迁擢方面没有高下差别。这样,规定幕职必须由诸生担任,在来源方面已有一定质量保证,吏的人员素质优化了,日后又有上升空间,"如此则人知自重,舞文黩货之风庶几少衰息乎"。①

冯桂芬改革吏胥的主张,在陈炽那里得到了共鸣。他在《胥役》一文中,分析了胥役的构成,指出其对社会造成的危害,提出了改革的方法,包括严定限制、优给工食、量予出身②,措施与冯桂芬有所不同,但总的原则一致。

六、以厚养廉遏制官吏贪污

厚养廉主旨是大幅度提高官员薪金,使其能够自给,过上比较体面的日子,然后严厉惩办贪污,廓清吏治,养成廉洁之风。

冯桂芬说,在官员中间,上自督抚下至典史,公开谈论某缺肥,岁赢若干;某缺瘠,岁赔若干,已经是相当平常的事情,扬扬然习于人口,恬不为怪。一次,好友、无锡县令王恩绶告诉冯桂芬一件趣事:他听到一江苏官员议论山阳、泰兴之肥瘠,起初不知道这些官员说的是两个县名,说的是在两个县当官的肥瘠,而以为是两个商店的营业情况,因为苏州正好有三阳酱园、泰兴缎肆两大名店。冯桂芬将此事告诉林则徐,林则徐亦为之抚掌大笑。清朝官员,俸禄很低,大小京官莫不仰给于外官之别敬、炭敬、冰敬,其廉者有所择而受之,不廉者百方罗致,通过结

① 冯桂芬:《易吏胥议》,《校邠庐抗议》,第17页。
② 陈炽:《庸书·胥役》,《陈炽集》,赵树贵、曾丽雅编,中华书局1997年版,第66页。

拜师生兄弟等办法弄钱。其结果，大抵大官之廉者仅可以收支平衡，不廉者有所节余，小官则全部入不敷出，钱不够用只能举债，十年下来，亏欠巨万。至于那些在京城的候选官员、等待安排实际职务的人，则更穷。所以，对于官员来说，不是他们本性就很贪婪，而是"国家迫之，使不得不贪也"。这个情况朝廷难道不知道吗，还是明知而故纵？

冯桂芬给官员的支出算了一笔账：

> 士从田间来，寒士居多，虽在一命之微，莫不有父母之养，妻子之赡，宫室舆马衣裘仆从之需，亲戚故旧之赒恤，官愈大则用愈多。外官体统较尊，加以延幕友吏役，费用数倍于京官，大都京官翰林部曹岁需千金，递加之至一品当万金。外官养廉本数较厚，牧令视本数十倍，丞倅以上四五倍，至督抚二三倍，皆不可少之数。①

冯桂芬说，改革之法，就是按照官员过一个体面生活的实际需要，给予俸禄。具体地说，京官翰林部曹年薪一千两，逐级递增，一品大员年薪一万两，外官年薪为原养廉银的十倍，丞倅以上为五倍四倍，督抚为二三倍。在此前提下，严格法纪，如果还有"舞法营私，致于宪典者，斯真贪人矣。于是可设为厉禁，京官取外官一钱，上司取属员一钱，官取所部一钱，杀无赦。夫而后吏治始可讲也"。

一下子增加那么多开支，钱从哪儿来？冯桂芬说，通过变法，钱不成问题。汰冗员，人数已少，停漕运，减河工，所省千百万，已不患不足。何况吏治既肃，百弊皆捐，中饱一除，积欠自少，数年之后，所得必然超过所费。

对于厚养廉的方案，赵烈文评价："此论通。"

冯桂芬以厚养廉遏制官吏贪污的思想，在其后思想家中得到了响应。郑观应的《盛世危言》中有《廉俸》篇，其主张也是加俸养廉。光绪二十二年出版的陈炽《庸书》中有《养廉》篇，继承和发展了冯桂芬的这一思想。

---

① 冯桂芬：《厚养廉议》，《校邠庐抗议》，第8页。

七、以复乡职加强基层建设

复乡职指恢复基层乡官的职权。冯桂芬认为，现在官僚结构是大官多而小官少，明显不合理。他引用顾炎武的话说，"大官多者其世衰，小官多者其世盛"，因为治官之官多，治民之官少，不符合政治统治的客观需要：

> 盖大官所以治治民之官，小官所以治民。分而又分，其数不能不多，其位不能不小。今世治民之官颇少矣。县令藐然七尺耳，控一二百里之广，驭千百万户之众，其能家至户到，而周知其循莠勤惰、饱饥甘苦哉？至令以下各官，非赀选即吏员，流品既杂，志趣多庸，加以间关跋涉，千里万里而来，身家妻子惟一官是食，犬马于富民，鱼肉乎贫民，视令以上尤甚，蠹民而已，何有乎治民？①

他说，"治天下者，宜合治亦宜分治。不合治则不能齐亿万以统于一，而天下争；不分治则不能推一以及乎亿万，而天下乱"。那么，怎样才能做到分、合结合呢？他认为"天子之不能独治天下，任之大吏；大吏不能独治一省，任之郡守；郡守不能独治一郡，任之县令；县令不能独治一县，任之令以下各官"。他提出复乡职的主张，建议"县留一丞或簿为副，驻城各图满百家公举一副董，满千家公举一正董，里中人各以片楮书姓名保举一人，交公所汇核，择其得举最多者用之，皆以诸生以下为限，不为官，不立署，不设仪仗，以本地土神祠为公所"。这些正副董负责处理民间争讼，遇到事情，副董会同里中耆老，于神前环而听其辩论，副董折中公论而断。理曲者责之罚之，不服则送正董，会同两造族正公听如前，如果不服再送至巡检，罪至五刑送县处理。协助政府官员缉捕罪犯，催征赋税，但不具体经手。正副董酌给薪水，正董薪水每月十两银子，副董五两。正副董皆三年一易，有功者许入荐举，有过者随时罢黜，与凡民相同。

冯桂芬复乡职的思想，受到两个方面的启发，一是顾炎武的分权思想，二是西方地方自治和代议制度。顾炎武认为，"封建之失，其专在

---

① 冯桂芬:《复乡职议》,《校邠庐抗议》,第 11 页。

下；郡县之失，其专在上。古之圣人，以公心待天下之人，胙之土而分之国；今之君人者，尽四海之内为我郡县犹不足也，人人而疑之，事事而制之，科条文簿日多于一日，而又设之监司，设之督抚，以为如此，守令不得以残害其民矣"，殊不知这些官员都只知道做官不知道为民兴利，百姓怎能不穷，国家怎能不弱？他提出，"尊令长之秩，而予以生财治人之权，罢监司之任，设世官之奖，行辟属之法，所谓寓封建之意于郡县之中，而二千年以来之敝可以复振"①。他主张削弱君权，给地方以更多的权力，并创造性地提出普遍荐举制的设想，主张官僚的候补队伍由地方推举产生，天下之人，"无问其生员与否，皆得举而荐之于朝廷"，举荐人数，视郡县大小、人口多少而定。②

冯桂芬设计的乡官，既由选举产生，又有任期限制，优劣好坏由人民监督，显然是模仿了西方民主代议制度的一些做法。诚如吕实强所论，冯桂芬设计的由下级推举乡官的想法，"于往古史例，决无前例可循"。他能提出这些想法，主要在于他能循复古而维新，"不仅能灵敏地觉察到所面临的变局，更能够客观而虚心地从中西比较之中，全盘地考虑到中国政治的改良，提出一套比较完整的方案"。"能真正融会中国重视民意传统，而谋求以近似西方民主制度作为改革本国政治之言论者，冯氏实为近代中国史上第一人"。③

冯桂芬的这一思想，30多年后，在陈炽那里得到了呼应。陈炽作《乡官》一文，将汰冗员与复乡职结合起来，主张裁汰宗丞、主事、内阁大学士、詹事府等官员，加强、发挥乡官作用。④

第二节　军事变革思想

清朝军队的问题，经鸦片战争、太平天国战争、第二次鸦片战争，其

---

① 顾炎武：《郡县论》一，《顾亭林诗文集》，中华书局1959年版，第12页。
② 顾炎武：《生员论》下，《顾亭林诗文集》，第24页。
③ 吕实强：《冯桂芬的政治思想》，《中华文化复兴》第四卷第二期，1971年。
④ 陈炽：《庸书·乡官》，《陈炽集》，赵树贵、曾丽雅编，第16—18页。

制度之不适应近代要求、武器之落后、官兵素质之劣、战斗力之差,已经暴露无遗,只要是对国事留心一点的人,都能感受到。冯桂芬一介儒生,从无带兵打仗的经历,也没有在兵部等机构里当过官,但是,他对军队问题洞若观火,提出了一系列军事变革思想,主要表现在减兵额、停武试,以及本书已在《倡导西学》一章中述及的仿制洋枪洋炮问题。

冯桂芬指出,现在国家军队,一是战斗力差,二是空额多,三是老弱无用者多,因此,必须裁减兵额,另招武生。太平天国战争表明,当朝之兵,多不顶用,"粤贼所到,完城才百中之一二,皆得力于勇。天下大营凡四五,皆募勇居多,官兵每营不及万。然则平日所谓养兵百万者安在?虽至愚亦知其必当减矣"。鸦片战争冯桂芬没有直接经历,太平天国战争他亲历亲闻,所以,他讨论军事问题,每以"粤贼"为例。他说,天下兵凡百万,其中守汛者二十万,零星散处,不便操演,而有缉捕防守之责,然为数既少,实亦不能缉捕,不能防守,这类兵应该全裁。现在各营兵额大都虚额十分之三,甚至十分之四五,老弱占十分之一,炊爨洒扫之夫占十分之一,因此,实际可备行阵者不及一半。

冯桂芬建议以武生充兵,其事有多种好处。武生人有名籍,有年貌,虚额老弱不能冒,而又不肯为炊爨洒扫之役,诸弊不绝而自绝。至于实际裁军操作方案,他建议,无论大小官弁,水陆马步,大加并省,保留三分之一,而口粮则三倍其旧。另外,仿造洋船以后,计十八省最远之程,两月可达,援应既速,即人数可减。且行军以练胆为先,而安坐无事,无以试之,惟风波之险,与战阵之际正等。造船之后,应该让加强训练,让各弁兵轮流驾驶,报聘西洋各国,对于那些畏缩不前、仓皇失措者坚决淘汰。他以欧洲军事强国为例,英、法两国兵三十万,已横行七八万里外。俄罗斯地窄而长,需兵宜多,也无过六十万。因此,中国有兵三四十万,不为少矣。

关于停武试,冯桂芬说,清朝武试自顺治十二年实行,与文科一一相准。选举之法,不可谓不备,理应将天下豪俊网罗无遗,可是结果并不理想。考其原因,主要是与文科比起来,武科实际社会地位太低。第一,武科一途,有地位的家族不屑参加。第二,武科讲究力气大,力士多出于乡村,而参加武试的费用是文科的十倍,寒素之家无力参与。第三,武职有教师垄断,非其素识者无门可入,穷乡僻壤之寒素之人无路可通。所取之途既狭,故所得之才不真。如果以平常人中间比较有文才的十个人,与十个有科举功名的文生较量,常人能胜文生者毕竟很少。以常人之有勇力者十人,与十武生相比较,其胜武生者比比皆是。虽举人、进士亦然。这说明,科举考试中,文科确实将有文才的人网罗进去了,武科则不然。当世为大将立大功者,行伍多而科甲少,武科之不得人,视文科尤甚。故武职以行伍为正途,而科甲不与,显与国家设科之意不合,在这样情况下,沿袭具文就毫无意义了。

冯桂芬建议,停罢大小一切武试,统一归之荐举,仍存进士、举人、生员为出身之名,专以膂力为高下,不与选阶,而绿营之迁擢必由之。其法由兵部明定一格,举若干斤者中生员选,若干斤者中举人选,若干斤者中进士选,无论满汉直省一律遴选无定额。令各州县于书烟户门牌时,凡有成童以上力能举若干等斤者,造册由县而府而督抚学政,考验符合,皆登之册,礼之如文士,删一切前跪报名等例。其中进士选者,给咨送部引见授职,内用者留京营学习,外用者回省营学习,余分别作为举人、生员,皆留营学习,序补弁兵额。其不愿留营,愿仍就士农工商旧业者,虽状元授职后亦听,逾时愿至者亦听。三年一举,著为令,嗣后绿营弁兵无出身者不得补。凡以武改文者,武生作为佾生,举人以上作为附生,一体肄业,皆仍其章服。

冯桂芬对武科问题的分析,切中其弊,其停武试的设想,相当合理。戊戌变法中,康有为、张之洞等都就变通武科提出改革意见。光绪二十七年七月,清政府正式下令废止武科,其谕旨云:

> 武科一途,本因前明旧制,相沿既久,流弊滋多,而所习硬弓刀石及马步射,皆与兵事无涉,施之今日,亦无所用,自应设法变通,力求实用。嗣后武生童考试及武科乡会试,着即一律永远停止。所有武举人进士,均令投标学习,其精壮之幼生及向来所学之童生,均准其应试入伍。[1]

所述废止武科理由与处理措施,与冯桂芬所述如出一辙,但时间整

---

[1] 朱寿朋编,张静庐等校点:《光绪朝东华录》第四册,中华书局1958年版,第79—80页。

整过了 40 年。

第三节　改善外交：善驭夷和重专对

对外关系方面，冯桂芬主要提出了善驭夷和重专对两个问题。

冯桂芬认为，夷务极端重要：

> 今国家以夷务为第一要政，而剿贼次之，何也？贼可灭，夷不可灭也；一夷灭，百夷不俱灭也；一夷灭，代以一夷，仍不灭也；一夷为一夷所灭，而一夷弥强，不如不灭也。盛衰倚伏之说，可就一夷言，不可就百夷言。此夷衰，彼夷盛，夷务仍自若。然则驭夷之道可不讲乎？驭夷之道不讲，宜战反和，宜和反战，而夷务坏。忽和忽战，而夷务坏。战不一于战，和不一于和，而夷务更坏。今既议和，宜一于和，坦然以至诚待之，猜嫌疑忌之迹，一切无所用。耳属于垣，钟闻于外，无益事机，适启瑕衅。子贡曰："无报人之志，而令人疑之，拙也；有报人之意，而使人知之，殆也；事未发而先闻，危也。三者举事之大患。"（见《史记·孔子弟子传》。《战国策·燕策》苏代语略同，盖本子贡）以今日行之，直所谓无报人之志，而令人疑之者也。然则将一切曲从乎？曰，非也。愚正以为曲从其外，猜疑嫌忌其中之非计也。

冯桂芬主张，对待外国，首先要讲理，以理服人，这是建立在"夷人"服理守信的基础上的：

> 夷人动辄称理，吾即以其人之法还治其人之身，理可从从之，理不可从据理以折之。诸夷不知三纲，而尚知一信。非真能信也，一不信而百国群起而攻之，钳制之，使不得不信也。吉勇烈之事（见《重专对议》）即能为理屈之明证。

光讲理是远远不够的，让人担忧的事情，还是不少，但是，综合看来，短时期内中国没有什么危险：

然则和可久恃乎？曰，难言也。盖尝博采旁咨，而知诸夷不能无异志，而目前数年中则未也。中华为地球第一大国，原隰衍沃，民物蕃阜，固宜百国所垂涎。年来遍绘地图，辙迹及乎滇、黔、川、陕，其意何居？然而目前必无事者，则以俄、英、法、米四国地丑德齐，外睦内猜，互相钳制，而莫敢先发也。俄与英、法讲和未久，米尝大困于英，其于他国亦无岁无战争。要其终，讲和多而兼并少，故诸夷多千年、数百年旧国。不特兼并难，即臣属亦不易。何则？诸夷意中各有一彼国独强即我国将弱之心，故一国有急难，无论远近辄助之，盖不仅辅车唇齿之说，其识见远出乎秦时六国之上。如土耳其欲并希腊，俄、英、法救之。俄欲并土耳其，西班牙欲并摩洛哥，皆英、法救之，汔归于和。彼于小国犹尔，况敢觊觎一大国哉？

津门戊午之事，发端于英，辄牵率三国而来者，无他，不敢专其利也，惧三国之议其后也。庚申之事，得当即已者，亦惧俄、米之议其后也。可取而忽舍，可进而忽退，夫安有兴师动众，间关跋涉八万里之远，无端而去、无端而复来哉？不待智者而知其不然矣。故曰，目前必无事也，可以坦然无疑也。

这个判断，是建立在对英、俄、美、法等国特点、诸国相互关系以及国际外交传统的分析基础上的。但是，从中国的国际环境看，有三可虑：

将来四国之交既固，协以谋我，或四国自相斗，一国胜而三国为所制，而后及于我。然四国之相雠，胜于雠我，交必不能固，而自斗则为日必不远，可虑也。又西藏之南及新疆天山南路，皆与英属部孟加拉本若等境接壤，可虑也。俄境东自兴安岭，西至科布多，毗连者数千里。近闻俄夷纵迹已及绥芬河一带，距长白吉林不甚远，更可虑也。

从日后历史实际情况看，冯桂芬虑英、虑俄是很有眼光的。

当然，驭夷最根本的一条是自强：

然则前议自强之道，诚不可须臾缓矣。不自强而有事，危道也；不自强而无事，幸也，而不能久幸也。矧可猜嫌疑忌，以速之使有事也。自强而有事，则我有以待之，矧一自强而即可弭之使无事也；自强而无事，则我不为祸始，即中外生灵之福，又何所用其猜嫌疑忌为哉！

重专对，即重视外交谈判人才。冯桂芬认为，中国在春秋时以善辞令为学问之一端，若臧文仲、子产之类，代有其人。孔子论士品，以使于四方不辱君命，居于孝悌信果之上。又曰："诵诗三百，不能专对，虽多亦奚以为？"可见当时对专对人才的重视。列国以后，此学遂废。

> 今海外诸夷，一春秋时之列国也，不特形势同，即风气亦相近焉。势力相高，而言必称理；谲诈相尚，而口必道信。两军交战，不废通使，一旦渝平，居然与国，亦复大侵小，强陵弱，而必有其藉口之端，不闻有不论理、不论信，如战国时事者。然则居今日而言经济，应对之才，又曷可少哉？①

有无专对之才，效果大不一样。咸丰四年三月十日，清军在上海，有清兵杀死西方女子二人，清兵亦伤二人。西人对清军发动进攻，两军冲突一触即发。江苏布政使吉尔杭阿率人抵达英国领事馆，与英国领事阿里国论理，经过据理力争，终于平息争端。其事经过是：

> 次晨公从四骑抵理事官门，阿里国拒不见，强之而后出，便申前语。公曰："安有我大皇帝兵勇，而可无故杀之者乎？独杀吉某则可，吾戴吾头来矣。"延颈作就杀状。阿里国大笑曰："何至是？"公因曰："兵勇犯若界，曲在我，若以一介之使索此罪人，敢不从命？今与逆贼比而攻我，曲在若矣。贵国不惟曲直之是讲，天实鉴之。非吉某所畏也。有战而已，胜负何常之有？"阿里国无以对，卒定约通好而还。②

冯桂芬认为，中外通商二十年来，"善驭夷者莫吉公若"。咸丰八年天津中外谈判时，假如有一个像吉尔杭阿那样的谈判人才，事情绝不会弄到那么糟糕的地步。

---

① 冯桂芬：《重专对议》，《校邠庐抗议》，第58页。
② 冯桂芬：《重专对议》，《校邠庐抗议》，第58—59页。

第十一章　变革思想:经济·社会·文化

　　冯桂芬在知天命之年,回顾自己的经历、学识,认为世人都以为他冯桂芬是文学之士,其实那是知其一而不知二,知其表而不知其里。他自称"少贱通知民情,留意掌故",这方面不居人下。①

　　冯桂芬所说,并无过当。他出身社会底层,以顾炎武为楷模,以经世致用自期,关心社会、经济问题,留心有关弊病的来龙去脉。读他的诗、文,看他的分析,不由得你不佩服他观察之细、了解之确、剖析之深。

　　他出身商人家庭,官至五品,缙绅之家的体面生活是不成问题的。但是,他的笔下,揭露的是腐败制度,鞭挞的是贪官恶吏,流淌的是下层百姓的苦难血泪。

　　他刻画官府征赋时层层盘剥,鱼肉百姓:

　　　　秋高稻半熟,县官急下符。趣获早完课,囊橐盈路衢。秕糠自充腹,好米供官输。吏言尔米恶,纷纷簸与揄。狼藉十三四,岂惟尽锱铢。回忆锄禾时,一粒真一珠。奈何至此地,乃不如泥途。吞声语同伴,相持涕泪俱。载来两三石,官斛石未敷。②

一年忙下来,"秕糠自充腹,好米供官输",已经令人无限辛酸,但是,吏言尔米恶,纷纷簸与揄,载来两三石,官斛石未敷。读到这里,能不令人怒火中烧,拍案而起?

　　他素描贫民吃施粥之苦之难:

---

① 冯桂芬:《五十自讼文》,《显志堂稿》卷十二,第8页。
② 冯桂芬:《上仓行》,《梦奈诗存》,第8页。

> 泥滑滑,泥滑滑,吃施粥,人挤杀。喔喔晨鸡,草露未晞。襁负疾趋至颠踣,无人扶。行行渐近,遇来者,摇手为言已后期。①

江南本是鱼米之乡,但是,由于国家重赋,吏治腐败,农民辛苦之后,得到的是衣不蔽体,食不果腹,到头来还要去吃那有一碗没一碗的施粥。天刚黎明,起个大早,耳听喔喔晨鸡,身沾漉漉晨露,一路跌跌撞撞赶去,谁知,"行行渐近,遇来者,摇手为言已后期"。其失望,其无奈,只有天知,与谁诉说?

他揭露贫富悬殊:

> 提葫芦,提葫芦,民无食,何处沽。官府宴客开庖厨,华筵高张吹笙竽。侍儿上坐,官人执壶。宾从杂沓哄堂呼。呜乎,民无食,何处沽。②

> 四野萧条遍菜色,全以脂膏供鼎食。③

真是声声愤懑,点点血泪,令人读后不胜感慨! 唐代李绅"锄禾日当午,汗滴禾下土"的诗句,妇孺皆知。以冯桂芬上述诗句与其相比,可以毫不夸张地说,无论广度还是深度,皆有过之而无不及。

更重要的是,冯桂芬对诸多经济和社会问题的解决,有深入的研究和全面的思考。

第一节 经济改革设想

冯桂芬对经济问题的关注,有以下几个方面:农业与水利、贸易与运输,财政与税收。

一、农业与水利

中国是农业国,农业与水利问题一直是关系国计民生的重大问题,

---

① 冯桂芬:《禽言·泥滑滑》,《梦奈诗存》,第9页。
② 冯桂芬:《禽言·提葫芦》,《梦奈诗存》,第9页。
③ 冯桂芬:《戚观察贞咬菜根图》,《梦奈诗存》,第24页。

也是晚清中国的重大问题。冯桂芬将这个问题放在非常重要的地位。在《校邠庐抗议》中，所议问题按照冯桂芬自己所排的顺序，在公黜陟、汰冗员等政治体制问题之后，就是农业与水利问题，包括绘地图、均赋税、稽旱潦、兴水利、改河道、树农桑等。

绘地图。冯桂芬对绘地图问题极其重视，主要是受西方影响。冯桂芬认为，中国很早就知道绘图，很早就有地图，但明代以前，绘图不知计里开方之法，图与地不能密合，无甚足用。考其原因，"大抵不审乎偏东西经度，北极高下纬度，不可以绘千里万里之大图。不审乎罗经三百六十度方位，及弓步丈尺，不可以绘百里十里之小图"。而绘小图视绘大图更难，因为没有显然之天度可据，全在辨方正位，量度丈尺，设有差忒，便不能钩心斗角，完全吻合。冯桂芬建议采用西方绘图法绘制地图，所绘地图，不但要标明疆界、面积，而且标明高低、河流，使得阡陌庐舍，高山土阜，纤悉毕具。此图既成，为用甚大。一用以均赋税，一用以稽旱潦，一用以兴水利，一用以改河道。按照冯桂芬的设想，他所主张绘制的地图，不是一般意义上的行政图、交通图，而是测量方法科学、数据可靠、包含极其丰富信息的国土资源调查图。

均赋税。赋税不均，一直是缠绕冯桂芬的苦恼问题。他为之奔走呼号、奋斗不止的江南减赋问题，实质上也是赋税不均问题。但是，冯桂芬在《校邠庐抗议》的《均赋税议》中所说的赋税问题，是因土地测量不准确而招致的赋税不均的具体问题。冯桂芬说，国家规定按田缴纳赋税，但是现在土地测量不准确，各地测量标准不一，测量所用弓尺长度不统一，每亩实际面积不统一，有的以二百四十步为一亩，有的以一千二百步为一亩，江南一带一亩只有二百四十步的七折或八折，这样，按亩数摊派赋税，实际税率相差太大。冯桂芬建议，制定统一标准，重新测量土地面积，绘制地图，然后按亩均收，"仍遵康熙五十年永不加赋之谕旨，不得藉口田多，丝毫增额。如是则豪强无欺隐，良懦无赔累矣"。

稽旱潦。指详细记录水文变化，研究各个地方具体旱涝情形，其法为：

> 惟行四隅立柱之法，验石柱，披地图。今日不雨，则若干图将

旱;明日又不雨,则又若干图将旱。水加一寸,则若干图将淹;水又加一寸,则又若干图将淹。坐广厦细旃之上,固已了然于胸中,舟舆既出,勘一水而百水可知,勘一乡而四乡可知。脱有不合,则必高地隔越,港汊不通,不难随时修浚。①

这样,根据记录,地方官员就可以对各图各地的旱涝情形了然于胸。郑观应《盛世危言》中有《旱潦》篇,吸收和发展了冯桂芬的预防旱涝的思想,特别借鉴了西方广种树木、改善生态环境以预防旱潦的做法。陈炽《庸书》的《渠树》篇,看法与郑观应一致。

兴水利。冯桂芬认为,粮食问题对于中国至关重要,直接关系到国家安危,"受其饥之人,弱者沟壑,强者林莽矣;小焉探囊胠箧,大焉斩木揭竿矣"。中国人口众多,只有努力提高粮食单产,才能养活那么多人。论产量,水稻高于粱麦,一亩之稻,可以养活一人,而十亩之粱或麦,亦仅可活一人,因此,提高产量的最好办法是扩大水稻种植面积。其时,水稻种植主要在东南各省,约占全国可耕地一半,西北各地无法栽种,主要由于水利问题。冯桂芬因此提出兴水利之议。林则徐曾辑《西北水利说》,备采宋、元、明以来何承矩、郭守敬、李光地、陆陇其等数十家言。冯桂芬曾参与编校之事。冯桂芬赞同林则徐的意见,称如果西北可种稻,即东南可减漕,而西北种稻,当自直隶东境多水之区始。通过治水,"相其高下,宜疏者疏之,宜堰者堰之,宜弃者弃之,不特平者成膏腴,下者资潴蓄,即高原之水有所泄,粱麦亦倍收矣"。当然,兴修水利,不独对于西北地区有意义,对于东南地区也有重要意义。冯桂芬说,即以东南言之,同一高区,近水者易圩,远水者难圩,收成迥异。甚有所谓镬底潭者,洼下而不通外水,一雨即泛滥,一不雨即干涸,皆沟洫不修之弊。水利修好,相度疏浚,许多硗瘠之地便一变而为膏腴之田。

改河道。鉴于黄河十年三决堤,危害空前,而治河乏策,只是一味地"缮完故堤,增庳培薄",结果,河堤越来越高,"不特不由地中行,且不由地上行,直由城上行焉",越来越危险。冯桂芬提出,当今之法,最好是改变河道。既然要改河道,就要求一劳永逸之道。他学习西方测地

① 冯桂芬:《稽旱潦议》,《校邠庐抗议》,第70页。

之法,建议:

> 应请下前议绘图法于直隶、河南、山东三省,遍测各州县高下,缩为一图,乃择其洼下远城郭之地,联为一线,以达于海,诚数百年之利也。①

至于治理河道、防止泥沙淤浅,冯桂芬建议采用西方新式机器:

> 法用千匹马大火轮置船旁,可上可下,于潮退时下其轮,使附于沙而转之,沙四飞,随潮而去。凡通潮之地皆宜之。黄河水性湍急,更无处不宜,自下流迤逦而上,积日累月,锲而不舍,虽欲复由地中行之旧不难。此不特黄河可用,北河亦可用,即南运河徒阳等处亦可用。且东南水利久不治,数日之霖,积月不退,宜于通潮各海口如法浚之,使下流迅驶,则上流虽不浚,而自有一落千丈强之势,可收事半功倍之效。②

黄河是中华民族文明的摇篮,千百年来,给中华民族带来了无限的福祉,同时也带来了无数的灾难。一曲黄河谣,多少流民泪!为了治河,一代又一代的贤官良吏、能人巧匠提出了无数的治河方案,冯桂芬的方案只不过是其中的一种,其《改河道议》也只有1200多个字,但是,他道前人所未曾道也无法道的思路:科学治河。冯桂芬的方案尽管在历史上并没有被付诸实施,但是,这一方案闪射着近代科学的光辉。

咸丰五年,黄河在河南铜瓦厢再次决堤,由苏北入海改夺山东大清河入海,造成华北大灾荒。同治六七年间,清政府中仍然有人主张将黄河改回苏北入海,并恢复此前已经停止的江苏、安徽等地的漕运。冯桂芬大不以为然,致信李鸿章、曾国藩③,从他对黄河故道的实地考察、治河历史的研究,以及对漕粮由河运改海运的研究,认为黄河决不可复苏北故道,漕粮绝无可复河运之理。

治理黄河是多少代中国人的梦想,在冯桂芬之前之后,都有许多人道及。其中,郑观应《盛世危言》的《治河》篇,参考美国等西方国家缓上

---

① ② 冯桂芬:《改河道议》,《校邠庐抗议》,第72页。
③ 见冯桂芬:《致李伯相书》《致曾侯相书》,《显志堂稿》卷五,第56、60页。

游、开支流、宣积潦等治理大河的经验,提出治理黄河的设想,其眼光自比冯桂芬开阔。

劝树桑。建议在西北有关地方种桑养蚕。冯桂芬认为,西北诸省,千百里弥望平楚,莫不宜桑。冯桂芬在京师时,其居所后圃有桑数株,岁饲蚕数簇,缫丝与江南无二。他认为,西北地脉深厚,外燥而内润,故梨桃蔬果之属,转胜于南方,桑性亦如之。劝种之法,应该由官府倡导,令编检部曹中嘉兴、湖州一带人,挈家至城外,发帑买地种桑,招募其乡善饲蚕者为师,雇本地人学习其法,五年之后,招土著承买,永为世业。民间有能仿行者,呈明给照,永不许王公府、八旗争夺,并永不加赋,使安其业。十年之后,则桑阴布满邦畿。北京附近不甚寒冷的省份都可照此办理。

对冯桂芬劝树桑的想法,赵烈文在批语中写道:"此或可行,其意以夷人丝市之利,欲广之天下。然各处产丝者甚多,终不如湖丝之美,故夷市专收湖丝。作者言曾于京郊试蚕有效,盖蚕本可养而丝气不同,作者不知乎?"陈炽在《庸书·蚕桑》篇中,也建议大力推广蚕桑,与洋人争利。他对蚕桑一业似乎比冯桂芬更有研究,没有建议在西北诸省种桑养蚕,而是特别说明种桑之地方,必须燥湿合度,养蚕之天气,必寒暖适中。[1]

二、贸易与运输

这方面,冯桂芬主要探索了两个方面的问题,一是折南漕,二是改土贡。

折南漕。关于漕运问题,冯桂芬认为,宋人说的"自古有良法,一州食一州",这完全在理,道理很简单,运输距离越远,困难越多,成本越高,代价越大,"不闻仰给于数千里之外,而无百一之间阻者"。京城的粮食供应,最理想的是依靠西北稻田,但是,稻田非可计年奏绩。作为变通之法,惟有于天津、通州、京仓三处,招商贩运米麦杂粮,而令东南诸省折解银两,不要直接运米,俟有成效,并停山东、河南运输粮食,最

---

① 陈炽:《庸书·蚕桑》,《陈炽集》,赵树贵、曾丽雅编,第25页。

为理想。

现在的做法，将江浙一带的大米运到京师，实在弊端很多。因为，京仓支用以兵丁用米为大宗，官俸用粮仅占十分之一。但是八旗兵丁，不惯食米，往往由负责兵丁户口、田宅等事务的官员牛录章京领米易钱，折给兵丁买杂粮充食，每石京钱若干千，合银一两有奇。官俸也是这样，三品以上官员多亲领，其余人只是领票，辄卖给米铺，每石也就一两有奇。赴仓亲领实米者，一百个人当中一个也不到。然而，每年还是这样运米如故：

> 然则南槽自耕获征呼驳运，经时累月数千里，竭多少脂膏，招多少蟊蠹，冒多少艰难险阻，仅而得达京仓者，其归宿为每石易银一两之用，此可为长太息者也。①

而事实上，南漕每石实际费银要十八两，这里面包括帮费或海运经费皆在内的浮收，给丁苦盖各费在内的漕项，缮军田租，漕河工费，漕督粮道以下员弁兵丁公私费用，还有其他种种名目的费用。及其运到京城，每石只能易银一两，此又可为长太息者也！

冯桂芬建议，对此进行改革，干脆每石折银一两肆钱，解京发饷，直截了当，有增无减，兵心必大喜。原来领粮，改为领钱买粮。那些粮食从何而来？可以让京、通、津三处，招商运粮，给以优惠条件，免门关税外，援粮船带免其他税，定为运粮若干石，准免他税若干。谚云"价高招远客"，不愁没有粮食。都门百货所集，即川、滇、闽、广之产，尚可咄嗟立办，一旦南粮不来，米价贵即杂粮随之而贵，又有带免他税之例，近畿杂粮，连樯击毂纷纷运来自不待言，米麦杂粮，同归一饱。而且米的资源丰富，玉田、丰润等县，产米不少，近更有牛庄米南运上海者，本不患无米。何况近来商贾路窄，一闻北地价贵，必趋之若鹜，更不患无米。"但令市中有米，即不必官中有米"。冯桂芬说这样做真是有百利而无一弊：

> 如是则南民所完之数，即北兵所得之数，国家无毫厘之损，间

---

① 冯桂芬：《折南漕议》，《校邠庐抗议》，第18页。

阄节赍送之资,而且所谓漕项以下款目,一切可省,合计之奚啻千
万两,大利民,大利国,何惮而不为哉?①

　　冯桂芬的设想,实质上就是让政府从实际征收、运米、分米的事务中解
脱出来,而走市场经济的路子,通过政策调节,解决京城粮食问题。

　　停止漕运,是晚清许多有识之士共同看法。郑观应有《停漕》篇,陈
炽有《和籴》篇,均吸收了冯桂芬的意见。

　　改土贡。土贡即全国各地方向京师、朝廷上贡土特产,或牛或马,
或丝绸,或面粉,举凡百物,应有尽有。这个制度弊病很多,冯桂芬称其
为"国与民交蠹者":

　　　　夫贡之弊,大抵藩库给有余之价,内外书吏,多方折扣需索,以
　　使之不足,则敛众商钱以济之,谓之贴差。其有例价本不足者,亦
　　令众商赔贴,或令著名脂膏之员赔贴。然赔贴于本务者微,赔贴于
　　中饱者巨,此其大较也。而自监督织造承办者,兼以扰民,其弊
　　倍甚。②

冯桂芬举例说:

　　　　苏州岁贡龙衣一篋,辄支千金,用万斛舟,具仪卫,由运河北
　　上,日行数里。遇民舟阗之索钱,以舟之大小为差,民船避之如寇
　　贼。逾江淮则民风悍,稍敛迹。值水涸,舍舟而陆,则尽弃仪卫,捆
　　载小车下,但曳小旗曰上用而已。然则前之铺张扬厉,何为
　　者邪?③

苏州是出产丝绸的地方,丝织品饮誉全国,苏州上贡龙衣,尽管成本高
昂,但其事还在情理之中,最不合情理甚至极为可笑的是,朝廷规定某
地上贡的东西,并非其地特产,甚至其地本无此产品,比如,"考《会典》
所列户、工二部土贡,有本不出其地者,如江苏之铜锡、木蜡、桐油之类,
有不必出其地者,如四川之马及米,广西之马之类"。有些规定上贡的
东西,不易保存,或者京师极易得到,比如,冯桂芬亲闻的一件事:道光

① 冯桂芬:《折南漕议》,《校邠庐抗议》,第19页。
②③ 冯桂芬:《改土贡议》,《校邠庐抗议》,第24页。

二十四年,冯桂芬典试广西,见广西巡抚周之琦嘱寄抚吏与部吏各一封信,另寄一个元宝,冯觉得很奇怪,经询问,原来是按规定广西土贡面粉,岁额数斤,如果真的将面粉送到京城,因路途遥远,旷日持久,到了京城,面粉已经霉变,因此,他们只好变通,但致印纸,嘱吏购京面,然后用印纸封完上贡,而以元宝抵充各项费用,年年如此。

冯桂芬提出变通之法:"京师为万商渊薮,发价购采,何物不有?"一句话,变实物上贡为货币采购。万一有些东西只有其地出产、别处没有、京师确实需要而又无法采购的,"始由其地进纳",其上贡办法,可由本省引见各官及本籍病痊服阕各官带解,不必专程送京。

三、财政与税收

财政问题说到底就是开源与节流、增收与节支问题。这是任何一个朝代的户部大臣都要考虑的问题。税收问题针对不同行业、不同情况,利用行政手段,调节税额,使其更趋合理,有利于增加收入,有利于经济发展。财政、税收往往是联系在一起的。冯桂芬在这两个方面探索的有筹国用、节经费、杜亏空、裁屯田、利淮鹾、重酒酤、罢关征等七个具体问题。

筹国用。主张通过发展农桑,树茶开矿,禁止鸦片,增加财政收入。太平天国战争使得江南人口流离死亡,所在皆是,孑遗余黎,多者十之三四,少者不到十分之一。冯桂芬主张采用西人耕具,或用马,或用火轮机,一人可耕百亩。由于外贸的发展,"茶桑又并为富国之大原也。上海一口贸易,岁四五千万,而丝茶为大宗"。至于开矿一事,当时风气未开,或疑矿税病民,矿徒扰民,且碍风水。冯桂芬驳斥说:

> 不知风水渺茫之说,非经国者所宜言。开矿非利其税,即经费之外全以与民,不失为藏富之道。矿徒非贼比,在驾驭得人而已。诸夷以开矿为常政,不闻滋事,且夷书有云,中国地多遗利,设我不开而彼开之,坐视其捆载而去,将若之何?[1]

至于禁止鸦片,冯桂芬说,"夷书动言鸦片害人宜禁,将来和议既固,理

---

[1] 冯桂芬:《筹国用议》,《校邠庐抗议》,第32页。

晓诸夷,彼禁贩运,我禁吸食,即仍修吸食者斩之旧令,亦未尝不可徐议之也"。

在倡导树茶开矿同时,冯桂芬提出采用西人机器以垦荒的主张。他说:前阅西人书,有火轮机开垦之法,用力少而成功多,待战事平定以后,"务求而得之,更佐以龙尾车等器,而后荒田无不垦,熟田无不耕。居今日而论补救,殆非此不可矣"。①

节经费。节约宗室俸禄,节约八旗经费。冯桂芬说,国家经费有常,惟宗室俸禄无定额,奉恩将军以上俸数皆不录。闻近来岁支三百余万,十倍于国初,此宜与以限制者也。他说,本朝亲亲之谊,远迈前古,非臣下所敢轻议。惟是二百年间,度支已十倍,长此以往,将来必然要有加以限制的一天。"固知将来之必出于限制,何如早为之限制?"怎么限制呢? 亦无过礼所谓亲亲之杀而已,即按照与皇帝亲疏的程度递减。同时,仿采地之制,分授庄田,以易银米。

至于八旗生齿日繁,世复一世,尤难亿计,孳生无穷,而国家兵额有定,怎么能一直供养下去呢?"恐养之适所以窘之也"。冯桂芬建议,应请拨留都、畿辅、西北口间田,仿照乾嘉间伊犁锡伯营之法,推广驻防,膂力及格者为兵,不及者为农,分地、兴屯,成熟之后,永为世业。对于这些人,朝廷不要惑于所谓"只能荷戈,不能荷锄"之类的欺罔之说,让他们自食其力。

另外,现在旗兵战斗力大不如前,考其原因,由于承平日久,敝化奢丽,膏粱多而藜藿少,染汉兵习气而殆过之。对兵源也要变通,非武生不得充兵,非力举若干斤不得充武生,满汉一律,至于京城守军,宜极天下之选,不得以旗籍而迁就之,应请于亲军、护军前锋、健锐火器等三营中,严加甄别,及格者留之,不及格者黜之。于绿营中挑补班于旗兵下,以示区别。

杜亏空。地方各直省,亏欠中央钱款,历代皆有,但以清朝为甚。积欠之数以千万计,已成普遍现象,前所未有。积欠之故,在于地方财政亏空;亏空之故,在于挪移;挪移之故,在于漫无稽考。以一县之主,

① 冯桂芬:《垦荒议》,《显志堂稿》卷十,第 21 页。

独操出纳之权，下车之日，公用后而私用先，室家妻子之百需，旧逋新欠之交集，大抵有收管而无开除，惟所指挥，莫敢过问，迨上司知之，而亏空久矣。于是因亏空而清查，清查一次，亏空又增多一次，徒费笔墨，无益帑藏。冯桂芬认为，欲杜亏空，惟有宽既往而严将来之一法。清查之后，删去摊赔弊政，力能弥补者，以一年为限，即以限满日实在之数为定，各员论罪，视常例未减，嗣后如有亏空一钱者，杀无赦。此外，制定稽查之法，公开收支，大堂左右，按日揭榜，旧管新收列左，开除实在列右，其法务详务尽。如征收某都图某户钱粮若干，必书细数，收银后本日给串，本日列榜，月终用活字板印征信录，备列全榜，分送上司各图绅士。如某户完粮，而榜册不列者，允许揭发，立与重赏。有经手解领开除之款，与榜册数不符者，赴揭亦如之。对于大吏，宜遣员飞骑察之，突然查核，有弊者依法处置。至地方公款，如义仓之类，以绅富领之，而州县登记其数。当然，杜亏空之法的实行，需要与厚养廉之法配套而行，否则，官员太穷，无法杜绝亏空。

裁屯田。清代屯田之制与明代卫所制度有关。明代军队编制，在京师后备要害地设卫所，一郡设所，连郡设卫，其后各军拨垦荒田，编为屯军。无事则资挽运，有事则资调遣。到清代，屯军次第裁汰，屯田归并州县，承佃办赋，但是，有漕运的地方，屯田隶属卫所如故，谓之赡运屯田。于是，清代卫弁、运丁、屯田，专为漕运而设。冯桂芬认为，这种体制，在国用充盈时还问题不大，但日久弊生，害处甚多：其一，运丁于田租养赡之外，需要银米甚多，由此派生出一大堆问题，如向州县勒派帮费等。其二，其守备、千总等职位，既不操练，又不带兵，只是在征粮理讼方面，参错州县之间，以分其权。说他属于漕运总督管辖，而漕运总督相隔数千里；说他属于粮道管辖，粮道相隔数百里；说他属于所在知府管辖，所在知府又因其为武职而不管。这样，既无考核，又无鼓励。冯桂芬说，即使漕运体制依旧，不改成海运，也完全用不着屯田，因为：

> 今则漕事专责之运丁，安用卫为？费用尽取之州县，安用屯为？挽运别付之水手，安用丁为？名实全乖，举非其旧。以不文不

武之官，领不农不贾之民，别树一帜，天下冗员游手，莫甚于是。①

冯桂芬建议，将江南、湖广、江西各卫裁撤，其守备、千总各官，调营序补。销除屯丁册籍贯，查明现有之屯田，尽数归官。

利淮鹾。盐政是清代经济中一大项，政府从中得税，官员从中贪污，走私者从中获利。虽然经过陶澍等人改革，仍然弊端不少。冯桂芬曾经信奉过顾炎武、李雯等人的一税之法，即统一全国盐税，以为一税之后，不问其所之，天下皆私盐，天下皆官盐矣，相当省事。后来，他在扬州参加修撰盐法志，对盐场情况有了实际了解，始知盐政极其复杂，不是统一税收就能解决的，一个最简单的原因，就是各地盐的成本不一样，淮南盐是淮北盐的五倍。简单的统一税收，只能导致走私横行：

> 利之所在，人人趋之，灶户、商户、船户、兵役、百执事等，无一非漏私之人，官能防之乎？况官亦庸足恃乎。滨海数百里，港汊百出，白芦黄苇，一望无际，村落场灶，零星散布于其间。不漏于近署，漏于远地矣；不漏于晴霁，漏于阴雨矣；不漏于白昼，漏于昏暮矣。何地可禁？亦何时可禁？②

针对当时盐务存在的问题，冯桂芬提出四条改革建议，即廓清窠臼以堵塞漏洞、平减赋则以降低成本、制造洋船以增强运输、广建盐仓以扩大库存，这样，就可以达到刺激生产、加快流通、平抑盐价、稳定市场的目的。

对于冯桂芬改革盐政的四条设想，郑观应在《盐务》篇中照录了冯桂芬的文字，认为所论极当，"皆平实易行"，并预言："吾知将来当轴者，必有采宫允之说而见诸实事者，是亦筹款之一助，而裨益于盐务岂浅显哉！"③

重酒酤。即加重酒税。冯桂芬说，食为民天，酒为食蠹，饮酒浪费粮食，人人共知，但是，饮酒历史悠久，饮酒人众多，又不能严厉禁止：

> 大凡民间日用饮食，起居贸易，一切细故，相沿已久，习为故常

① 冯桂芬：《裁屯田议》，《显志堂稿》卷十，第 8 页。
② 冯桂芬：《利淮鹾议》，《校邠庐抗议》，第 21 页。
③ 郑观应：《盛世危言·盐务》，夏东元编：《郑观应集》上册，上海人民出版社 1982 年版，第 576 页。

者，一旦欲反之，虽临之以天子之尊，威之以大辟之重，亦终于不行。不考古事，不采近闻，不达人情物理，或任性，或恃才，皆不知其不可禁，不知其不可禁而禁之，适所以扰之，而汔无以禁之。①

那怎么办呢？冯桂芬主张加重酒税：

> 愚窃以为如酒者，止宜重酤以困之。厘捐本抽百分之一，独酒可令顿酤十之，零酤二十之，舞弊倍其罚，经三四厘捐而酒值倍矣，使贫者不能不节饮，尤贫者不能不止饮。

与此相配套，"尤宜广戒饮之谕，加酗酒之律，宴飨之事，为之节制，沉湎之人，勿登荐剡，使天下晓然知上意之所在，庶其有瘳乎？"

罢关征。即撤销国内关征，这不免有些危言耸听。关税从来是国库收入之大宗，怎么能撤销呢？

冯桂芬的思路是：从来关无善政，因为往来货物，"过而不留，散而无纪，主关者不能一一临视之也。即能之，而丈量之不谙，货值之不别，隐匿转换之不可知，虽视犹不视也"。这样，弊端丛生。据说，粤海关司阍二人，月支薪水各八百两，签押四人，月支薪水各四百两，此固非他关所有，然浮费之多，莫甚于关，亦可想见。各关口黑幕重重，比如苏州附近的浒墅关，明明运米一百石，但关吏只教之报三十石，验过则云实米四十石，应倍罚作八十石，仍少完二十石。这样，商人少纳税，关吏多得利，但国家少得税。冯桂芬说，"关税之数，民之所出者十，而国之所入者一"。他以中国关税与英国相比，从咸丰二年到咸丰六年，四年之间，英国关税增加将近一半，中国关税不但没加，反而减少，什么原因？"不实征，不实解也。夫彼之能实征实解者，吾见之江海关矣。货物进口，彼鬼役持账来易我单，即凭单令我役运岸，不闻运单中所无之一物，亦不闻自运一物"。冯桂芬虽然称英国人"鬼子"，但是从心底里佩服这些鬼子诚实，不在运输中夹带私货，不在关税中做手脚，"夫以今日之夷焰，若以吾吏吾商处之，必十漏七八，我亦无如何，而彼不为也"。由此也可推想，中国关税应该增加的部分，都被关吏吞没了。

---

① 冯桂芬：《重酒酤议》，《校邠庐抗议》，第73页。

说到诚信,冯桂芬感慨万千。他以中外通商中人所习知的惯例,来说明西人守信用,中国商人狡猾,不守信用:

> 往尝谓洋钱重七钱三分,实纹六钱五分,余铅八分,中国行用辄当银八钱以上,其中国仿造者,虽无铅亦不行,何则? 识其为夷制,即可信其有实银六钱五分,若彼杂以铜铅,亦非我所能识别,而彼决不为,是以通行。侯官林文忠公造银饼,初亦便用,未几即质杂,市中析之为零银,银饼遂废。又今夷市,我购彼货,先银后货;彼购我货,先货后银。甚有寄贩名目,与货后辄扬帆西去,一年为期,赢缩惟彼所命者,要之彼不能信,我断不敢与之交易,而通商之局散矣。夫子曰,言忠信,虽蛮貊可行。不谓蛮貊能信,我乃为蛮貊所行,可为太息。今观于关务,而益慨然于彼之能信,我之不能信也。①

冯桂芬认为,诚信问题,为隐微深痼之疾,非一朝一夕之故,"骤欲其洗心革面,断有所不能",因此,不如将各关而尽撤,而以税额入诸厘捐以代各关,责成地方官会同绅董治之,厘捐立法尚新,依为蟊蠹者宜少,即亦散而无纪,尚非过而不留,即使有弊窦,也有踪迹可寻,有人证可指,比之关政,总要好些。

壹权量。即统一度量衡。冯桂芬时代,中国度量衡颇不统一,度则有工部尺、匠尺之别,衡则有库平、曹平、二两平,各省又有市尺、市平,量更各省不同,其不壹甚矣,这给经济运行、经济管理造成极大混乱。他建议国家,"合天下度量衡而壹之,部颁铁尺、铁斤、铁斛,通行各直省,从前诸名目,不得复用,用者以违制论。凡内外官上下行文书之外,如一切试卷尺寸,行数字数,咸宜一律,以示整齐"②。

漕运、盐政、水利、河道、财政、税收,都是中国经济生活中的老问题,也是代有不同的新问题,远的不说,明代周忱、况钟之于漕赋,清代陶澍、包世臣之于盐政,林则徐之于西北水利,都有建设性的意见,魏源更于漕、盐、河诸问题,多有建树。比起这些前辈或同辈,冯桂芬有些什

---

① 冯桂芬:《罢关征议》,《校邠庐抗议》,第 27 页。
② 冯桂芬:《壹权量议》,《校邠庐抗议》,第 79 页。

么新的贡献呢？

我觉得冯桂芬的贡献主要有以下三点：

一是运用市场经济手段，解决行政体制带来的问题。解决漕运、土贡、淮盐等弊病，都是这一思路。所谓折南漕、改土贡，实质上都是要政府从实际征收、运米、分米等事务中解脱出来，直接走市场经济的路子。

二是运用新的科学技术，解决传统体制下的问题。绘地图、均赋税、改河道、树农桑，都是这一思路。关于黄河，魏源当年提的是筹河，主张恢复黄河故道，使之不再泛滥肆虐，其立论的基础是历史的经验。冯桂芬提出的主意是通过科学的测量，选择地势最低洼的地带。清理河道方面，前人提的方法是抬高一段水位，冲涮下段泥沙，冯桂芬则提出使用新式机器。至于垦荒，他也主张采用西方机器。

三是运用政府权威，合理干预经济运行。撤销国内关政，统一全国度量衡，节省皇亲国戚、八旗兵丁的费用，裁撤屯田，都是这一思路。特别是免除各个省直地方政府已经亏欠中央政府、事实上根本无力偿还的钱款，严格法制，杜绝新的亏欠，体现了冯桂芬的政府积极、健康干预经济的思想。

在冯桂芬经济思想中，政府的角色有的地方应加强，如在市场营造（统一度量衡）、调节税收、节约开支等方面，有的地方要淡化甚至退出，如漕运、土贡等，也可以说，在经济政策上要强化，在经济活动中要淡化。

第二节　社会改良思想

社会改良方面，冯桂芬具体设想有以收贫民救助、教育贫弱群体，以稽户口加强户籍管理，以严盗课控制社会秩序，以崇节俭树立社会风气，以复宗法维护社会稳定。

一、以收贫民救助、教育贫弱群体

贫民历代都有，各国都有，如何对待贫民，是一个国家文明标志之一。冯桂芬以西方为榜样,介绍荷兰在救助贫民方面的成功做法。荷兰国有养贫、教贫二局,路边有讨饭者,官绅便收容之,老幼残疾入养局,少壮者入教局,有严师教育,因此国无游民,无饥民。瑞典国设无数小书院,青少年必须入院学习,不入院者官必强之。国家立有不入书院之刑,假如父兄放纵子弟不让其进书院学习,则要受到处罚,因此,国无不识字之民。

冯桂芬认为,这个方法很好,符合三代圣人之法。他说,今浙江等省颇有善堂、义学、义庄之设,但未普及,亦未尽善,其他省或许还没有。他建议推广义庄,更宜饬郡县普建善堂,与义庄相辅而行,择乡绅负责其事,立养老室、恤嫠室、育婴室、读书室、严教室,一如义庄法,以补无力义庄之不逮。严教室的功能是教之耕田、治圃及凡技艺,适当使用戒尺、鞭子等工具,以教育调皮捣蛋之流。凡民间子弟不听教育、族正不能制者,赌博、斗殴、窃贼初犯未入罪者,入罪而遇赦期满回籍者,都放到这里接受教育,三年改行,族正愿保领者释之。别设化良局,专收妓女,择老妇诚朴者教之纺织,三年保释亦如之。总之,期于境无游民、无饥民、无妓女乃已。

冯桂芬指出,教养贫民,进行社会改良,意义重大:

> 夫民穷为匪,亦不教不养使然耳。及陷于刑辟,治之者尽法而止,不复过问,而为匪者如故也。坐窃贼以流徙,即为远地之窃贼,逐娼妓使出境,即为邻县之娼妓,何如养之教之,使不窃不妓之为尽善也。堂堂礼义文物之邦,曾夷法之不若,可慨也已。至官强民入塾,中国所难行,惟责成族正,稽察族人,有十五以下不读书、十五以上不习业者,称其有无而罚之,仍令入善堂读书习业,亦善法也。①

二、以稽户口加强户籍管理

通过统计户口,建立户口档案,加强人口管理。冯桂芬说,中国古代通过平均土地以统计人民,而周知其数,意在均其徭役而已。田则税

---

① 冯桂芬:《收贫民议》,《校邠庐抗议》,第76页。

之,身则役之,并不按人征税。汉高祖时初为算赋,为后世地丁银之始,人民从 15 岁开始算口赋,20 岁开始摊徭役,既征赋税也摊徭役。清朝以地丁并于田赋,南方各省徭役亦并于田赋,操作起来可谓方便,但是,烟户门牌则以意造之,遂无从周知户口之数,其害处是人民容易离乡背井,五方杂处,遁逃为薮,管理困难,名捕关提,十不获一。冯桂芬建议对此进行改革:

> 宜由部颁一照式,人与一照,乡董造册,州县钤印,男女一律,贵贱一律(如淳曰:丞相子亦在戍边之调)。令藏弄之,若贡单捐照然。滋生物故关乡董,出行流寓亦如之。①

这其实是建立户口档案。冯桂芬说,"有此一法,他乡可执禁以讥奸宄,游民庶几少衰息乎!"

三、以严盗课控制社会秩序

严格县一级政权对盗贼的惩治。冯桂芬说,鉴于太平军、捻军的教训,国家应该加强对盗贼的惩治,在其尚未酿成大乱时,就要采取措施,否则,"涓涓不绝,流为江河,为虺不摧,为蛇若何?"严盗课的具体方法包括官府、民间携手共防以及清查保甲、训练丁壮等:

> 一县之大,百里至三五百里耳,其当冲要者尤少,文武足以联其势,民人足以助其力,商贾足以济其费。清查保甲,以绝其巢窟;训练丁壮,以作其声威。多耳目以防之,厚赏劳以购之,勤护送以伺之,时或聘技勇作贾装以诱之,但使中材之吏尽心尽力,何盗不可治?②

严盗课首先是严地方长官的责任,可以规定"所治期年内,盗发至再而三不获者,文武皆褫职,禁锢终身,讳盗者杀无赦"。

四、以崇节俭树立社会风气

冯桂芬说,俭,德之共也。奢,恶之大也。从古无以奢昌而以俭败

---

① 冯桂芬:《稽户口议》,《校邠庐抗议》,第 80 页。
② 冯桂芬:《严盗课议》,《校邠庐抗议》,第 47 页。

者。但是，现在国家打了十年仗，经济凋敝，有些地方，稍微安定，就骄淫矜夸：

> 全盛之天下犹宜俭，何况凋残？承平之天下犹宜俭，何况兵革？比者军兴十年，戒严遍天下，征调供亿，赋车籍马，行赍居送，远近骚然，农桑废于征呼，膏血竭于转馕，饿殍在衢，菜色在室，天下之贫，于兹极矣。欲有以保黎民苏元气，变醨养瘠，惟有一于俭而已。《礼》曰，国家靡敝，则车不雕几，甲不组縢，食器不刻镂，君子不履丝屦，马不常秣。于乎，此何时乎？岂仅靡敝之谓乎？惟是骄淫矜夸，习与性成，间有一省、一郡、一县完善之区，俗尚即如故，残破之区稍稍安辑，亦渐即如故，非有以挽回之不可。①

但是，对付奢侈的办法实在有限，劝导他不听，惩创也难行，何况奢亦无甚大罪，惟一的办法，就是"躬行以化之"：

> 奢俭之端，无过宫室、车马、饮食、衣服四者。宫室、车马逾制者尚少，饮食无可禁，是禁奢以衣服为第一义……我朝世崇俭德，度越前代，上方服御，不能更为抑损。今议王公以下大小百官，一概衣布，锦绣篡组，或为亵衣，或为贱者之服，不得为公服。

这样，上行下效，贵人衣布，则俗必重布，重布则一切文饰皆不称，不言俭而自归于俭矣。同时，对一些极端贵重的衣服也可以考虑予以禁止，比如皮衣，"衣之可奢莫裘若，千金万金无底止，宜禁反裘"，并引《玉藻》"表裘不入公门"，以示古人已有此传统。

五、以复宗法维护社会稳定

冯桂芬认为，中国古代宗法制度，对于基层社会建设、维护社会稳定具有积极意义，可以恢复：

> 宗法者，佐国家养民教民之原本也。天下之乱民，非生而为乱民也，不养不教，有以致之。牧令有养教之责。所谓养，不能解衣推食；所谓教，不能家至户到。尊而不亲，广而不切，父兄亲矣切

---

① 冯桂芬：《崇节俭议》，《校邠庐抗议》，第81页。

矣。或无父无兄,或父兄不才,民于是乎失所依。惟立为宗子以养之教之,则牧令所不能治者,宗子能治之,牧令远而宗子近也。父兄所不能教者,宗子能教之,父兄多从宽,而宗子可从严也。宗法实能弥乎牧令、父兄之隙者也。

宗法制度中,冯桂芬认为义庄尤其值得推广:

有一姓即立一庄,为荐飨合食治事之地。庄制分立养老室、恤嫠室、育婴室,凡族之寡孤独入焉。读书室,无力从师者入焉。养疴室,笃疾者入焉。又立严教室,不肖子弟入焉。立一宗子复古礼,宗子死,族人为之服齐衰三月,其母妻死亦然,以重其事(又有宗妇死,夫虽母在为之禫,宗子之长子死为之斩衰三年,则骇俗不可行矣),名之曰族正,副之以族约(注:桂林陈文恭公议。公于乾隆中年抚江西有此令,未及成而去。继之者以他狱连及祠户,遂一律毁祠追谱,与公意正相及)。族正以贵贵为主(安阳许三礼议),先进士,次举贡生监。贵同则长长,长同则序齿,无贵者,或长长,或贤贤。族约以贤贤为主,皆由合族公举。如今义庄主奉法无力建庄者,假庙寺为之,嫁娶丧葬以告,入塾习业以告,应试以告,游学经商以告,分居徙居、置产斥产以告,有孝弟节烈或败行以告,一切有事于官府以告,无力者随事资之。一庄以千人为限,逾千人者分一支庄,增一族约。单门若稀姓若流寓,有力者亦许立庄,无力者择所附。如吴则同出泰伯之类,又如昌黎所谓何与韩同姓为近之类。无可附者则合数百人为一总庄,亦领以庄正庄约,期于亿万户皆有所隶而止……立庄之后,敦劝集资,令经费充赡,另议永停捐例,惟存民爵,正可为奖励立庄之用。

冯桂芬认为,恢复宗法,对于当今社会,在防止盗贼、反对邪教、制止械斗、办理团练诸方面,有重要意义:

一宗法行而盗贼可不作。人性本善,孰不知廉耻? 孰不畏刑罚? 盗贼之甘于法网者,迫于饥寒而已。宗法既行,民无饥寒,自重犯法……

一宗法行而邪教可不作。宗法之善,在有余则归之宗,不足则资之宗。邪教之宗旨，大都窃此二语，以聚无赖之民，始则济其不足，终则括其有余。乡愚无知，狃目前之利，陷于畔逆而不之悟。宗法既行，谁不愿以其从教主者从宗子哉？

一宗法行而争讼械斗之事可不作。今山东、山西、江西、安徽、福建、广东等省，民多聚族而居，强宗豪族、桀黠之徒，往往结党呼群，横行乡里。小则纠讼，大则械斗（闽广最多，近来尤甚），为害甚巨，皆其族之不肖者号召之。夫一族中岂无贤者？无权无责，闭户不与闻而已。宗法既行，则贤者有权有责，君子道长，小人道消，即有一二不肖者，何难以家法治之哉？

一宗法行而保甲、社仓、团练一切之事可行。宗法以人人有所隶为主，是亿万户固已若网在纲，条分缕析，于是以保甲为经，宗法为纬，一经一纬，参稽互考，常则社仓易于酿资，变则团练易于合力。论者谓三代以上之民聚，三代以下之民散。散者聚之，必先聚之于家，然后可聚之于国。宗法为先者，聚之于家也；保甲为后者，聚之于国也。彼商鞅什伍连坐之法，亦其时同井未尽离，宗法未尽坏之证。如后世之民无常居，五方杂处，比邻或不相识，顾欲与以连坐，鞅虽酷亦势不可行。鞅借宗法以行其令，而即废宗法，小人举动往往如此。今保甲诸法之不行者，以无宗法为之先也。[1]

冯桂芬的复宗法思想，看上去有"药方只贩古时丹"的味道，陈鼎批"此不可行"，迂腐[2]。其实，冯桂芬是看出了中国基层社会组织不发达、治安混乱的问题。赵烈文批语是"此可，然不能遍"。

第三节　教育改革思想

在教育改革方面，冯桂芬总的想法一是提高教师地位，二是改革教学与考试内容。

---

① 冯桂芬：《复宗法议》，《校邠庐抗议》，第84—85页。
② 陈鼎：《校邠庐抗议别论》，木刻本，时间不详，藏上海图书馆，第67页。

在冯桂芬看来,中国教育存在两大问题,一是教师地位太低,二是教授内容不切实用。他认为,教师对于道德教化、人才培育,关系极大,"师道立则善人多,师儒之盛衰,人才升降之原本",现在,郡县莫不有学,学莫不有师,学生以百数,但是,对于教师来说,能识其人、知其人的仅为廪生,那些增生、附生则如同陌路。教师对于学生,只有利益,没有情意,"岁时敛学租,候伺学使者按部,争新生之贽。诸生获谴,为州县典守如狱掾。此外无事,绝无所谓教育人才之意"。有感于此,冯桂芬套用韩愈《师说》中的名言"师道之不尊也久矣",叹息"师道之不讲久矣"。为什么会发生这种情况呢?冯桂芬认为,"无他,位既卑权亦微,流品近益杂,汉成帝诏所谓为下所轻,非所以尊道德者也"。

冯桂芬说,现在,天下还能有教育人才之意的,是书院,尤其是各个省城的书院,"余所见湖南之岳麓、城南两书院,山长体尊望重,大吏以宾礼礼宾之,诸生百许人,列屋而居,书声彻户外,皋比之坐,问难无虚日,可谓盛矣"。可惜的是,其所习不过举业,不及经史;所治不过文艺,不及道德。

冯桂芬主张,教师的职责不同于官员,教师之选择不同于官员,对待教师也不应该如同对待官员,应该选择道德高尚的人为教师,同时给教师以特有的尊敬。他引用朱熹、陆世仪等人的话说:

> 教官不当有品级,亦不得谓之官。盖教官者,师也,师在天下则尊于天下,在一国则尊于一国,在一乡则尊于一乡,无常职亦无常品,惟德是视。顾氏炎武曰,师道之亡,始于赴部候选。又曰,教官必聘其乡之贤者以为师,而无隶于仕籍。昔贤论说如彼,今时情事如此。①

那么,怎么样才能既尊师又使得所教内容切实有用呢?冯桂芬主张在教育机构管理、学生选拔、教师选择、尊师礼节、教师待遇等方面,进行系统改革。机构方面,合书院、学校为一,移书院于明伦堂侧,建精庐可容一二百人,郡县主之,省会则督抚、学政主之,春秋祀事及学政,试事归州县,财务出纳等琐屑之事,让城绅负责。学生来源,选择通学

---

① 冯桂芬:《重儒官议》,《校邠庐抗议》,第 86 页。

之人,包括那些愿意学习的举贡生员,童生中的优秀分子。对这些学生评定等第,然后教学。教师的选择,特别慎重,"择师之法,勿由官定,令诸生各推本郡及邻郡乡先生,有经师、人师之望者一人,官核其所推最多者聘之"。教师地位应特别尊崇,"不论官大小,皆与大吏抗礼,示尊师也"。学生待遇要改善,学校管理要严格:

> 不论官大小,皆与大吏抗礼,示尊师也。厚诸生廪饩,居院者为内课,使足以代训蒙。不能居院者为外课,半之。月官课一,亲诣以重其典,有事则改日。师大课一,小课一。家远又不能居院者,为附课,季一课,不给饩。非游学连三季不至者,山长告于学政而黜之。有败行亦然。小过降童舍,期而复之。笃疾给冠带,愈而复之。其黜陟略用宋、元、明三舍积分法而变通之,法以大课名次并计,以得数少多为先后,造积分册,随课升降,岁终简其积分居最而品行亦优者数人,送学政参定之,以次贡入太学。经岁科十试,凡十五年而出书院,愿留者仍听。①

冯桂芬对自己的改革方案非常自信:"行之数年,文风不日上,士习不丕变者,未之闻也"。教风、文风与士风有互动关系,但教师是关键:

> 师得其人,见正事,闻正言,行正道,习与正人居之,不能无正。芳臭气泽之所及,有潜移默化于不自知者。夫闻风犹将兴起,况同堂乎?且夫观人之法,不惟暂惟常,不惟显惟微,不惟矜惟忽,而能见于常于微于忽,独有朝夕与居之人,责之以保举,其有滥焉幸焉者鲜矣。岂与夫一人之荐牍,一日之文字,所可同年语哉!于是太学中人,皆天下之选,非一百八金之流可比。司成诸职,必极天下之选,始足副人望,亦宜由诸生公推翰林官请简,列屋以容千人为率,廪之如郡县,居监读书,三年与之官。所谓天下文章,莫大于是,彬彬乎盛矣哉!

教师尊则风气正,风气正则举人贤,人才济济则天下兴旺。

与重儒官、提高教师社会地位有关的,是改革科举考试内容、减少

---

① 冯桂芬:《重儒官议》,《校邠庐抗议》,第 87 页。

考试次数、改善录取方法,冯桂芬在这些方面提出了一整套设想。

对于科举考试之弊端,冯桂芬有深刻揭露(参见本书第二章科举路上)。但是,他对科举考试不是全盘否定,而是认为其方法可用,其考试次数宜少,考试内容宜难。

那么,具体要考哪些内容、难到什么程度呢? 冯桂芬认为,所谓难者,不外经解、古学、策问三者,因此,就考这三门。以经解为第一场,经学为主。凡考据在三代上者皆是,小学、算学附在里面。经学宜先汉而后宋,因为宋空而汉实,宋易而汉难。以策论为第二场,史学为主。凡考据在三代下者皆是。以古学为第三场,散文、骈体文、赋、各体诗各一首。冯桂芬所建议的,在传统的科举考试中,保留了一部分,如经学、策论等,也新增加了一些,如算学。增加算学,显然是受西学影响。当时人普遍认为算学是西学的根本,要习西学,必习算学。李善兰等人都有这种看法。冯桂芬在《采西学议》中,也说到要"兼习算学",并加附注:

> 一切西学皆从算学出。西人十岁外,无人不学算。今欲采西学,自不可不学算,或师西人,或师内地人之知算者俱可。①

至于主考之人,三场各一主考官而分校之,因为合校则有所偏重,其弊必至以一艺之优劣为取舍,不如分校之善。具体考官人选可由科甲出身七品以上之京官,每场各举堪任考官、同考官者三人,交军机进呈,发部汇为一册,以得保之多少为先后,届期部拟前列而异籍者十人分派下去,候选人应多于实际分派,以绝流弊。三场各编各号,分送三考官,预选名额应为实选的二倍,送监临官,核其三场均优者作为举人,两优者作为副贡,一优者从其廪增附之旧,而作为廪贡、增贡、附贡,这些人中间如果下次考试副贡得一优,廪增附贡得两优,皆准递升。不论经解、策问、古学,一体并计,以体现专精与兼长综合考虑的原则。

会试办法一切如乡试,而以三优者为贡士,两优、一优为副榜,如中正榜眷录之法,下科准并计。殿试亦分三场,而删除复试,朝考仍得相准,惟减其篇数。钦派读卷官三人,各自独立评分等第,然后由部臣汇核,首列三优,次列两优、一优,分三甲进呈钦定。

---

① 冯桂芬:《采西学议》,《校邠庐抗议》,第56页。

至于学政,令大小京官举经解、策问、古学三事兼长者为之,亦不论省份与官职之大小。童生县府试三场,不复试,以归简易。学政试三场,提调汇校,以三优者为附生,两优、一优为佾生。生员则于新章初试后,即序三优、两优、一优造册,以后历试,皆并计优之多少,随试而变。遇有拔、优、恩、岁贡及廪增阙,皆按册序补。拔、优、恩、岁贡考试皆省之,经岁科十试,各从其廪增附之旧,而作为廪监增监附监准出学。其捐贡捐监一概停止。

鉴于会试集中在京城,对于穷书生是极大的负担,也没有必要,有害于士,无利于国。冯桂芬建议将会试地点如同乡试一样,放在各省城,中式者始令进京殿试。

冯桂芬设计的改革方案,总的原则是提高考试质量,减少考试门类、次数,提高考试公平性。

总的说来,冯桂芬通过《校邠庐抗议》表达出来的变革思想,其特点有四:

其一,变法定位准确。问题找得准,观察细致,对症结了解深入,诸如对水利、农桑、漕粮、土贡、关征、科举、冗员、亏空等问题来龙去脉的分析,可称百世不刊之论。

其二,方案设计策略。在设计改革方案时,冯桂芬总是注意从传统中寻找依据,力求消解古今、中西矛盾。关于官员进退一听公议的想法,他既借鉴了西方,也从孟子那里找到了根据;关于民情上达问题,他明明是从西方获得启发,却将其与古代陈诗采风牵扯在一起;加强地方自治,应该说主要是受西方的启发,他却要冠之以"复乡职"的名义。在学习西方阻力很大、尚未形成风气之时,冯桂芬这么做,可以在一定程度上减少变法阻力,有利于变法推行。当然,冯桂芬在历史上找到的变法资源,并不是全无依据,相当一部分是史实昭昭,这也是变法能为许多人赞成、接受的原因。

其三,方案配套协调。冯桂芬提出的许多有待变革的问题,是互有联系、互为因果的,因此,变法方案的配套协调程度直接影响到方案的可行性。冯桂芬对此给予了足够的重视。比如,培育新型人才与变科举、裁汰冗员与提高官员待遇、废武科与制洋器、罢关征与发展工商、采西学与用人机制变革，等等。分开来看，是一个一个具体方案，联系起来看，是有大有小、有轻有重、有缓有急、互相联系、一动俱动的综合性方案。

其四，见之早而思之深。冯桂芬系统提出变法方案之时，自强运动刚刚起步，许多问题是端倪初现，特别是外交、西学方面，冯桂芬能洞烛机先，见微知著，反映了他思想的特别敏锐性。比如，马建忠在光绪二十年提出《拟设翻译书院议》，其对翻译书院的规划，诸如译书内容、书院管理、藏书楼设立，相当具体，自是 30 多年前冯桂芬所未及，但是其所论设立翻译书院的重要性、必要性，与冯桂芬关于在上海设立同文馆的意见如出一辙。再如，薛福成在光绪十一年作利器说，力主中国从国库和税收中拿出一部分钱，制造坚船利炮，加强海防，其论述自比冯桂芬的《制洋器议》更为迫切、周密，但终究是接续冯桂芬的思想而来。同年，薛福成作变法说，论变法之历史趋势，需要变法之具体内容，变法与复古的关系，言之凿凿，都比冯桂芬所论更为周详，但是，他论述的许多问题都是冯桂芬讨论过的。比如，薛福成说，"至如官俸之俭也，部例之繁也，绿营之窳也，取士之未尽得实学也，此皆积数百年末流之弊，而久失立法之初意"，这些问题，在冯桂芬的《厚养廉议》《省则例议》《停武试议》《改科举议》等篇中，都被一一讨论过。

第十二章 "百世不刊之论"

第一节 时人评议

最早给予《校邠庐抗议》系统评论的,是冯桂芬好友吴云与曾国藩幕僚赵烈文。

《校邠庐初稿》被寄到曾国藩处以后,赵烈文从曾处借得,先睹为快,并且在同治二年三月逐条加以评论①。对于第一至第九条,其评论意见是:

> 第一条,公黜陟,京外官皆责成众人会推,此夷法也。
>
> 第二条,汰冗员,省漕河织造衙门,减盐政大使,又减司道各员,裁减言官,减科道为四十员,编检二十员,减内外武职之半,此论甚通,昔人屡言之。
>
> 第三条,免回避,此论通,亦昔人屡言之。
>
> 第四条,厚养廉,京官翰林部曹岁需千金,递加至一品当万金,外官视养廉本数十倍,丞倅以上五倍四倍,督抚三倍,此论通,亦昔人言,但加品节。
>
> 第五条,许自陈,京外官才力本事不相宜,许自陈改注,甚通。
>
> 第六条,复乡职,设副董治百家,正董治千家,但轻薪水,有事董先效理,不服而后至官,不得用刑,有罪罚而已,正副董以诸生

充。此推广顾氏之论。

第七条,易胥吏,先简删律例成书,以生员为幕职代书吏。

第八条,省则例,此即前条半分言之。

第九条,杜亏空,外官有赋税之责者,出入皆列榜于堂,月终刊清册,分送上司绅民。此类未妥,今之亏空虽多,然出入年除,亦必据数申报,但报有而实无,或不相符耳,而上司不能稽诘,列榜示民,民即能稽诘乎?且日榜月报,繁不胜言,法日密而弊日深。

对于第十一条绘地图,批"此法甚善,但恐今世不能行耳"。对于第十二条均赋税,批"此论亦甚善,但既如此,自基一王之制,既能均田,定难均赋,尚一县一县守往日畸轻畸重之制耶?"对第十五条改河道,评论:"于直隶、山东、河南三省,测最卑之地,贯通一线,通渠以达于海,此中国事而夷人曾发此论,想可行之,然岂亦今之事耶?"对第十八条利淮鹾,批"毋庸议"。对第二十条罢关征,批"此条无意味"。对于第十七条折南漕、第三十四条停武试,均批"此论甚通"。对于第三十七条重专对、第三十八条采西学,均批"当今切务"。对第三十九条制洋器,批"此条精论不刊"。

对于冯桂芬有的意见,赵烈文痛加驳斥。比如,对于第二十七条《复陈诗议》,赵烈文写道:

> 此论纰谬,断不可行。按古之采风,以知民之风俗耳,不闻使之干政也。一开此端,所好颂扬,所恶排挤,盗憎主人,民恶其上,语言文字之狱,将不可止,大乱之道也。且天下是非何常之有!就使作者皆无私心,而好恶不明,观听不实,一犬吠影,群犬吠声,若采听行之,此窒彼戾,不触即背,将使何以为政?天下有道则庶人不议,观其后文,不使诸生上书之说,亦悉此意,而前言之不思,则好古好高之过也。

对于全书,赵烈文评价:"全书精当处皆师夷法,而参用中国前人之说然凑数而已,不如法夷为得,其论驳夷尤善。"总的说来,赵烈文对于《校邠庐初稿》评价颇高,也很到位。

同治七年(1868),曾国藩幕僚、上海文人张文虎读《抗议》,认为其

"所论时务诸篇,皆中窾要,至其救弊之术则有万不能行者。即使其得位行道,权自我操,恐未必一一能酬,故立言难"①。

在《抗议》草稿《制洋器议》后,留有周腾虎批语:"是今日第一要策,亦是今日第一至文。所谓识时务者为俊杰。此文流布,中兴伟业即于此而可卜矣。"②批语写于何时不详。

光绪五年(1879),曾任陕西布政使的福建闽县林寿图,在为湖北巡抚潘霨校订《校邠庐初稿》时,写下识语,予以极高评价:

> 同一援古准今,典确似王深宁而以明畅胜,奥博似顾宁人而以精覈胜,通儒之学,济变之才,魏默深弗逮也。寿图才不适用,放废于时,中丞公顾出是编命为雠校。病中展读,顿起沉疴。若用以医世,寿国寿民可知也。虽所言未尽可行,犹百世俟之矣。③

光绪十年(1884),时任江西学政的陈宝琛为《抗议》作序,将其比为贾谊之《治安策》,予以高度评价:

> 吾于林一先生之《抗议》,所以皇皇四顾而不能已也。议凡四十篇,大旨明法以善,世求行法,非求变法,其有变者,必其有以行者矣……先生自定其《显志堂集》,取此议登其半,以有所避忌,存录其半于家。予谓所议皆为法说,皆为天下说,非于世有所憎爱也,况其事亦莫能讳,故劝培之同年尽刻之,贾谊之策亦稍稍施于景武之朝矣。漠置于今日,必将不朽于异时。且使昔议常明于人,人或有心者变通吾意而隐寓于常行之法之中,其于天下殆不无少补矣。④

陈宝琛与冯桂芬长子冯芳缉为同科进士,有同年之谊,又与冯芳植同在江西为官,所以序末自称"年家子",其序当系应冯芳植之请而作。

光绪十年,浙江著名学者谭献读《抗议》,认为其议有的可行,有的不可行:

---

① 张文虎:《张文虎日记》,陈大康整理,上海书店出版社 2001 年版,第 137 页。
② 含有周腾虎批语的草稿,藏上海社会科学院历史研究所资料室。
③ 林寿图识,《校邠庐抗议》,谢章铤抄本,藏厦门图书馆。文中"中丞"指湖北巡抚潘霨。
④ 陈宝琛:《校邠庐抗议序》,《校邠庐抗议》,光绪十年豫章本,前附。

阅冯敬亭中允《校邠庐抗议》四十篇。断断凿凿,若可见诸施行。而所言保举、裁官两大端,皆欲用乡董。天下事有三代下必不可复古者,如士大夫居乡,一涉用人行政,鲜有不乱。①

光绪二十三年(1897),一向非常崇敬冯桂芬、曾与冯在上海短暂接触的改良思想家王韬在印行《抗议》时,对此书评价极高,认为是旷世之作,无人可比:

先生上下数千年,深明世故,洞烛物情,补偏救弊,能痛抉其症结所在。不泥于先法,不胶于成见,准古酌今,舍短取长,知西学之可行,不惜仿效;知中法之已敝,不惮变更。事事皆折中至当,绝无虚骄之气行其间,坐而言者可起而行。呜呼! 此今时有用之书也,贾长沙、陈同甫逊此剀切矣。今日知先生者尚有人,而行先生之言者,恐无其人矣。②

光绪二十四年闰三月,唐才常在《时文流毒中国论》中,称《校邠庐抗议》对专制君主以时文愚民的揭露对他有刺激:"余往者读《校邠庐抗议》,见其摹绘明祖愚民狡计,以谓言之过当。既而历验吾身受病之源,周见切著,讳之无可讳,饰之无可饰。"③

光绪二十四年秋,《抗议》"上海石印"本后有不署名的《跋校邠庐抗议后》称:"夫当时世变之亟,犹愈目前,辇上贵人,尚不知洋务为何物。顾乃奋然噭然,大声疾呼,以为非变法不能自强。在听之者,有不诧为狂言谵语掩耳而走者哉!"冯桂芬"持论之尤不刊者,如曰上与下不宜狎,狎之则主权不尊,太阿倒持而乱生。不宜重民权而民权无所不申,不宜尊君权而君权未尝少损,举一切侧重民权君权之偏见皆一扫而空"④。

这些评论,从咸丰末年,到戊戌维新时期,持续不断,虽然也有批评,但从总体上说,评价相当高,林寿图、王韬评论之高,已经达到无以

① 谭献:《复堂日记》,河北教育出版社 2001 年版,第 136 页。
② 王韬:《校邠庐抗议》跋语,《校邠庐抗议》,弢园书局光绪丁酉年版。
③ 唐才常:《时文流毒中国论》,《唐才常集》,中华书局 1980 年版,第 161 页。
④ 陈旭麓:《关于〈校邠庐抗议〉一书——兼论冯桂芬的思想》,《近代史思辨录》,第 227 页。

复加的地步。其中,赵烈文、陈宝琛、谭献等都是眼界高超、不轻揄扬他人的名流,他们能够给《抗议》如此高的评价,说明此书在当时,即使没有下面要介绍的戊戌维新期间的签注,也已经获得思想界的普遍好评,产生了广泛的影响。

第二节　戊戌维新期间的签注

戊戌变法时期,光绪皇帝曾下令将《校邠庐抗议》刷印 1000 部,发给部院卿寺堂司各官签注意见,或加以评论。据李侃、龚书铎先生研究,这批签注本现存明清档案部,有 200 多部,437 册,原书每部两册,现存有的已只有一册。每册封面右下方都贴有黄签,墨笔楷书臣某某谨签等字样。有的是一人署名,有的是一个衙门多人合署。书内每篇篇首或篇末,大都有黄纸浮签,写着签注者对该篇的意见。现存签注意见者,合计为 372 人,包括大学士、内阁学士,各部尚书侍郎,总理衙门、理藩院官员,都察院都御史、御史,翰林院侍讲、编修,国子监祭酒、司业、学正、助教,步兵统领衙门、京城巡捕营官员,顺天府尹及所属知州、知县、同知等。①

对《抗议》的签注,源于帝师翁同龢与孙家鼐的推荐。

还在光绪十五年(1889),帝师翁同龢就向光绪皇帝推荐过《校邠庐抗议》,认为书中所讲“驭夷”等条,最切时宜,为当今第一要务。光绪皇帝从中选出六篇,装订一册,题签让翁同龢看。翁非常高兴,认为这表明光绪皇帝对洋务“留意讲求,可喜”②。

孙家鼐向光绪皇帝推荐《抗议》的事情,孙自有记述:

　　臣昔侍从书斋,曾以原任詹事府中允冯桂芬《校邠庐抗议》一书进呈,又以安徽青阳县知县汤寿潜《危言》进呈,又以候选道郑观

① 李侃、龚书铎:《戊戌变法时期对〈校邠庐抗议〉的一次评论——介绍故宫博物院明清档案部所藏〈校邠庐抗议〉签注本》,《文物》1978 年第 7 期。
② 翁同龢:《翁文恭公日记》,见中国史学会主编:《戊戌变法》第一册,上海人民出版社、上海书店出版社 2021 年版,第 509 页。

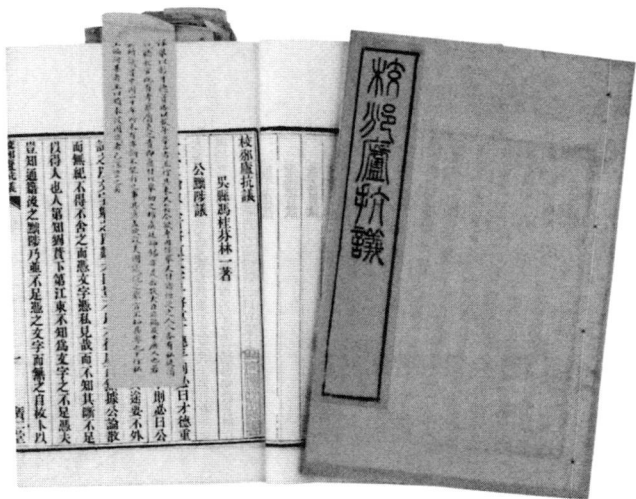

《校邠庐抗议》签注

应《盛世危言》进呈,其书皆主变法,臣亦欲皇上留心阅看,采择施行。①

光绪二十四年(1898)百日维新期间,孙家鼐在五月二十九日(7月17日)再次建议皇上将《抗议》刷印,发给群臣讨论:

> 岁月蹉跎,延至今日,事变愈急,补救益难,然即今为之,犹愈于不为也。

> 臣观冯桂芬、汤寿潜、郑观应三人之书,以冯桂芬为精密,然其中有不可行者。其书板在天津广仁堂,拟请饬下直隶总督刷印一二千部,交军机处,再请皇上发交部院卿寺堂司各官,发到后,限十日,令堂司各官,将其书中某条可行,某条不可行,一一签出,或各注简明论说,由各堂官送还军机处,择其签出可行之多者,由军机大臣进呈御览,请旨施行。如此,则变法宜民,出于公论,庶几人情大顺,下令如流水之源也。且堂司各官签出之论说,皇上亦可借此以考其人之识见,尤为观人之一法。②

---

①② 孙家鼐:《请饬刷印校邠庐抗议颁行疏》,见中国史学会主编:《戊戌变法》第二册,第430页。

光绪皇帝徇其请，当天就发出上谕：

> 谕内阁：孙家鼐奏《敬陈管见》一折，据称原任詹事府中允冯桂芬《校邠庐抗议》一书，最为精密，其书板在天津广仁堂，请饬刷印颁行等语。着荣禄迅即饬令刷印一千部，克日送交军机处，毋稍迟延①。

六月初六，光绪皇帝再次就此事发出上谕："俟书到后，颁发各衙门，悉心核看，逐条签出，各注简明论说，分别可行不可行，限十日内咨送军机处，汇核进呈，以备采择。"②六月十四日，《抗议》发各衙门加签。

光绪皇帝此举，可谓一石三鸟，一是推动变法，择《抗议》中可行者行之；二是广泛听取意见，收广开言路之效；三是借机考察官员识见。诚如日后梁启超评论："《校邠庐抗议》一书，虽于开新条理未尽周备，而于除旧弊之法，言之甚详，亦我国政论之稍佳者也；上命群臣签注之，盖借此以验臣下之才识何如，并博采众论之意也。"③

从各位官员的签注可以看出，《抗议》虽然时过 30 多年，仍然不失其耀眼的光芒。支持变法的内阁学士阔普通武评价此书："全书精粹最妙者有二语：曰'法苟不善，虽古先吾斥之；法苟善，虽蛮貊吾师之'，旨哉斯言，千古名论也。现值庶政维新，诚本此二语以行之，深合乎穷变通久之大旨焉。"④御史黄均隆批注《公黜陟议》："用人凭公论，固是古法，而西人议院亦是此意。此法行，而徇情纳贿之弊可除。"有些意见直到戊戌时期，仍然被一些守旧官僚视为偏激之论。体仁阁大学士昆冈签注《公黜陟议》："庶僚会推，下位保举，流弊滋多，似不可行。考官学政，皆由公举等，尤为滞碍。"徐桐之子、左副都御史徐承煜签注《广取士议》："近来取士之法，屡奉明诏，实力讲求，无庸再议。夫取士不可不广，用人不可不严，且用舍之权，操之自上。冯桂芬谓'荐举之权，宜用众不用独，用下不用上'二语，即是民权之说，实属

① 《上谕》第 96 条，见中国史学会主编：《戊戌变法》第二册，第 40 页。
② 《上谕》第 102 条，见中国史学会主编：《戊戌变法》第二册，第 43 页。
③ 梁启超对《上谕》第 96 条的按语，见中国史学会主编：《戊戌变法》第二册，第 40 页。
④ 李侃、龚书铎《戊戌变法时期对〈校邠庐抗议〉的一次评论——介绍故宫博物院明清档案部所藏〈校邠庐抗议〉签注本》，《文物》1978 年第 7 期。

谬妄。"

当然，时移世易，冯桂芬当年所提的建议，有的已经付诸实施，有的需要充实、发挥，有的已成明日黄花。比如，御史黄绍箕评论《制洋器议》：

> 南北洋之制造局，闽鄂之船厂、铁厂，业经先后开办，此议于今已验。惟官款支绌，扩充为难，拟请谕令海疆督抚，劝谕富商，自立工艺学堂。又制造必须机器，而制造机器之机器谓之机母，亦宜劝商设厂。凡事皆有本末，机器为制造之本，机母厂为机器之本，而工艺之学又用机母以制造机器之本也。

徐承煜签注《上海设立同文馆议》：

> 上海同治年间设立方言馆，现在奉旨京师设立大学堂，各省府州县均立学堂，其章程有学习各国语言文学专条，与冯桂芬所议相符，尤必须先教以尊君亲上之道，庶不致有楚材晋用之虑，全在经理其事者极力讲求，不徒袭取其皮毛，遂谓毕乃事也。

御史张兆兰发挥《上海设立同文馆议》：

> 现在各省设立学堂，风气大开，不独同文、方言各馆、水师武备学堂而已，宜将西国有用之书条分缕析，译出汉文，颁行天下。学堂所穷究者，道书、史书、志书、富国学、交涉学、算学、格物学、光学、化学、重学、制造学、地学、金石学、农学、商学，以及各国语言文字，不可枚举，果能人人学之，竭中国人之聪明才力，不出十年，何难驾西人而上之哉！

《抗议》论述问题的模式，通常是两头兼顾，不走极端，在强调学习西方、主张变法之前，先说一通如何保存中国文化，维护伦常名教。签注者往往各取所需，各执一端。在签注时，主张变法的维新派固然有很大的发挥余地，反对变法的人也有话说。比如，对于《采西学议》，礼部右侍郎溥颋的批语："此款所议，现在已奉旨设立学堂，各省亦次第举办，西学不难于讲求，而难于采择。原议有'以中国之伦常名教为原本，辅以诸国富强之术'各语，最为紧要关键。是采西学者，不过采其语文字、制造算法、声光化电、洋操各学，至于中国之根本，仍以伦常名教为主。"翰林院侍读学士徐致靖批注："西学之有益于国计民生者,非惟采之,直将师之。我中国圣贤正谊明道之教,大本大原,乌可移易? 由圣教以贯通时务,诚今日论学之要也。"主张变法和反对变法的人,都可以通过签注表达自己的政见,真是仁者见仁,智者见智。

日后成为"戊戌六君子"之一的刘光第,也应命写了签注意见,后被编成《论校邠庐抗议》一文。刘的意见简略,但从中也可以看出他对冯桂芬主张的思考。比如,对于"公黜陟"的问题,刘光第就从理论和实践两个层面进行思考:

> 以贱推贵,以下保上,言之似乎骇听,其实古初立君设相之始,即是如此。但今日人心浇薄,且不明义理者多,非互相争竞(如前明廷臣之争枚卜),即互相朋比(如汉廷臣之颂莽功德),所以外国议院,流弊至于聚众械斗。窃谓此事,宜待学术大通、性情大同之后,举而行之,乃可少弊。然今不可不参酌此法,以为用人之鉴。①

在众多签注中,翰林院编修陈鼎的一份非常特别。陈鼎(1854—1904),湖南衡山县人,侨居于江苏常州,字刚侯,号伯商,光绪六年(1880)进士,选翰林院庶吉士,授编修,光绪十五年浙江乡试副主考官,其他没有干过实质性的职务。陈鼎思想维新,痛恨官场腐败,所以,对于冯桂芬的很多改革主张深表赞同,对签注《抗议》相当投入。陈鼎对《抗议》中提出的所有问题,都详加讨论,有的一篇多达三四千字,超过冯桂芬原文。稿成,陈鼎将其编为一书,题为《校邠庐抗议别论》,于七月初一上呈朝廷。七月初十日,光绪皇帝发出两道上谕,先是要军机大臣会同总理衙门王大臣悉心阅看其书,看看"其中有无可采之处",妥议具奏②,然后又要求传知陈鼎,再呈送一部到军机处,以备呈览③。

在《校邠庐抗议别论》序言中,陈鼎对《抗议》有一总的讨论,认为冯氏所议,虽然有许多并不可行,但是也有十之四五是可行的,"诚百世不刊之论,发聋振聩之说":

---

① 刘光第:《论校邠庐抗议》,《刘光第集》,中华书局 1986 年版,第 6 页。
②《上谕》第 152 条,中国史学会主编:《戊戌变法》第二册,第 62 页。
③《上谕》第 153 条,中国史学会主编:《戊戌变法》第二册,第 62 页。

冯桂芬岂通西学者哉？乃于四十七篇中，往往有崇尚之言，可谓不护其短矣。夫辽东挫败之后，于今三年耳，而德人以一旅之师入我胶州湾而占之，我不能有也。俄人返胶州之旆，趋我旅顺并金州而夺之，我不能较也。英人为保商抵俄之说，明示贷款之德，索我威海卫而守之，我不能为也。法人恃合俄御倭之事，利益均沾之约，割我广州湾而分之，我不能执也。我据有四千万方里之地，抚有四百兆人民之众，而甘于自弱如此者，何耶？铁甲之船不足与战也，克虏伯之炮不足与轰也，士卒之技击不足与角也，将帅之韬钤不足与抗也。大小诸臣之才识不足与敌也。农工商贾之艺业不足与争也。然则今日中国所以情见势拙之故，已可晓然于天下。一二嫉技违彦、村学鄙夫之流，犹复执其制梃以挞之空谈，思欲以假借仁义之文，凑合波磔之字，与天地终古也。岂非冯桂芬之罪人哉！

虽然，冯桂芬之议固自有不可行者。中国之人急私斗而怯公战，怀私惠而昧公义，民政之说方嚣然不靖，而泰西用人之柄又实不操之于下，而一切公举之议宜慎也。藏富于民，无事之日言之可也，至于内外相逼，朝廷之上固不能自令有财以供不时之需，则一切损上益下之议宜缓也。本朝设官皆有深意，悉取而罢之，或且有废事偏重之患，则一切裁汰之议宜审也。君子务其大者远者而已，使必较权量、平银价，琐屑为之，日且有不给之势，则一切呴嘘之议宜辍也。他若复陈诗、复宗法之迂，改土贡、崇节俭之隘，易吏胥、改河道之偏，免回避、许自陈之私，皆不免有经生之见，徇人之心者也。此则其可行者特十之四五耳。

然而，强本如筹国用、劝树桑诸篇，裕国如折南漕、节经费、裁屯田诸篇，论兵如停武试、减兵额、制洋器、创工兵诸篇，御侮如善驭夷、重专对诸篇，治内如采西学、绘舆图、均赋税诸篇，无不为冯桂芬以来三十年中日日所当行者，诚百世不刊之论，发聋振聩之说也。此外，如变科举一篇，所谓嘉道以降，缪种流传，其言不无可信。①

---

① 陈鼎：《校邠庐抗议别论》序言，第3—4页。

陈鼎依《校邠庐抗议》原书顺序,逐篇讨论可行与否及其具体原因。比如,对于《公黜陟议》,陈鼎写道:

> 此不可行。原议以为荐举之事,在小臣百姓为公,在内外大臣为私,乃一偏之见也。天下之人,安得尽如己意,天下之优差美缺,又安得尽偿人意? 此得之以为公,彼不得以为不公矣。且权之所在,即疑之所在,小臣疑大臣,遂任小臣,百姓疑小臣,又任百姓,不特无此政体,亦岂即能得人?①

陈鼎接着论述所谓“公黜陟”会带来十大弊端,最后指出,“冯桂芬意中不过有一欧美民政规模,欲借此发端耳,故曰不可行也”。对于《筹国用议》,陈鼎写道:“此俱可行。商务、矿务、农务,皆今日至要之事,俱当步武泰西,以西人为牛而我为农也。然西人格致之学精矣,一烛之焰,一滴之波,莫不悉取其理格而出之,甚则配合水火,剿袭雷电,天地几于无权,中人万不能及。”②对于冯桂芬在《校邠庐抗议》中某些意见,陈鼎在总体肯定的同时,也会提出一些具体的批评。比如,对于冯桂芬的制洋器、采西学、上海设立同文馆议,陈鼎给予高度评价:“冯桂芬于墨气薰天之日,浑沌未凿之时,能见及制洋器、采西学、设上海同文馆诸凡扼要事,真可为一时之豪。”但是,对于冯桂芬不分青红皂白地贬低早期通事,陈鼎不以为然:“然谓游闲跅弛、市儿村竖两种人声色货利外不知其他则非”,有些片面,“是去病之辈岂非游闲,李广之属岂不跅弛? 自古以来,功臣名将出于市儿村竖中者,更是指不胜屈。”③

可以毫不夸张地说,陈鼎是《校邠庐抗议》问世以后,阅读最认真、批评最详细的人。万万没有想到,他这种认真给他带来了灾难。戊戌政变发生以后,他竟因为批注《抗议》而坐废。光绪二十六年正月,翰林院侍讲学士陈秉和弹劾陈鼎等人,朝廷命令严惩,着永远监禁在省,不

---

① 陈鼎:《校邠庐抗议别论》,第 5 页。
② 陈鼎:《校邠庐抗议别论》,第 27 页。
③ 陈鼎:《校邠庐抗议别论》,第 75 页。

许与地方人往来交接①。叶昌炽记其事：

> 阅邸钞上谕：翰林院奏甄别词臣，据实纠参一折……编修陈鼎，性情乖谬，心术不端，所注《校邠庐抗议》，多主逆说……以上三员，均属衣冠败类，原请革职，交地方官严加管束，尚属宽纵……（陈鼎）业经革职，谕令翰林院传送刑部转解递籍，即着各该督抚将各该员等在省永远监禁。②

光绪二十九年大赦时获释，翌年卒于江苏常熟③。因签注《校邠庐抗议》而遭此大难，这是时代的悲剧，也格外映照出《校邠庐抗议》的夺目光彩。

第三节 评价之高，史所罕见

1898 年 9 月 4 日，即光绪皇帝已命百官阅读、批注《校邠庐抗议》之后，戊戌政变发生以前，上海《新闻报》发表一篇《跋〈校邠庐抗议〉后》，对《校邠庐抗议》的学术价值、历史意义做出全面评价，认为《抗议》在咸丰以来变法思想史上，发意之早、立意之善、命意之周，均为其他同类书籍所难以比肩，更为《抗议》的主张没有受到当局重视、没能付诸实施而叹息不已。

首先，发意之早。作者惊叹于冯桂芬思想之敏锐、见识之高远大大超过一班士大夫，也超过曾国藩、沈葆桢等从事洋务新政的官员。作者称，"当咸丰之季年，贼氛方炽，而外祸已深，其时留心国是者，不过曰剿贼而已、安外而已，从未有知言变法以自强者，亦未有敢言变法以自强者。曾文正奏派出洋学生，沈正（文）肃创办船政学堂，至今论者犹以两公有先见之明，未雨绸缪，迥非同时诸老之所能及，乃以观于冯林一先

---

① 见孔祥吉：《晚清知识分子的悲剧——从陈鼎和他的〈校邠庐抗议别论〉说起》，《历史研究》1996 年第 6 期。
② 叶昌炽：《缘督庐日记抄》，庚子年，第 20 页。
③ 本节关于陈鼎生平资料，见孔祥吉：《晚清知识分子的悲剧——从陈鼎和他的〈校邠庐抗议别论〉说起》，《历史研究》1996 年第 6 期。

生《校邠庐抗议》一书,而窃叹老成谋国之虑深思远也"。那时候,辇上贵人尚不知洋务为何物,普通大众更是懵懵懂懂,冯桂芬已经"奋然嗷然,大声疾呼,以为非变法不能自强,在听之者有不诧为狂言谵语、掩耳而走者哉! 即稍能谈经济者,亦不过目笑存之而已"。谁知道自那以后,近 40 年过去,世变日深而日亟,冯桂芬当年所呼吁变法之内容,"竟不幸言而中。而言变法者,朝上一书,夕启一政,隐隐然与先生之书相为发明而又若合符节。于是朝廷始惕然有悟,知中国前此非无命世之才"。①

其次,立意之善。作者指出,《抗议》一书所讨论的问题,极有针对性,尽管书中关于兴文学改武举、劝农工兴商务诸大政,犹有言之而弗详、筹之而未善者,还可以做进一步的完善,"然于任贤使能之道,裕民足国之方,连乡轨里之法,兴利除弊之端,固已提纲挈领,反复敷陈,井然秩然,有条不紊,且并非剽袭陈言、不学无术者之可比"。作者将《抗议》放在咸丰末年以来 30 多年中国各式提倡变法的论著中做比较分析,认为《抗议》远远高出同畴,比《盛世危言》还要高出一大截,"较诸《盛世危言》等书之假手于他人者,不啻判若霄壤焉"。作者对于书中若干重要论述,赞不绝口,认为"其持论之尤不刊者,如曰上与下不宜狎,狎则主权不尊,太阿倒持而乱生;上与下又不宜隔,隔则民隐不闻,蒙气乘辟而乱又生,不言重民权而民权已无所不伸,不言尊君权而君权自未尝少损,举一切侧重民权君权之偏见,皆一扫而空。又如言中国人无弃才不如夷、地无遗利不如夷、君民不隔不如夷、名实相副不如夷,此其说尤为洞明乎中外之局势,深中乎时事之綮要者,非当时执政诸公所能梦见及此"。②

再次,命意之周。此文发表时,正值维新高潮,朝廷今颁一新,明除一旧,变法指令不断从京城飞向全国。作者从变法如何折中新旧、调和中西的角度,盛赞冯桂芬当年所提变法主张,不走极端,允执厥中,其量至远,其愿至宏,最为可取:

> 近时之言变法谈洋务者,极誉泰西之善而痛诋中国之非,甚至

①②《跋〈校邠庐抗议〉后》,《新闻报》1898 年 9 月 4 日。

有诋及尧舜、诋及周孔者，由其耳目所及，近在数十年之间，而不复知有中国前圣制作之精，是以识量褊浅一至于此，此何异弃周鼎而宝康瓠，轻和璧而重燕石哉！是书胪陈所及，莫不折中前圣，援引大经，粹然儒者之言。新都侯之扬摩尚书，王安石之胶执周礼，是书举无其弊。其言复古也，则曰去其不当复者，用其当复者，而要以不畔于三代圣人之法为宗旨。善哉言乎，是盖上下数千年而撮其要，取其精，储之为救时之良药者，其量至远，而其愿至宏矣……是书不域于西，不囿于中，不泥于今，不远于古，可为目下言经济者树之型而示之的，诚善之善者也。①

最后作者抚今追昔，对于冯桂芬当年的变法主张，在咸丰末年没能得到朝廷重视与采纳而深感惋惜，认为假如《校邠庐抗议》所论当年能被采纳，则中国当今处境绝不至于如此不堪：

惜其时中国言路未开，未能以是书扬于王庭，陈诸黼座耳。向使朝廷早见是书，即以其书中之所言者次第施行，见诸实用，且能以言举人，假之以鼎铉之权，委之以艰巨之任，俾得从容展布，以尽其才，使坐言者可以起行，则神州数万里之地，黄种四百兆之人，早已幡然改图，一变至道，彼西人亦将相顾奢慄，无敢觊觎，夫何至有政教凌夷之患，夫何至有寇盗充斥之忧，夫何至有强邻逼处之虑，夫何至有民穷财匮之虞，乃至时危势迫，而始欲师其良法美意，以冀挽回而不能识冯唐于未老之秋，相仲淹于居乡之日，则虽丝绣子期，金铸平原，曾何补于前此之阢陧哉！②

《跋〈校邠庐抗议〉后》作者不详，查各种版本《校邠庐抗议》，亦未得究竟。比较这篇跋语，与陈鼎的《校邠庐抗议别论》相比，有诸多相近之处，比如都认为冯桂芬识见高远，许多见解堪称百世不刊之论、振聋发聩之说，但也有所不同，对于《抗议》立论不偏不倚、允执厥中方面，《跋〈校邠庐抗议〉后》较《校邠庐抗议别论》更为强调，对于《抗议》的可行性与历史价值，《跋〈校邠庐抗议〉后》也评价更高。

---

① ②《跋〈校邠庐抗议〉后》，《新闻报》1898 年 9 月 4 日。

《跋〈校邠庐抗议〉后》与王韬 1897 年在重印《校邠庐抗议》时所作跋语，亦有相近之处。王韬在跋语中的评价，本书前已引述。两相比较，《跋〈校邠庐抗议〉后》较王韬评价似更高更全面。再者，王韬已于 1897 年 5 月 24 日逝世，此文并非他写。作者究系何人，待考。不过，这篇跋语堪称对于《校邠庐抗议》最为允当、经得起历史检验的评价。

结　语

　　冯桂芬的历史地位由三大因素构成，即科举英才、渊博学识与变革思想。这三大因素就形成时间而言，科举英才在先，变革思想殿后，但就相互关系而论，则相辅相成、相得益彰。

　　在科举文化中，榜眼是仅次于状元的耀眼明星。这种每三年才出一个的极端稀缺资源，是冯桂芬踏上仕途、跻身士林的基础，是他名满天下、有资格结交天下官绅、有机会开阔视野、了解中国社会实际情况的最为重要的社会资本。

　　渊博学识是奠定冯桂芬著名学者地位的内涵。冯桂芬的学养用传统的知识分类框架看，经史子集无不涉猎，包括经学、历史、小学、算学、天文、舆地、兵制、刑法、盐铁、河渠、钱漕、食货、堪舆等。用今人的学科分类标准去看，举凡自然科学、社会科学与人文学科无不涉及，包括数学、天文学、经学、文字训诂学、文学、历史学、地理学、经济学、法学、社会学、教育学、军事学，还有命理学，均有涉猎，尽管有些学科在那时中国还没有如此分类名目。其治学最为可贵之处，在于他视野开阔，不设藩篱，不囿陈说，自辟蹊径，对于西方输入的新学问，抱有极大的了解热情与深入解读的扎实精神。这种热情，远远超过他的绝大多数同龄人，也超过相当一批比他年轻的学者。徐世昌在《清儒学案》中，专辟以"校邠"命名的《校邠学案》，将冯桂芬定位为开宗立派的标志性大学者，与顾炎武、黄宗羲、王夫之、戴震等为同一等级，可谓实至名归。①

---

① 当代学者钱基博对冯桂芬学术地位的评价，与《清儒学案》类似。他说，"曾文正起家词馆，而遇事虚衷，多主采用西学之议；魏舍人默深于举世不为之目，慨然从事中西掌故，辑《经世文编》　（转下页）

变革思想是奠定冯桂芬历史地位的最为重要的因素，也是有必要在这里做一综合性论述的因素。

冯桂芬生活的时代，是一个百弊丛生、呼唤变法的时代。很多问题早就存在，且众所周知，但是，积重难返，难以改革。

江南重赋是个不难理清的问题。同在中国，苏州、松江、太仓缴纳的赋税，比同在江南的常州多3倍，比镇江多10倍，比其他省份的府州最高的要多20倍。这合理吗？当然不合理。要问其来由，那更荒唐，南宋以后，这里官田多，民田少，官田赋重。明太祖朱元璋痛恨江南人曾经帮助张士诚，在坐稳江山以后就硬是规定这里多缴赋税。到了清朝，官田变民田，张士诚的历史旧账也不存在了，但是，江南人还是要照老规矩多纳赋。能改革吗？不行。这是祖上传下来的规矩，还有许许多多与此相关的利益。

漕粮问题也极其明显。漕粮从江南运到京城，各种运费、保护费等加在一起，每石算下来要花18两银子，但是，京城里领取漕粮的大多数是北方人，不喜欢吃米，于是，他们就把米拿去卖，然后买杂粮吃，每石米只能卖到一两银子。很多人干脆不领米，只领米票，把米票卖掉。这不是明明白白的劳民伤财吗？是的，谁都知道。能改吗？不行。因为，从征集、运输、护运到分配，每个环节都有很多利益，有那成千上万的食利群体，从具体办事人员到道员、总督，漕粮就是他们的饭碗、银行。

土贡弊端更为简单明了。京城在北方，皇帝、皇亲国戚、百官公卿要享用全国土特产品，这无可厚非。但是，朝廷的规定有时极不合理，比如规定某地上贡的东西并非其地特产，甚至其地本无此产品，如江苏木蜡、桐油之类并非当地特产，还有四川之米、广西之马等。有些规定上贡的东西不易保存，不适合长途运输，如广西土贡面粉，经跋山涉水，旷日持久，送到京城早已霉变。但是，规定上贡就必须上贡。于是，各地就采取变通办法，到京城去买，贴上本地标签，再买通书吏一干人等，

（接上页）《海国图志》等书；冯林一宫詹《校邠庐抗议》，言人所难言，为三十年来变法之萌芽。之数公者，或持空理不见诸用，或用矣未竟所欲行，要其皇皇不得已之苦衷，皆由流览时局之变，熟察天人之微，知其不得不然，以犯天下之不韪而不恤。与吾孔孟周流，悲悯无已，而改定制度，以垂万世之公心，未始无合焉"。钱基博：《近百年湖南学风》，岳麓书社2012年版，第151—152页。

以假充真,成本比直接从市场采购高出许多倍。这真是蠹国害民! 能改吗? 不行。因为一改,那些书吏的油水就没有了。

至于科举之误人、军队之腐败、吏治之窳败、财政之亏空、盐政之漏私、关征之黑幕、度量衡之混乱、农桑之待兴、贫民之待济、户籍之待管、盗贼之待治、教育之待改、师道之待尊……种种弊端,尽呈眼前,亟待改革,但是,改革的步履是那么难以迈出。

冯桂芬生活的时代,是一个中外格局发生巨大变动的时代:从天朝大国到列国之一,从天下无敌到城下之盟,从闭关锁国到被动开放,从自给自足到贸易通商,从大刀长矛到坚船利炮。

中国必须面对和适应已经变动的世界格局! 中国迫切需要通晓世界大势的变法人才!

这是一个呼唤改革而又难以改革的时代。这是一个需要有改革勇气、更需要有改革识见的时代。这是一个需要既了解下层又了解上层、既了解中国又了解世界的变法人才的时代。

冯桂芬正是在诸多方面满足了时代的需要。

他了解中国社会。他出身于下层社会,懂得民间疾苦。他出生在苏州,那是赋税重、民生苦的地方,也是太平军与清军反复较量的地方,饱受战争之害。他深受重赋之苦,母亲之家即为催科所破。他研究过漕运,接触过盐政,考察过黄河,丈量过土地,了解过土贡,做过幕僚,当过教习,做过京官,在科举道路上也曾一再顿挫。对种种社会问题,他有切肤之痛。他熟悉典章制度,知识渊博,勤于思索,对许多社会积弊的来龙去脉一清二楚。

他了解世界大势。他在鸦片战争爆发那年考中进士,点了翰林。此前,他主要是读书、应考;此后,他主要是做官、治事。他在鸦片战争之前和之后,各生活了 30 多年。他亲历、亲见或亲闻了时代的巨变。第一次鸦片战争发生时,他在京城,主持禁烟事务、坚决抗英的钦差大臣林则徐是他的恩师,首倡"师夷之长技以制夷"的魏源是他的好友。他虽然没有直接参加对外交涉,但是,他密切关心事态的发展。第二次鸦片战争进行时,他先后在北京、上海等地,一是对外交涉前沿,一是西人聚集之地。他参观过租界,接触过西人。他的学生在墨海书馆帮助西人译书,时常带给他有关西方的信息。他有机会了解中外大势,了解中西差别。

他生性沉静,遇到问题,爱好深思。当一般人还在欣欣于"万年和约",或斤斤于"夷夏之辨"时,他已经清醒认识到:"有天地开辟以来未有之奇愤,凡有心知血气莫不冲冠发上指者,则今日之以广运万里地球中第一大国而受制于小夷也。"他已经明白,中国虽为天下大国,但不是天下中心,中国面积仅占地球十五分之一,其余国家有百来个。他明白,中国有许多地方不如西方,"人无弃材不如夷,地无遗利不如夷,君民不隔不如夷,名实必符不如夷",船坚炮利不如夷,有进无退不如夷,还有安置贫民、兴办教育、矿业、农业、水利,不一而足,均不如夷。

特殊的生活时代,丰富的社会阅历,良好的学术素养,思辨的哲人气质,这几个方面使得冯桂芬具备了一个大思想家的基本要素。

冯桂芬在思想史上的贡献,主要有以下四点:

其一,较早地提出了系统的变法主张。比起早十几年的魏源,冯桂芬的变法主张更为全面、系统。经济方面,涉及漕运、盐政、土贡、农桑、采矿、赋税、水利、河道、关征;社会方面,涉及户口管理、贫民救助、惩治盗贼、崇尚节俭、基层社会建设(复宗法);教育方面,提出办外语学校、提高教师地位(重儒官)、变科举、改会试等;政治方面,提出改善官僚升降机制(公黜陟)、改善民意上达机制(复陈诗)、压缩官僚编制(汰冗员),以省则例、免回避提高行政效率,以广取士、许自陈、变捐例、易胥吏提高官吏素质,以厚养廉遏制官吏贪污,以复乡职加强基层建设;军事方面,提出停武试、制洋器;外交方面提出善驭夷和重专对。对每一问题,他都指其症结,考其演变,开出方案,说明利弊得失。在冯桂芬之前,魏源对武器改进,改善漕运、盐政、河道等方面问题,也曾提出过一些变法方案;太平天国洪仁玕也曾提出过开办近代交通运输、开矿、立厂、办银行、设新闻馆、鼓励制造发明等一些变法设想,但极简略,远不及冯桂芬这么全面、系统。

其二,鲜明地提出较为全面的"采西学"主张。诚如丁伟志所说,冯桂芬从"制洋器"起步,迈上了一个向西方先进文化学习的新阶段,这就是提出了采西学，其着眼处从器技层次进到学理层次，即自然科学层次①。魏源的"师夷之长技以制夷"，主要是学习西方的坚船利炮，冯桂芬则将学习内容大加扩展，包括学术层面的算学、重学、视学、光学、化学；技术层面的坚船利炮、龙尾车、虹吸、采矿机器、浚河机器；制度层面的贫民救助、人才教育、人才选拔、民情上达、君民不隔，甚至依稀涉及精神层面的"名实必符"问题。顺着采西学的思路，冯桂芬提出了"鉴诸国"的变法主张。变法，在传统文化中可资利用的思想资源，有一条叫"法后王"，冯桂芬主张，在"法后王"的同时再加上一条"鉴诸国"。"法后王"着眼的是时间维度，"鉴诸国"着眼的是空间维度；"法后王"体现的是历史眼光，"鉴诸国"突显的是世界意识。冯桂芬的较为全面的采西学主张，特别是其六不如夷说，即人无弃材不如夷，地无遗利不如夷，君民不隔不如夷，名实必符不如夷，船坚炮利不如夷，有进无退不如夷，在近代中国学习西方的思想史上，具有里程碑的意义。

其三，以惟善是从消解现代化过程中的中西、古今矛盾。从文化上说，中国现代化过程中，最主要的矛盾是中西、古今这两对矛盾。为了消解、缓和、调和这两对矛盾，出现了"西学中源"、师夷制夷、托古改制、中体西用等思想，每种思想都有其出现的合理性，在中国现代化过程中都有过一定的积极意义，同时也都有其局限性，对此，学术界已有丰富的研究成果。在这些应对思想中，冯桂芬的惟善是从论有其独特的价值。冯桂芬本人没有说过"惟善是从"，其原话是"法苟不善，虽古先吾斥之；法苟善，虽蛮貊吾师之"②。由这两句话，结合冯桂芬的其他言论，可以看出，在冯桂芬那里，所谓的"法"，古今之别并不重要，中西之别并不重要，最重要的是，善与不善，善是惟一标准。冯桂芬的这一思想是一贯的，他在比较中西数学孰优孰劣时也说过："夫代数胜于四元，中人不能讳也。亦犹四元胜于借根，西人不能讳也。学问之道，择其善者而从之，中西奚别焉！"③那么，什么是"善"呢？就是有效、有用、有利，能富国强兵。

---

① 丁伟志：《〈校邠庐抗议〉与中国文化近代化》，《历史研究》1993年第5期。
② 冯桂芬：《收贫民议》，《校邠庐抗议》，第75页。
③ 冯桂芬：《西算新法直解序》，《显志堂外集》卷一，稿本，无页码。

冯桂芬在《校邠庐抗议》中，也说过其议论"要以不畔于三代圣人之法为宗旨"，也说过其变法原则是"以中国之伦常名教为原本，辅以诸国富强之术"，似乎"三代圣人之法"是衡量善与不善的最高标准。仔细一想，这两句话与上述"法苟善"那段话是相互冲突的，是两个标准。假如西法是善的，但又不合三代圣人之法，那怎么办呢？如果不光看字句，也看事实的话，情况就很明白，冯桂芬是以善与不善作为最高标准的，他极力主张要学习的那些西法，比如"采西学""制洋器"，其实都不合"三代圣人之法"。冯桂芬自己难道没有注意到这两种标准之间的冲突吗？我想，他是明白的，但不得不这么做。对此，吕实强有很好的论述。他说：

> 前人研究冯氏者，多推赞其为中体西用论最早之创始者，且此说已几为学术界所普遍接受。然深究冯氏思想之后，却发现此说不仅似是而非，更掩蔽不少冯氏思想的真实价值。认为冯氏为中体西用论者之根据，不外为冯氏所说"如以中国之伦常名教为原本，辅以诸国富强之术，不更善之善者哉"，"用其器非用其礼也，用之乃所以攘之也"，但如就冯氏思想作整体的观察，则甚易发现，其决无"中学为体、西学为用"的观念。首先，冯氏对中西间的考虑，便是全盘的，所谓"人尽其才不如夷，地尽其利不如夷，君民不隔不如夷，名实必符不如夷"，岂有体用之分？冯氏所议对西方之学习，也并非仅限于制器，无论语言文字、数理史地，并更吸收其民主观念、言论自由，以至于社会制度，何能谓冯氏之着眼仅限于西方之"器""用"？冯氏于其文字之中，亦有说明，譬如他主张采西学，即解释云"学问者，经济所从出也"，所谓"经济"，就传统与当时人的用法，均为指国家大事，包括典章制度。尤其明确者，为其所特加强调"法苟不善，虽古先吾斥之；法苟善，虽蛮貊吾师之"，其所谓法，包括政法、礼法在内，自甚肯定。以此，就其全部有关言论加以观察，应该可以确定，他确能破除中西之见、古今之见，而将各种学理放置于平等地位，加以客观研究，进而综合创造，超越前人。[1]

---

[1] 吕实强：《冯桂芬的政治思想》，《中华文化复兴月刊》第四卷第二期，1971年。

对于冯桂芬表述的惟善是从与"三代圣人之法"之间的矛盾，丁伟志敏锐地指出，冯桂芬在自序中所谓"三代圣人之法"云云，是一篇言不由衷的自我表白，起的是一种自我保护性的包装作用，既掩饰了提倡西学的激烈倾向，又堵塞住已经发生的和将会遭到的离经叛道的一类责难。①

我以为，"法苟善"这两句话，在某种意义上可以说是《校邠庐抗议》的总纲，"法苟不善，虽古先吾斥之"是除旧，"法苟善，虽蛮貊吾师之"是布新。两者合起来，构成了变法的全部内容。这种不盲目崇古、不虚矫排外、惟善是从的态度，是一种不卑不亢、不偏不倚、积极、大气、健康的心态，是勇于面对外来文化挑战、勇于学习外国先进文化、敢于更新本国文化积弊的乐观自信态度。这种态度，根基于中国文化中的见贤思齐、刚健有为的传统，是从中国文化本土生长出来的、可以导致中国文化与时俱进的极其宝贵的思想，也是中国文化具有强大生命力的生动体现。

对于冯桂芬主要依靠中国传统文化资源，就能够消解中西、古今矛盾，陈孟忠认为，这是"从局限中打破局限，从传统中冲破传统"，是冯桂芬伟大的地方：

> 冯氏所受的是中国传统的教育，所走的路是中国人争走的科举仕途。传统给他的束缚自然很大，虽然他的师友如林则徐、李鸿章、吴云在当时都属于维新的人物，但这些人对西方的了解有限，所能给他的影响最多只是启发，无法使他体验到西方文化的真正内涵。另外，他没有机会到外国留学，他的西方知识乃仅限于上海所见所闻。他不通西文，只能阅读部分翻译的西书，而当时所译西书多属工艺科技方面基本知识的介绍，绝少西方政治制度与西洋思想文化方面深入叙述的巨著。以致他所了解的西洋文化亦就止限于算学、重学、视学、光学、化学等较浅的部分。对西方政治制度、法律规范、社会组织及科学文化的内涵乃均十分陌生，闻所未闻。因此，他的维新思想，便受到了很大的限制。冯桂芬的伟大，

① 丁伟志：《〈校邠庐抗议〉与中国文化近代化》，《历史研究》1993 年第 5 期。

正在于他仅凭在上海、苏州等地与洋人接触的经验，以及他经世致用的渊博学识，去探索西洋文化，而竟产生超出诸师友的维新思想，并且为一个两种不同文化冲激的时代，提供维新的主张，这在当时保守的士人看来，不啻是"离经叛道"。由是观之，冯氏思想的出发，无疑的，乃是欲从局限中打破局限，从传统中冲破传统。①

其四，比较理智地兼顾理想与现实的关系。近代思想家与政治家基本上是由两类人构成的，思想家多缺乏从政经验，如王韬、郑观应，对政治运作过程不太了解，因此，陈义高而落实难；政治家又因为过于重视政治运作而短于政治理想，疏于理论创造，如李鸿章、袁世凯。前者太书生气，后者过于政客化。既了解政治运作又能进行理论创造的人实在少之又少，郭嵩焘算一个，冯桂芬则是其中的佼佼者。他虽然官做得不大，但在京师十多年，且在翰林院这个清贵的位置上，又与许多上层官僚关系密切，从陶澍、林则徐、潘世恩到曾国藩、李鸿章，这使得他有机会了解很多政治具体运作过程和内幕情况。这样的经历，对于他改革思想的深刻性、改革方案的可操作性，具有重要意义。在《校邠庐抗议》原稿中，冯桂芬本有设立"奇材异能科"的建议，后来到正式定稿时，便将这个建议舍去了。我想，这是因为考虑到操作难度而舍去的。在《校邠庐抗议》的《公黜陟议》中，冯桂芬本写有"米利坚以总统领治国，传贤不传子"等关于民主制度的一段话，后来正式定稿时删除了，我想，这也是他尽量不触犯时忌的表现。

冯桂芬在设计改革方案时，尽力考虑操作可能与社会承受能力。他的一个常用词汇是"人情"，比如《免回避议》中说道"愚则以为官于本地，较之他乡倍宜自爱自重，亦人情也"。"夫王道不外人情，士从田间来，寒士居多，虽在一命之微，莫不有父母之养，妻子之赡，宫室舆马衣裘仆从之需"。《省则例议》中称"迎养在寓有别，迎亲送亲假有别，告养告近而服阕者有别，剖析可谓精矣。而于人情动多窒碍，惟有一切以欺应之，始可无事"。《重酒酤议》中则讨论禁令与人情的关系，"大凡民间日用饮食，起居贸易，一切细故，相沿已久，习为故常者，一旦欲反之，虽

① 陈孟忠：《冯桂芬维新思想之研究》，台湾大学政治学研究所 1977 年硕士论文，第 171 页。

临之以天子之尊,威之以大辟之重,亦终于不行。不考古事,不采近闻,不达人情物理,或任性,或恃才,皆不知其不可禁,不知其不可禁而禁之,适所以扰之,而迄无以禁之”。所谓“人情”,就是社会现实,兼顾人情,就是理想不要过分远离现实。因此,冯桂芬的改革方案大都比较实在。比如,他提出停武试,就考虑到那些已有武科功名人的出路问题;他提出“重酒酤”,就既考虑国家利益又兼顾酒民习惯。正因为他的方案比较能够兼顾理想与现实、事理与人情、除旧与布新等种种方面的利益平衡,所以,在 30 多年以后再看,依然入情入理。

《校邠庐抗议》写成以后,先在士林中传抄,广泛产生影响;然后在《显志堂稿》中先发表比较稳健而少争议的内容,最后再发表全书。这种做法,也体现了冯桂芬理智地兼顾理想与现实的思路。

美国有学者认为,冯桂芬的对策多受顾炎武的启发,也受他所代表的士绅阶层的社会、政治和经济利益的影响,如果付诸实施,势必使中国地方行政的性质发生革命性的变化①。还有学者认为,《校邠庐抗议》的思想价值,冯桂芬对发表《校邠庐抗议》所采取的审慎态度,对于理解晚清中国思想和士大夫心态有重要价值:

> 冯桂芬的例子从两个重要方面启发了我们。首先,它对 50 与 60 年代美国史家深信不疑的一套假设直接提出挑战,这套假设认为中国体制制度的根本变化实质上就是“近代化”,而且这种变化既然必须吸收西方的思想与典章制度,就无法从儒家自己的思想天地内部演变产生。其次,冯桂芬对自己的主张采取了小心谨慎的态度,至于当时士大夫的反应则更加小心翼翼。这足以说明在当时和以后多年内巨大的阻力不在于惧怕近代化,而在于惧怕根本性的变化。②

以儒家为主体的中国文化,在西方文化袭来时,有没有从容面对的雅量? 有没有见贤思齐的胸襟? 有没有与时俱进的机制? 这是研究中

---

① 参见［美］柯文(Paul A. Cohen):《在中国发现历史——中国中心观在美国的兴起》,林同奇译,中华书局 1989 年版,第 17 页。

② ［美］柯文:《在中国发现历史——中国中心观在美国的兴起》,林同奇译,第 17 页。

国近代化时常遇到的问题。冯桂芬现象，为我们对这个问题的研究留下了巨大的空间。

套用冯友兰先生的说法，在人类历史上，思想家大抵分三类：一是从头说，横空出世，新辟天地，开宗立派，自成体系；二是照着说，按照先圣前哲确立的思想体系，发扬光大，阐幽发微，贯彻落实；三是接着说，接续前哲，粗者精之，疏者密之，断者续之。冯桂芬是三者兼而有之。就经世致用传统而言，他是照着说，按照顾炎武的思路，一路走来，发现问题、解决问题的方法，与顾炎武多有类似之处，留心观察，深入思索，沿波讨源，由此及彼。就改革的具体主张而言，在漕运、盐政、水利等方面，他是接着说，上接陶澍、林则徐；在学习西方坚船利炮方面，上接魏源。但是，在新的历史时代，就政治、军事、外交、经济、社会、文化诸多方面，提出全面系统变法思想，提出"法苟不善，虽古先吾斥之；法苟善，虽蛮貊吾师之"这样理性变法纲领的，冯桂芬是第一人。他大笔挥洒，自出机杼，创榛辟莽，另辟蹊径，是从头说起。郑观应的《盛世危言》，王韬的自强诸论，薛福成的《筹洋刍议》，陈炽的《庸言》，宋恕的《卑议》，从思想史上看，尽管自有新见，各具特色，但都是照着或接着冯桂芬的思路顺流而下的。

在这个意义上，我认为，冯桂芬是中国近代史上提出全面系统变法思想的、力主在多方面向西方学习的、注意消解变法中古今中西矛盾的、具有开拓意义的、极有远见而又极端务实、深刻、影响深远的大思想家。

附　录

一、研究动态与资料说明

（一）研究动态

对于冯桂芬的研究，严格地说，从戊戌维新时期就开始了。光绪皇帝下令将《校邠庐抗议》刷印，交大臣签注，尽管有不少人是虚应故事，但也有不少人阅读认真，思索邃密，评论细致，陈鼎的《校邠庐抗议别论》就是典型。

民国时期，对冯桂芬的研究不多。1937 年，黄淬伯的《七十年前之维新人物——冯景亭》，发表于《中山文化教育馆季刊》第四卷第三期（后收入包遵彭主编的《中国近代史论丛》第一辑第七册），算是比较早地讨论了冯桂芬思想。作者主要依据《校邠庐抗议》和《缘督庐日记》等资料，对冯桂芬的思想、生平加以研究。作者认为，冯桂芬所生活的时代，国运已启衰微之渐，吏治失修，政以贿成，内乱既作，外患纷至，危岌之势，几不终夕，而冯氏治学，志在经世，寝馈于顾炎武之说，引入所著书中，故其拯乱救亡之思，视时人为切。其《校邠庐抗议》，一方面憧憬上古政治之懿美，遗法旧章，渺不复存，主张损益其宜于今者；一方面又熟察西方诸国之所以强，及我之所以弱，主张接受外来文化。文中对于冯桂芬学习西方的思想着墨较多，对其著作在晚清与时升降颇有感慨。作者对晚清中体西用思想源流亦有梳理，认为张之洞"中学为体、西学为用"之说，就是本于冯桂芬的"以中国之伦常名教为本源,辅以诸国富强之术"。

　　20世纪50—60年代,冯桂芬是学术界比较受重视的人物,研究重点是冯桂芬思想的阶级属性。王栻的论文《冯桂芬是不是一个具有资产阶级民主思想的改良主义者》,黄保万的《〈校邠庐抗议〉剖析——兼论冯桂芬思想体系》,陈旭麓的《论冯桂芬的思想》《关于〈校邠庐抗议〉一书——兼论冯桂芬的思想》,徐仑的《论冯桂芬的政治思想》,赵靖的《冯桂芬的经济思想》《试论冯桂芬思想的阶级属性——与王栻、陈旭麓同志商榷》,林敦奎的《试论冯桂芬的思想》,辛明的《略论冯桂芬思想的阶级实质》等论文,对冯桂芬的阶级属性、思想倾向进行了研究和讨论。王栻等人认为冯桂芬的思想不具有改良主义的特点,是地主阶级中洋务派的代表。徐仑认为冯桂芬代表了大地主和买办阶级的政治立场。陈旭麓从历史发展的环节立言,认为冯桂芬应属于近代资产阶级改良主义范畴。这些讨论发生在以阶级斗争为纲的年代,因此,带有明显的那个时代的痕迹。但是,这些讨论对于推动、加深对冯桂芬的研究,颇有意义。就资料方面而言,陈旭麓的两篇论文开拓最深,征引了《校邠庐抗议》的诸多版本,特别是使用了上海图书馆收藏的《校邠庐抗议》稿本,从冯桂芬对稿本修改的情况,分析了冯的思想实质。无论是考订史料还是阐发义理,陈旭麓的研究都代表了那个时代的最高水平。

　　20世纪70年代,李侃、龚书铎、申笑梅以及我国台湾地区的学者吕实强、陈孟忠等拓展了对冯桂芬的研究。其中,陈孟忠的《冯桂芬维新思想之研究》为台湾大学政治学研究所1977年硕士论文,指导教师孙广德。论文除了导论、结论,分四章,一、冯桂芬维新思想的背景;二、冯桂芬对维新之认识与理论基础;三、冯桂芬维新思想的内容;四、冯桂芬维新思想之述评。陈孟忠认为,冯桂芬的思想在当时来说有进步性,对后代来说有启蒙性,他证明儒家与现代化不冲突,冯桂芬的"许多维新认识和主张,为后代的人物继续发挥,殚思阐论,遂开有清一代变法运动的先河……他的思想内涵实已涉及现代化的重要课题"[①]。李侃、龚

① 陈孟忠:《冯桂芬维新思想之研究》,台湾大学政治学研究所1977年硕士论文。

附录

233

书铎的《戊戌变法时期对〈校邠庐抗议〉的一次评论》，利用故宫档案，研究百日维新期间《校邠庐抗议》的印刷、签注情况，对于研究《校邠庐抗议》的时代影响具有特别的价值。

20世纪80年代以来，随着我国改革开放的推进，史学研究繁荣发展，对冯桂芬这位主张改革、主张学习西方的思想家的研究也多了起来，李永协、黄茂林、陈正茂、丁伟志、李少君、周菊坤、吴柱均有论文或著作发表（详见附录）。其中，丁伟志的论文《〈校邠庐抗议〉与中国文化近代化》（1993年），对于《校邠庐抗议》在近代思想史、文化史上的地位进行了深入探讨。作者认为，洋务运动的开始，将中国经济的近代化和文化的近代化推上了历史进程，"一股以重新认识和处理中西文化关系为特色的新的文化思潮，也从此兴起。这股文化思潮的最早代表作，是冯桂芬的《校邠庐抗议》一书"。《校邠庐抗议》虽然迟至冯桂芬去世以后多年才正式刊印，但书稿在此前对曾国藩、李鸿章的影响不可低估。"无论从著作的时机和它发生的实际作用看，还是从著作的内容看，都应当说，《校邠庐抗议》已具有不同于林魏等先驱者思想的新的时代性质，它不是洋务思想的一般启蒙读物，而是新兴的学西方、谋自强的时代精神的论纲"。吴柱的论文《〈校邠庐抗议〉名义新证与校邠庐变迁史——兼证〈校邠庐抗议〉的成书时间》，根据冯桂芬的藏书印有"检校邠诗小经济""校邠庐"等资料，对"校邠庐"得名由来，提出了新见，自成一说，将"校邠庐"来源的研究向前推进了一步，很有价值。①

李少君的《魏源与冯桂芬》（湖北教育出版社2000年版），将魏源与冯桂芬共同作为迎来近代剧变的经世学人来研究，论述了魏、冯思想一脉相承的地方，也比较了他们的差异，涉及冯桂芬的有冯对漕政、盐政、治水等问题的看法，对中国在世界所处地位、学习西方的见解，冯的富国强兵、政治改革等方面的思想。将冯桂芬与日本思想家横井小楠进行比较，是本书特色之一。横井小楠与冯桂芬同年出生，活动时代相同，都主要是思想家而不是政治家，都是学者，但是他们对外观念、改革观念都有很大不同。

周菊坤所著的《冯桂芬传》（哈尔滨出版社2001年版），在梳理冯桂

---

① 吴柱：《〈校邠庐抗议〉名义新证与校邠庐变迁史——兼证〈校邠庐抗议〉的成书时间》，《史林》2019年第5期。

芬生平事迹方面做出了重要努力。此书为"木渎历史名人"丛书之一,凡18章,10万字,由各章标题大体可以看出此书的内容:冯家有儿初长成,林公识拔蒙师恩,雏鹰新飞频遭折,桂子甫落忧心生,入仕不与同沉瀣,究心漕事纾民困,客居维扬问盐政,劝捐团练敌洪杨,生来傲骨独崚嶒,西崦湖畔暂栖身,乞师会防留非议,曲意赴军夙梦萦,佐理洋务创新学,位卑言高励国人,遗泽后世流传远,还向心中觅隐身,竭虑殚心栽桃李,灵岩山下读书人。吴县木渎镇是冯桂芬晚年居住的地方。作者在苏州市吴县木渎文化站工作,熟悉吴县风土民情,对于冯桂芬在苏州的活动记述比较具体。

国外学者方面,日本学者百濑弘的论文《冯桂芬及其著作》是比较早的一篇,发表于《东亚论丛》第二辑,1941年1月东京文求堂出版。岚涛将其译为中文,发表于《中和月刊》第三卷第三期,1942年1月出版。此文主要依据《校邠庐抗议》《显志堂稿》《清史列传》等资料,对冯桂芬的一生作了比较清晰的描述,对冯桂芬思想、学术成就,包括经世思想、文字学、算术等,均有述及。对冯的一生事功成败的概括,亦有见地:

> 其居官,虽出自显华,终归失败。待机于翰林院编修,七年之久,竟无所获,实其未能瞩望官场之事证。故青年时代即开始幕友生活,怀有行政实务经验且大有抱负之桂芬,永绝再就宦途之念者,想系由此也。桂芬之不遇,固由于养老服丧等因袭习惯,要亦因当时官僚,不取才能,惟依请托贿赠为升进之机,致始终未腾达。[①]

美国加州大学戴维斯校区的罗杰斯基写过三篇关于冯桂芬的论文[②],包括1973年写的《儒家变革者与地方既得利益者:1863年苏松太减赋及其后果》,1975年写的《传统内变革:冯桂芬的地方行政设计》,

① [日]百濑弘:《冯桂芬及其著作》,岚涛译,《中和月刊》第三卷第三期,1942年1月。
② [美]罗杰斯基(Frank A. Lojewski)的论文,包括《儒家变革者与地方既得利益者:1863年苏松太减赋及其后果》(Confucian Reformers and Local Vested Interests:The Su-Sung-T'ai Tax Reduction of 1863 and Its Aftermath, Dissertation, 1973, University of California, Davis.),《传统内变革:冯桂芬的地方行政设计》(Reform Within Tradition:Feng Kuei-fen's Proposals for Local Administration,台湾《清华学报》,1975年第11期),1976年写的《地方变革及其对立面:冯桂芬的均赋斗争》(Local Reform and its Opponents:Feng Kuei-fen's Struggle for Equality in Taxation, in Paul A. Cohen and John E. Schrecker, *Reform in Nineteenth Century China*, Cambridge, Ma.)。

1976 年写的《地方变革及其对立面：冯桂芬的均赋斗争》。他认为，许多学者已经注意到，晚清中国面对西方挑战时，中国传统政治制度、传统思想已经失去了回应能力，地方政府衰弱，政治腐败，更应该注意的是，晚清一些改革者已经看到制度腐败的症结所在，并大胆地提出变法思想，冯桂芬就是其中的佼佼者。冯桂芬的地方改革思想不只是赋税方面，更重要的是关于重建地方政府的完整设计。他在设计乡村政权的改革方案时，总是努力在传统内部寻求资源，寻求理论支持。罗杰斯基强调的是同治中兴与中国传统文化资源的联系。1980 年，布朗大学的蒙哥马利在题为《冯桂芬的抗议：19 世纪儒学转变研究》的博士论文中，将《校邠庐抗议》中约 20 篇的内容节译成英文①。

德国哥廷根大学儒斯纳的论文《冯桂芬与近代科技》②，主要依据《校邠庐抗议》等资料，从中西文化交流的角度，探讨冯桂芬如何在中国传统文化资源中寻找一些价值，以解释他所要吸收的西方科技中的合理依据。文章认为，冯桂芬在中国传统的"奇技淫巧"评价之外，找到"巧"的正面意义。也就是说，巧本身有两重意义，一种是负面意义，是道德层面的，认为奇技淫巧会破坏道德，甚至破坏社会秩序，另外还有正面意义，是艺术层面的，在文人、工匠那里，奇与巧都是正面意义。冯桂芬的贡献，是把这种奇、巧的正面意义发掘、表达出来，说明西技、西器、西学都是正面意义的奇巧，引进西技、西器、西学是合乎道德的正当之事，这样就消解了一般人反对西方科技的心理，以便接引西方科技。③

费正清等编的《剑桥中国晚清史》中，有专节论述冯桂芬的思想，撰稿人为郭廷以与刘广京。书中叙述了冯桂芬的变法主张、世界观念、外交思想，对冯桂芬学习外国的思想评价很高：

> 冯桂芬认为真正的自立要求有反躬自问的自我批评；此外，当人们在寻找自己的缺点时，也应毫不犹豫地向他人学习。"法苟不

---

① ［美］蒙哥马利（Walter George Montgomery），The Remonstrance of Feng Kuei-fen：A Confucian Search for Change in 19th. Century，Dissertation，1980，Brown University。

② ［德］儒斯纳（Erhard Rosner）：《冯桂芬与近代科技》（Feng Kuei-fen and Modern Technology），载台湾"中央研究院"近代史研究所《清季自强运动研讨会论文集》，1988 年。

③ 参见张永堂对儒斯纳《冯桂芬与近代科技》的评论，台湾"中央研究院"近代史研究所《清季自强运动研讨会论文集》，第 813 页。

善,虽古先吾斥之;法苟善,虽蛮貊吾师之"。这是多么大胆的宏论!冯桂芬的心胸很开阔,所以在人力资源和物质资源的利用方面,在沟通君民思想的条件方面,在名与实(即施政的理论与实践)之间的统一方面,他完全认识到西方都超过了中国。但他又宣称,中国本身的经世致用的智慧足以对这些事务进行革新,他认为西方的思想未必更好。但中国只有在对科举制度作了重大改革时,才能向西方学得科学和技术。①

日本学者三石善吉视冯桂芬为传统中国内发性发展的代表性人物,称冯桂芬是同治时代的"理论旗手",认为《校邠庐抗议》"太富有革新色彩,以至于连曾国藩都拿不定该不该出版的主意"。冯桂芬向外夷学习的论据是从司马迁和荀子那里寻找到的,显得微弱了些。冯桂芬最关心的是中国如何坦率地承认自身的劣势进而奋发图强这一问题,强调当前和好无事的形势正是自强向上的最佳时机,中国差就差在明知自己不行却不发愤图强这一点。三石认为,冯桂芬"所提出的是正统儒学框架内的最大限度改革。这能不能说就是他的局限性呢?但是即便如此的改革,在当时的人们看来是过激的。事实上,他的思想被冷落了整整 20 年"。②

德国学者冯凯的《冯桂芬及其〈校邠庐抗议〉》,是西方学者对冯桂芬最有分量的研究成果。冯凯毕业于德国汉堡大学,现任教于慕尼黑大学汉学系,所著博士论文《冯桂芬及其〈校邠庐抗议〉》,2001 年汉堡大学出版,为"汉堡汉学丛书"之一。书分六章,第一章解释书名。冯桂芬对《校邠庐抗议》中的"抗议"二字,自有一个解释,即其在自序所说的"用后汉赵壹传语,名之曰抗议,即位卑言高之意"。冯凯查了《后汉书》的《赵壹传》,发现此传中并无"抗议"一词,而《后汉书》中凡是用"抗议"的地方,都与反对太后垂帘听政有关,所以,冯桂芬用此名,含有反对太后听政的深意。"邠"是古国名,根据《孟子》中谈到有关邠国的议论,按照冯凯的理解"校邠庐"之名,有反对对外羁縻即妥协的意思。第二章

---

① [美]费正清、刘广京编:《剑桥中国晚清史(1800—1911)》上卷,中国社会科学出版社 1985 年版,第542 页。
② [日]三石善吉:《传统中国的内发性发展》,余项科译,中央编译出版社 1999 年版,第 56 页。

是关于冯桂芬和《校邠庐抗议》研究的学术梳理。作者认为,冯桂芬在世时,一般被同辈人视为科学家,《畴人传》有他的传记。在他去世以后20多年的戊戌变法时期,才被人们视为改革家,《校邠庐抗议》在冯活着的时候并不太受人重视。戊戌变法时期,《校邠庐抗议》经翁同龢、孙家鼐推荐,由朝廷下令对其中所议改革措施提出意见,才成为举世瞩目的书。在20世纪初年,《校邠庐抗议》虽然有版本印行,但很少有人对它进行学术研究。冯凯认为,中国在20世纪五六十年代曾有一批文章讨论冯的变法思想,其中陈旭麓的文章最为深入。"文化大革命"时期,没有什么人重视冯桂芬,1978年以后,研究冯的论文多了起来。大体上说,改革年代,冯桂芬和《校邠庐抗议》比较受研究者重视,革命年代则不然。第三章讨论冯桂芬的生平、传记,介绍与冯桂芬有关系的资料。作者有一猜想,冯桂芬在京师时,仕途不是很顺利,估计与位高权大的肃顺有关,因为冯桂芬反对对外妥协,反对穆彰阿、琦善等人,为肃顺所不容。第四章介绍《校邠庐抗议》稿本流传和成书情况。第五章分析《校邠庐抗议》的思想内容。第六章讨论冯桂芬晚年在苏州的活动,主要是冯桂芬引起当时人物议的均赋问题。书末附有与冯桂芬有关系的人物简介、冯桂芬著作目录等。这是到目前为止西方学者对冯桂芬及其《校邠庐抗议》研究最为细致的著作。特别是对《校邠庐抗议》稿本流传和成书情况,作者在上海、苏州、厦门、巴黎等地,共查到《校邠庐抗议》的八个抄本,其中有些是残本,对这些稿本的由来、内容、稿本与稿本之间的联系,一一作了分析,多为前人所未及。

(二) 资料说明

冯桂芬本人的著作,包括他编的著作,是研究冯桂芬的最重要资料,其中最重要的是《校邠庐抗议》《显志堂稿》与《梦奈诗稿》。对于《校邠庐抗议》本书有专门介绍,此处从略。

《显志堂稿》,光绪二年(1876)校邠庐刊,扉页张之万题名"显志堂集",故亦称《显志堂集》,前有吴云、俞樾、吴大澂序言,李鸿章写的墓志铭,陈倬、许赓飏、朱培源、夏从锴、叶昌炽等祭文,潘遵祁等十二人请奏建专祠呈,李鸿章奏建专祠片,江苏巡抚吴元炳所题崇祀乡贤录,袁潮绘的《校邠先生遗像》。书凡十二卷，卷一、卷二主要是序文，卷三、卷四主要是记，卷五为书信，卷六为传记，卷七、卷八为墓志铭、行述，卷九为公牍、奏疏，卷十、卷十一为论议，卷十二主要为题跋。

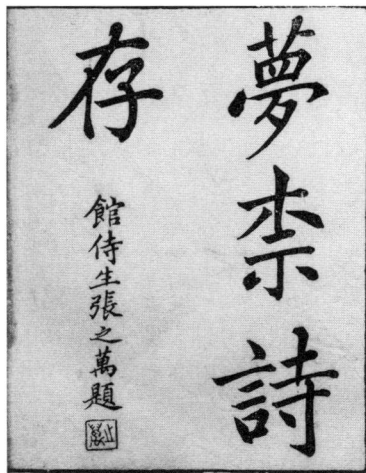

《梦奈诗存》

"显志堂"之名由来，冯桂芬没有交代，冯芳缉等人也没有说明。我以为，此名似出于冯衍《显志赋》。冯衍，东汉人，字敬通，京兆杜陵（今陕西西安）人，生卒年不详。少时有奇才，20岁即博通群书。新末入更始政权，任立汉将军，后投刘秀。因遭人谗毁，怀才不遇，被废于家，闭门自保。汉明帝时曾上书自辩，终不见用，潦倒而死。晚年撰《显志赋》以自伤不遇。自称："显志者，言光明风化之情，昭章玄妙之思也。"内云"常务道德之实，而不求当世之名，阔略秒小之礼，荡佚人间之事。正身直行，恬然肆志。顾尝好俶傥之策，时莫能听用其谋，喟然长叹，自伤不遭。久栖迟于小官，不得舒其所怀。抑心折节，意凄情悲"。赋中借史实以讽喻时政，借追慕古人而抒发其郁抑不平。冯桂芬遭际与冯衍颇有相似之处，且都姓冯，冯桂芬当系借冯衍"显志"典故以抒发内心的不满。

《梦奈诗稿》，扉页有张之万题"梦奈诗存"，故一作"梦奈诗存"，是冯桂芬惟一诗集，光绪二年（1876）由冯芳缉刊刻。卷首有蒋德馨序言①，收诗107种128首，不分卷。有些诗涉及冯桂芬的交游、经历，对于了解冯桂芬生平有价值，如《怀人诗二十首》，涉及林则徐、朱兰坡等；《顾侍萱学博蓉湖渔隐图》《滩上有纪》，涉及冯桂芬参加科举考试落第的情况；其述怀言志诗，对于了解冯桂芬思想有重要价值，如《五十初度自题小影》《五十初度小影又题》，作者直抒胸臆，表达自己的人生观、

---

① 蒋德馨（1810—1893），江苏长洲人（今苏州），榜名德福，字心芗，号且园。道光十五年进士，任工部主事，咸丰中罢归。曾任金陵惜阴书院、上海敬业书院、苏州正谊书院山长。著有《且园杂体文存》《且园诗存》等。

道德观。

冯桂芬著作还有以下一些：

数学、天文学方面的有《西算新法直解》《弧矢算术细草图解》《道光甲辰元赤道恒星图》《李氏恒星图中星表》；文字学方面的有《说文解字韵谱补正》《说文解字段注考正》《说文部首歌》；课艺与志书方面的有《惜阴书舍课艺》《正谊书院课艺》《两淮盐法志》《苏州府志》，这些书的版本情况，可以参见本书的附录。

这里特别需要介绍的有两种资料，冯桂芬著作初稿与《显志堂外集》

冯桂芬著作初稿，现藏上海社会科学院历史研究所资料室，凡 14 册。这些手稿包括以下几个部分：

其一，《显志堂稿》的草稿、抄稿、誊清稿。这些书稿用的纸张不一样，从中可以看出冯桂芬修改过程。其中一册封面署"清稿，林一初稿，同治三、四年"，抄在每页九行的黑线稿纸上，还有几册抄在红线稿纸上。每册中都夹有冯桂芬的一些浮签。

其二，显志堂剩稿。这是《显志堂稿》挑选剩余下来的稿件，有些抄稿，日后再次誊清，编成《显志堂外集》，有些未见收入其他文集中。

其三，《显志堂制艺》。这是冯桂芬制艺残稿抄本，目录上标明有 77 篇，现存 54 篇，其中关于《大学》的 9 篇和关于《论语》的 45 篇，合订为一册。所抄录的稿纸，为红色或黑色方格纸，每页 9 行，每行 21 字。抄稿下署"乙亥春日录汇"，说明是光绪元年即冯桂芬去世后的第二年抄录。冯桂芬在道光、咸丰年间，以善作八股文出名，这本制艺对于了解冯桂芬八股文实际情况，极有价值。

其四，手稿残页。这些残页没有装订成册，互不连贯，其中有《校邠庐抗议》的手稿残页，对于了解《校邠庐抗议》成书过程，有点价值。比如，现在的篇名均为"某某某议"，如《采西学议》《兴水利议》，但是，手稿残页显示《校邠庐抗议》目录，只是《公黜陟》《汰冗员》这样的三个字，无"议"字，这说明在酌定篇名过程中，冯桂芬考虑过只用三个字而省去"议"字。

《显志堂外集》（以下简称《外集》），稿本，藏复旦大学图书馆，凡 4

卷,每卷1册。卷一为各种序言,包括《易用序》《咸丰元年中星表序》《西算新法直解序》《人生必读书序》等29篇。卷二为记与信,凡41篇,其中记有《癸丑均赋记》《军门田公战绩记》《潘东园课桑义塾记》等,信有《上陶宫保书》《与李督部书》《复丁雨生中丞》等。卷三为传记、墓志铭、像赞、公牒等,凡24篇,传记有《两赵君家传》《吴晓亭翁传》《居节妇传》等,墓志铭有《光禄大夫刑部右侍郎新阳李公暨杜夫人合葬墓志铭》《封通奉大夫元和顾公暨配张夫人合葬墓志铭》等,像赞有《潘理斋先生像赞》,公牒有《酌减租额公牒》《复陈修改阊门事宜公牒》。卷四是跋语、题词、寿序之类,还有他在翰林院为皇帝起草的祭文,诸如《皇帝告祭东海神文》《皇帝告祭南海神文》《皇帝告祭西海神文》《皇帝告祭北海神文》。

《外集》是冯芳缉等人在编辑《显志堂稿》时,未收文稿的汇集。其中除了极个别文章,如《西算新法直解序》等几篇序言,在他书出版时发表过,绝大部分为未刊稿,显然,这些文稿对于研究冯桂芬生平、交往、思想有重要价值。

《外集》有些资料极为重要。比如,咸丰三年冯桂芬在苏州推动均赋,得罪了地方大户和一些官员,后来被诬告贪污舞弊,这是冯桂芬仕途一大转折,也是他人生一大转折。对于这件事情,由于涉及一些当权者和具体人,冯桂芬总是闭口不谈,或含糊其辞。冯芳缉等人在编辑《显志堂稿》时,也因此剔除了有关文稿。这样,后之研究者遇到这段历史,就只能是一团迷雾,难言其详。这个答案在《显志堂外集》里找到了。卷二第一篇《癸丑均赋记》,将事件起因、经过、后果交代得清清楚楚。尽管说到对立面时用"某方伯"而不道其名,但这很容易查清是谁(参见本书第六章致力减赋)。这篇《癸丑均赋记》在冯桂芬著作初稿中亦有。

《外集》对于了解冯桂芬生平、交往有重要价值。信件本身就是冯桂芬与人交往的资料。在一些传记、序言中,冯桂芬也会提及与这些人的关系。

《外集》对于了解冯桂芬生活状态有一定价值。冯桂芬写过许多应酬文章,包括寿序、墓志铭、墓表、家传。在那个时代,写这类文章通常都有报酬。以冯桂芬榜眼、翰林的身份,其润笔规格应该相当可观。冯芳缉日记里就记载过他与人谈定"寿序润笔"的事情。冯桂芬以"善治生"出名①,换句话说,他在同辈中以善于创收出名,冯桂芬自己也坦陈不讳。他的经济收入中有一部分来自润笔,但是,他到底写过多少这方面的文字,无从考察。《外集》中保存了一部分这方面的文字,这对于了解冯桂芬经济收入有一定价值。

关于冯桂芬传记的资料,主要有冯氏族谱、《冯景亭行状》、冯芳缉日记、吴云的《校邠庐抗议》序言、李鸿章的冯桂芬墓志铭、叶昌炽的《缘督庐日记》。

冯氏族谱,冯桂芬曾伯祖冯龙文辑有《始平族谱》一帙,成于康熙辛亥年(1671)。冯桂芬居母忧时,将此谱誊录成书。又根据其父亲记识之事迹,将自曾祖父以下的部分别编一帙,名为《始平族谱续》。这两本族谱提供了关于冯桂芬祖上的宝贵资料,包括历代谱系、职业、教育情况。承苏州市木渎镇文化站周菊坤先生复印此谱见赠,本书所述冯氏家族事迹多据此二谱。

《冯景亭行状》,冯芳缉、冯芳植撰,光绪元年(1875)木刻本,7000字,概括地记述了冯桂芬一生的行事、道德、学问。日后关于冯桂芬的许多传略均取材于此。当然,子记父事,有利有弊,利在生动亲切,弊在隐恶扬善。苏州市地方志编纂委员会办公室、苏州市政协学习和文史委员会编的《苏州史志资料选辑》第23辑(1998)刊载了此行状,标题被改为《冯桂芬行状》。

《冯申之先生日记》,冯芳缉撰,手稿,藏上海图书馆。冯芳缉为冯桂芬长子,字申之,一字稚林,号瘦痴居士。日记仅存二册,第一册封面题"冯申之先生日记手稿,稚林丁巳日记",记咸丰七年(1857)事。扉页有潘承弼题记:"芳缉字稚林,为乡先辈冯林一先生桂芬之子。"第二册封面题"冯申之先生日记手稿,日记,瘦痴居士,辛酉",记咸丰十一年(1861)事。这两年中,冯芳缉都随侍冯桂芬身边,所以,两本日记涉及冯桂芬处颇多,包括冯桂芬在苏州与亲戚、友人的交往,冯桂芬在上海

---

① 俞樾在挽冯桂芬联时就称冯"善治生",见《春在堂楹联录存》一,文海出版社1982年版,第18页。

的行止,到租界洋行参观、到跑马厅看赛马的情况,生病情况。陈左高所辑录《清代日记汇抄》,选录了此日记第二册有关上海的内容。

吴云为《显志堂稿》所写的序言,述及许多关于冯桂芬的学问、事迹。吴云为冯桂芬至交好友,"订昆弟交三十年,共事之久,相契之深",范围之广,无人能及。吴云在《显志堂稿》序言中特别说明《校邠庐抗议》为什么迟迟没有印行、《显志堂稿》为什么刊落许多鼓吹变法的文字,是了解冯桂芬思想状态的重要资料。

李鸿章是冯桂芬自咸丰十一年(1861)以后在政治上最重要的朋友,冯桂芬的许多主张,包括苏松太减赋、创办广方言馆,都是通过李鸿章得以实施的。李鸿章对冯桂芬的道德、学识诸多方面都很器重,多次奏请朝廷予以褒奖。李鸿章所写《三品衔詹事府右春坊右中允冯君墓志铭》内容实在,并非寻常应酬之作,是了解冯桂芬生平、思想的重要资料。

叶昌炽是冯桂芬在苏州正谊书院的学生,是冯桂芬编修《苏州府志》重要助手之一,其《缘督庐日记》记有许多关于冯桂芬的资料,包括冯桂芬在编修《苏州府志》时亲自校正旧志星纪图岁差度数、要助手下乡作社会调查的情况、学生帮冯桂芬整理书架的情况、冯桂芬去世前的病情、光绪二十四年(1898)朝臣签注《校邠庐抗议》的反映。

二、冯桂芬著作目录

《显志堂稿》,校邠庐刻本,光绪二年
《梦奈诗存》,冯氏刊板,光绪二年
《显志堂制艺》,稿本,藏上海社会科学院历史研究所资料室
《显志堂稿外集》,抄本,藏复旦大学图书馆
《显志堂楹联》,抄本,藏复旦大学图书馆
《粤西行纪》,抄本,藏复旦大学图书馆
《癸卯分校京兆试日记》,抄本,附《粤西行纪》后,藏复旦大学图书馆
《说文解字段注考正》,1928年影印本

《西算新法直解》,与陈玚合撰,八卷

《道光甲辰元赤道恒星图》,刻本,同治七年

《弧矢算术细草图解》,一卷,李锐草,冯桂芬解,抄本

《校邠庐逸笺》,包括《周礼职官分属歌》《说文部首歌》《山海经表目》,藏上海图书馆

《盛世危言外编》,二卷,上卷为冯桂芬著作选,包括《采西学》《制洋器》《善驭夷》等十三篇,下卷与冯桂芬无关。上海赐书堂印,光绪二十一年

《两淮盐法志》,冯桂芬编

《苏州府志》,冯桂芬总纂,江苏书局本,同治重修

《惜阴书舍课艺》,二卷,冯桂芬评阅,朱开第校刊,道光二十八年

《正谊书院课艺》,初集,冯桂芬辑,刻本,光绪二年

《柔远策》,冯桂芬摘录,抄本,不分卷,同治二年

《使粤行记》,作于道光二十四年,未见书,目录见冯芳缉、冯芳植《冯景亭行状》

《汉书集疏》,未成书,目录见《五十初度自题小影》

《说文解字韵谱补正》,未成书,目录见《五十初度自题小影》

《本字考》,未成书,目录见《五十初度自题小影》

《历代职官考》,未成书,目录见《五十初度自题小影》

三、《校邠庐抗议》版本目录

(按时间排列)

广仁堂刻本,光绪九年

江西豫章刻本,光绪十年,有陈宝琛序

潘氏敏德堂刻本,光绪十八年

丰城余氏刻本,光绪二十三年

弢园老民石印本,光绪二十三年,有王韬跋语

文瑞楼石印本,光绪二十三年

聚丰坊校刻本,光绪二十三年

上海石印本,光绪二十四年,有跋语

北洋石印官书局,光绪二十四年

潘氏刻本,光绪二十四年,有冯世澂识语

甘肃官书局,光绪三十年

文海出版社,1971 年

辽宁人民出版社,1994 年,郑大华点校,据 1898 年潘氏刻本,书名《采西学议》,与马建忠文集合刊,有序言

中州古籍出版社,1998 年,戴扬本评注,据 1897 年弢园老民石印本,有长篇前言

上海书店,2002 年,陈正青标点,据 1897 年弢园老民石印本

四、主要征引文献目录

1. 关于冯桂芬生平资料目录(以拼音为序)

陈炽:《陈炽集》,赵树贵、曾丽雅编,中华书局 1997 年版

陈鼎:《校邠庐抗议别论》,木刻本,时间不详,藏上海图书馆

陈正青整理:《广方言馆全案》,上海古籍出版社 1989 年版

冯芳缉、冯芳植:《冯景亭行状》,一卷,光绪元年刻本

冯芳缉:《冯申之先生日记》,手稿,二册,藏上海图书馆

冯世澂:《如积蒙求:二卷和较开放式一卷》,光绪丁酉年校邠庐刊本

李滨:《中兴别记》,太平天国历史博物馆编:《太平天国资料汇编》,中华书局 1979 年版

李鸿章:《李鸿章全集》,海南出版社 1997 年版

刘光第:《刘光第集》,中华书局 1986 年版

潘曾玮:《自镜斋文钞》,光绪十三年木刻本

苏州博物馆等编:《何桂清等书札》,江苏人民出版社 1981 年版

台湾"中央研究院"近代史研究所编:《四国新档》,1966 年

太平天国历史博物馆编:《吴煦档案选编》,江苏人民出版社 1983 年版

谭献:《复堂日记》,河北教育出版社 2001 年版

唐才常:《唐才常集》,中华书局 1980 年版

王韬:《弢园文录外编》,上海书店出版社 2002 年版

方行、汤志钧整理:《王韬日记》,中华书局 1987 年版

魏源:《海国图志》百卷本,岳麓书社 1998 年版

吴云:《两罍轩尺牍》,上海时中书局宣统二年版

叶昌炽:《缘督庐日记抄》,王季烈辑,上海蟫隐庐 1933 年石印本

殷兆镛:《殷谱经侍郎自叙年谱》,文海出版社 1968 年影印版

俞樾:《春在堂楹联录存》,文海出版社 1982 年版

曾朴:《孽海花》,上海古籍出版社 1980 年版

张文虎:《张文虎日记》,陈大康整理,上海书店出版社 2001 年版

赵烈文:《能静居日记》,台湾学生书局 1964 年版

郑观应:《盛世危言》,夏东元编:《郑观应集》上册,上海人民出版社 1982 年版

中国史学会主编:《戊戌变法》,上海人民出版社、上海书店出版社 2000 年版

中国史学会主编:《洋务运动》,上海人民出版社、上海书店出版社 2000 年版

2. 研究冯桂芬的论文著作目录(以发表时间排列)

黄淬伯:《七十年前之维新人物——冯景亭》,《中山文化教育馆季刊》第四卷四三期,1937 年

[日]百濑弘:《冯桂芬及其著作》(日文),《东亚论丛》第二辑,1941 年 1 月;[日]百濑弘:《冯桂芬及其著作》,岚涛译,《中和月刊》第三卷第三期,1942 年 1 月

周辅成:《冯桂芬的思想》,《历史教学》1953 年第 9 期

王栻:《冯桂芬是不是一个具有资产阶级及民主思想的改良主义者》,《南京大学学报》1956 年第 3 期

黄保万:《〈校邠庐抗议〉剖析——兼论冯桂芬思想体系》,《学术月

刊》1962 年第 11 期

赵靖:《冯桂芬的经济思想》,《北京大学学报》1962 年第 1 期

陈旭麓:《论冯桂芬的思想》,《学术月刊》1962 年第 3 期

赵靖:《试论冯桂芬思想的阶级属性——与王栻、陈旭麓同志商榷》,《学术月刊》1962 年第 10 期

徐仑:《论冯桂芬的政治思想》,《学术月刊》1963 年第 8 期

林敦奎:《试论冯桂芬的思想》,《历史教学》1963 年第 9 期

刘兴华:《关于冯桂芬思想的问题》,《哈尔滨师范学院学报》1963 年第 2 期

辛明:《略论冯桂芬思想的阶级实质》,《浙江学刊》1964 年第 3 期

史辑:《关于冯桂芬思想的评价问题综述》,《文汇报》1963 年 10 月 24 日

陈旭麓:《关于〈校邠庐抗议〉一书——兼论冯桂芬的思想》,《新建设》1964 年第 2 期

吕实强:《冯桂芬的政治思想》,《中华文化复兴月刊》第四卷第二期,1971 年

陈孟忠:《冯桂芬维新思想之研究》,台湾大学政治学研究所 1977 年硕士论文

李侃、龚书铎:《戊戌变法时期对〈校邠庐抗议〉的一次评论》,《文物》1978 年第 7 期

申笑梅:《冯桂芬思想浅析》,《辽宁大学学报》1978 年第 5 期

颉之:《冯桂芬思想述评》,《河北师院学报》1979 年第 4 期

李永协:《自强与西学——论冯桂芬的革新思想》,《暨南大学学报》1981 年第 1 期

李祖龙:《论冯桂芬的人才学》,《历史知识》1981 年第 4 期

黄茂林:《略论冯桂芬的中西文化观》,《厦门大学学报》1990 年第 2 期

陈正茂:《冯桂芬之生平及其变法思想初探》,《光武学报》1990 年第 5 期

丁伟志:《〈校邠庐抗议〉与中国文化近代化》,《历史研究》1993 年

第 5 期

孔祥吉:《晚清知识分子的悲剧——从陈鼎和他的校邠庐抗议别论说起》,《历史研究》1996 年第 6 期

郑大华:《采西学议——冯桂芬马建忠集》,辽宁人民出版社 1994 年版

李少君:《魏源与冯桂芬》,湖北教育出版社 2000 年版

周菊坤:《冯桂芬传》,哈尔滨出版社 2001 年版

郑雯:《冯桂芬》,陕西师范大学出版社 2017 年版

吴柱:《〈校邠庐抗议〉名义新证与校邠庐变迁史——兼证〈校邠庐抗议〉的成书时间》,《史林》2019 年第 5 期

[美]罗杰斯基(Frank A. Lojewski):《儒家变革者与地方既得利益者:1863 年苏松太减赋及其后果》(Confucian Reformers and Local Vested Interests:The Su-Sung-T'ai Tax Reduction of 1863 and Its Aftermath,Dissertation,1973,University of California,Davis.)

[美]罗杰斯基:《传统内变革:冯桂芬的地方行政设计》(Reform Within Tradition:Feng Kuei-fen's Proposals for Local Administration,台湾《清华学报》,1975 年第 11 期)

[美]罗杰斯基:《地方变革及其对立面:冯桂芬的均赋斗争》(Local Reform and its Opponents:Feng Kuei-fen's Struggle for Equality in Taxation,in Paul A. Cohen and John E. Schrecker,*Reform in Nineteenth Century China*,Cambridge,Massachusetts. 1976)

[美]蒙哥马利(Walter George Montgomery):《冯桂芬的抗议:19 世纪儒学转变研究》(The Remonstrance of Feng Kuei-fen:A Confucian Search for Change in 19th. Century,Dissertation,1980,Brown University)

[德]冯凯(Kai Vogelsang):《冯桂芬及其〈校邠庐抗议〉》(Feng Kuei-fen und sein Chiao-Pin lu k'ang-i. Hamburger,2001)

3. 其他参考资料(以发表时间排列)

王家俭:《魏源年谱》,台湾"中央研究院"近代史研究所专刊,1967 年

王尔敏:《上海中外会防局经营始末》,台湾"中央研究院"历史语言研究所集刊,第 51 本,1980 年

董蔡时:《太平天国在苏州》,江苏人民出版社 1981 年版

陈旭麓:《近代史思辨录》,广东人民出版社 1984 年版

魏秀梅:《陶澍在江南》,台湾"中央研究院"近代史研究所专刊,1985 年

政协江苏省吴县文史资料征集整理委员会编:《吴县文史资料》,1985 年

熊月之:《中国近代民主思想史》,上海人民出版社 1986 年版

台湾"中央研究院"近代史研究所编:《清季自强运动研讨会论文集》,1988 年

唐振常、沈恒春主编:《上海史研究》,学林出版社 1988 年版

〔美〕柯文(Paul A. Cohen):《在中国发现历史——中国中心观在美国的兴起》,林同奇译,中华书局 1989 年版

王尔敏:《中国近代思想史论》,台湾商务印书馆 1995 年版

马昌华主编:《淮系人物列传》,黄山书社 1995 年版

李文治、江太新:《清代漕运》,中华书局 1995 年版

周菊坤:《木渎》,古吴轩出版社 1998 年版

〔日〕三石善吉:《传统中国的内发性发展》,余项科译,中央编译出版社 1999 年版

张仲礼:《中国绅士:关于其在十九世纪中国社会中作用的研究》,上海社会科学院出版社 2002 年版

五、冯桂芬年谱

嘉庆十四年(1809),1 岁

九月初十日子时,出生于江苏省苏州府吴县。字景亭,号林一,又号梦奈,晚号慬叟。祖籍湖南,宋元间迁居吴地。父智懋(1770—

1850),字明扬,号春圃,经商。母谢氏(1771—1845),浙江嘉兴人。

嘉庆十七年(1812),4 岁
弟兰芬出生。

道光六年(1826),18 岁
家毁于火。

道光七年(1827),19 岁
补吴庠博士弟子员,成为秀才。

道光八年(1828),20 岁
应本省乡试,中副榜。

道光九年(1829),21 岁
姐出嫁王埥,埥字书田。
冬,家再毁于火。

道光十年(1830),22 岁
弟兰芬卒。

道光十一年(1831),23 岁
与黄氏结婚。

道光十二年(1832),24 岁
江苏巡抚林则徐到苏州考校书院,首拔冯桂芬,招至署中读书。
中本省乡试第 16 名举人。
所作制举文被江西徐白舫赞为"百年以来仅见"。
受乡荐到江阴晋谒学使。

道光十三年(1833),25 岁

赴礼部试,落第。赋诗云:"落花时节每相逢,一度来游一凄绝。"
充江阴县知县书记,因事触知县怒,复为同事排挤而去职。
子芳缉(谱名锡厚)出生。

道光十五年(1835),27 岁

再赴会试,再次落第。作诗《滩上有纪》,述落第心情。

道光十六年(1836),28 岁

赴春闱,不中。

道光十八年(1838),30 岁

考取咸安宫教习。

道光十九年(1839),31 岁

子芳植(谱名植厚)出生。

道光二十年(1840),32 岁

会试中式,一甲二名,俗称榜眼,赐进士及第,授翰林院编修。
接父到京师。

道光二十三年(1843),35 岁

充癸卯科顺天乡试同考官。

道光二十四年(1844),36 岁

充甲辰科广西乡试正考官。得士 45 人,副榜 9 人。修订《甲辰新
宪赤道恒星图》。

道光二十五年(1845),37 岁

任教习庶吉士。十月二十六日,母谢氏逝于京邸。扶母榇南归。

道光二十七年(1847),39 岁

十二月二十五日,葬母于吴县西长岐岭下十九都上七图璧字圩。

道光二十八年(1848),40 岁

春正月,服阕,以父年高,不欲至京师。应两江总督李公星沅聘,主讲金陵惜阴书院。

冬,奉父北上京师。

道光三十年(1850),42 岁

道光帝去世,咸丰帝即位,诏中外大臣各举贤才,大学士潘世恩以冯桂芬与林则徐、姚莹、邵懿辰同荐。

七月二十四日,父在京去世。扶父枢归苏州,迁母枢合葬。

受两江总督陆建瀛聘,赴扬州修盐法志,凡两年。

咸丰元年(1851),43 岁

在扬州修盐法志。

咸丰二年(1852),44 岁

服阕。作《用钱不废银议》。冬,为谢蕙庭《良方集腋合璧》作序。

咸丰三年(1853),45 岁

春,太平军占领金陵。奉旨与程庭桂等在苏州同办劝捐团练。设协济局,设团防,募抚勇。

劝行均赋,作《均赋议》《均赋说劝官》《均赋说劝绅》《均赋说劝衿》《均赋说劝民》。

咸丰四年(1854),46 岁

冬,上海小刀会起义被镇压。冯在苏州,因劝捐、募勇等论功,被赏五品顶戴,以中允即补。

咸丰五年(1855),47 岁

作《以工巧为币议》。

咸丰六年(1856),48 岁

五月,补右春坊右中允。部文促赴京供职,被江苏巡抚赵德辙以劝捐事挽留,未果行。作《请均赋牒》。

咸丰七年(1857),49 岁

被劾在籍劝捐舞弊,大兴土木,阿庇亲戚,奉旨查办。旋得白。

咸丰八年(1858),50 岁

春,北上京师,子芳缉随侍。到京时,已以逾期开缺,在都候补年余。

作《五十自讼文》,回顾、总结生平学问、事功、道德。

咸丰九年(1859),51 岁

旧疾复发,中秋后请假回籍。

咸丰十年(1860),52 岁

四月,苏州城被太平军占领,冯流离迁播,先后避地光福、冲山、洞庭西山。

冬,侨寓上海县城。

咸丰十一年(1861),53 岁

正月二十六日,游览租界。

七月二十日,应江苏巡抚薛焕之聘,主持上海敬业书院。

十月十三日,与子芳缉应邀到租界看西人赛马。

十二月十六日,迁居租界。

年底,在上海与潘曾玮等策划入皖乞曾国藩师援沪。作《公启曾协揆》。与潘曾玮等策划中外会防上海。

作《校邠庐抗议》。

同治元年(1862),54 岁

入李鸿章幕。朝廷命冯进京,冯以病而不克赴。

九月,寄《校邠庐初稿》二册于曾国藩。

妻黄氏去世。

同治二年(1863),55 岁

春,在上海创办广方言馆,任首任监院。

以核减苏松赋额请入奏,获准,苏松太减三分之一,常镇减十分
之一。

冬,清政府恢复在苏州的统治。

同治三年(1864),56 岁

秋,返回苏州,助地方修建苏州试院。主讲正谊书院。

同治四年(1865),57 岁

正月十九日至二十二日,陪同李鸿章在苏州拙政园宴请詹事殷
兆镛。

七月三十日,上谕冯桂芬赴京交吏部带领引见。冯以病不克就道。

同治五年(1866),58 岁

冬,以夙疾频作,城中酬应烦苦,买屋灵岩山下木渎镇,挈家定居木渎。

开局续修《苏州府志》。

同治六年(1867),59 岁

二月,因李鸿章以办团练善后出力人员保奏,奉旨加四品衔。

同治八年(1869),61岁
受江苏巡抚丁日昌聘,总纂《苏州府志》。

同治九年(1870),62岁
因李鸿章保奏,被赏加三品卿衔。

同治十年(1871),63岁
二月,为殷兆镛夫人程氏治丧相地。

同治十一年(1872),64岁
三月十六日,奉旨着加一级纪录三次。

同治十二年(1873),65岁
与潘遵祁等联名奏请为前上海道台吴煦建专祠。

同治十三年(1874),66岁
四月十三日卯刻,病逝。
十一月十二日,李鸿章奏请为冯桂芬建立专祠。
十一月二十一日,与妻黄氏合葬于吴县二十一都八图阳甲字圩北祝坞。

光绪二年(1876)
《显志堂稿》《梦奈诗存》出版。

光绪九年(1883)
《校邠庐抗议》由天津广仁堂刻行。

光绪二十四年(1898)
五月二十九日(7月17日),光绪皇帝饬令刷印《校邠庐抗议》1000部,发各衙门加签。

后　记

　　本书系在笔者此前所著《冯桂芬评传》基础上修订而成。

　　《冯桂芬评传》（南京大学出版社 2004 年版）出版以后，学术界对于冯桂芬研究又有一些新的成果发表，既有新资料发现，也有对冯桂芬思想新的解读，包括对于冯桂芬的变法思想、政治思想、教育思想、减赋实践等方面的解读。本书尽可能地吸收了这些新的成果。

　　资料方面，德国学者冯凯的《校邠庐抗议·汇校》（上海社会科学院出版社 2015 年版），对散布在世界各地的《校邠庐抗议》稿本进行极为细致的校注，对于了解《校邠庐抗议》稿本流传情况很有价值。复旦大学历史系曹南屏博士帮我查到《粤西行纪》与《癸卯分校京兆试日记》，这两份资料均为抄稿，藏于复旦大学图书馆，对于了解冯桂芬作为同考官、主考官参与 1843 年、1844 年乡试工作的情况，极有价值。

　　得益于互联网提供的方便，笔者查到了冯桂芬的四份会试考卷，即三篇文章《如琢如磨者自修也》《盖均无贫和无寡》《用下敬上谓之贵贵，用上敬下谓之尊贤》，诗《赋得"慎修思永"，得"谟"字，五言八韵》。还查到了冯桂芬的殿试考卷，即《榜眼殿试卷》。道光二十年在科举考试中高中榜眼，是冯氏一生最重要的社会资本。这些考卷，连同阅卷官的评语，是笔者以前撰写《冯桂芬评传》时所没有看到的。这些考卷，对于了解冯桂芬在科举考试的成就与影响，具有无可替代的价值。

　　还是得益于互联网提供的方便，笔者查到 1898 年百日维新期间，上海《新闻报》发表的一篇《跋〈校邠庐抗议〉后》，对《校邠庐抗议》的学术价值、历史意义做出全面评价，认为《抗议》在咸丰以来变法思想史上发意之早、立意之善、命意之周，均为其他同类书籍所难以比肩，更为《抗议》的主张没有受到当局重视、没能付诸实施而叹息不已。这篇文章，对于评估《校邠庐抗议》在近代思想史上的影响，具有相当重要的价值。

此外，关于冯桂芬的人际交往，《校邠庐抗议》的社会影响，这次修订过程中也有一些新的资料发现。

20 多年来，笔者对于冯桂芬的研究，断断续续，一直没有中断，曾经写过冯桂芬与科举考试、冯桂芬与江南减赋等文章。2014 年，应中国近代思想家文库编纂委员会的邀请，笔者编辑其中的《冯桂芬卷》，将冯桂芬已刊、未刊著作重理一遍，选出能够反映冯氏思想、学术的文字，辑为一册，由中国人民大学出版社出版。这一次，十分感谢江苏省哲学社会科学规划办公室将冯桂芬的研究作为"江苏历代文化名人传"系列让我承担，让我在《冯桂芬评传》出版 10 多年后，再作冯妇，完成此书。

冯桂芬博古通今，思深虑远，关注现实，洞悉世情，其思虑所得，每每具有超越时空的穿透力。《校邠庐抗议》能够历 30 余年而持续影响思想界，备受称道，就是明证。一个人在不同年龄阶段，面对不同的社会现实，阅读《校邠庐抗议》也会生发出历久弥新的感觉。我在大学读书时就细读过《抗议》，以后几乎每过十年就会读一遍，每次都会有不同的感受。细看那反复修改、多次誊抄的稿本，品味冯桂芬与曾国藩商量能否为《抗议》作序推广最后竟未获允的经过，再看《抗议》那犹疑多年、久久未能完整面世、直到冯桂芬去世多年以后方才完整出版的经历，以及戊戌时期陈鼎竟因赞许《抗议》而获罪的案件，就能深切地体会到，晚清中国变法难，变法确实难。冯桂芬提出，变法所应遵循的原则，不是看其法来源是古是今，也不是看其法出自中国还是外国，而只能有一个标准，这就是善与不善。所谓善与不善，就是看其是否有利于富国强兵，是否有利于改善民生。这是冯桂芬能够突破时代限制、思想极其开明的关键之处，也是他在破旧立新方面能够超迈同侪的可贵之处。正是在这个意义上，冯桂芬的思想具有永恒的价值。

　　本书是江苏文脉整理与研究工程的一部分规划项目。完稿后，承江苏省哲学社会科学规划办公室、江苏省社会科学院文脉研究院邀请专家仔细审读，提了不少很有价值的意见，特别是姜建教授对本书的撰写帮助良多，谨此一并表示衷心的感谢。

2023 年 12 月 1 日